JN437105

7 Virtues Building High-Trusted School

# 신뢰받는 학교의 7가지 미덕

## 신뢰받는 학교를 만드는 절대조건

한 홍 진 지음

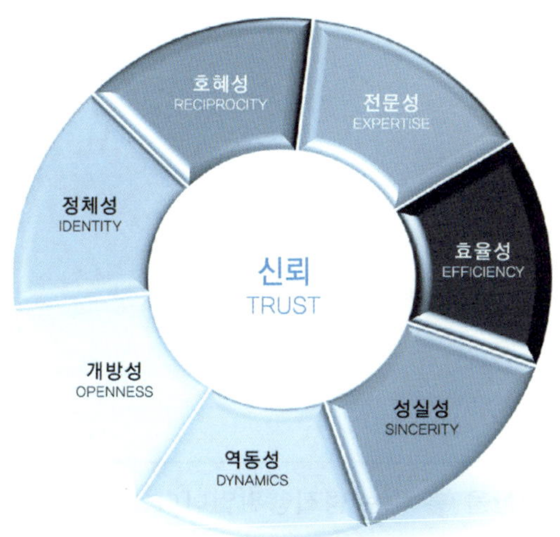


도서출판 두남

# 서 문

영화 《글래디에이터*Gladiator*》에서 마르쿠스 아우렐리우스 황제는 의외의 결정을 한다. 아들이 아닌 막시무스 장군에게 왕위를 물려주려는 것이다. 황제는 코모두스 왕자에게 말한다. "권력은 막시무스 장군에게 이양될 것이다. 원로원이 재집정할 준비가 될 때까지 신탁을 위해서*to hold in trust*"라고. 그러자 황제가 되고 싶은 왕자는 항변한다. "언젠가 부왕께서 제게 편지를 보내신 적이 있습니다. 거기에는 주요 미덕 4가지가 적혀있었습니다. 지혜, 정의, 불굴, 절제였습니다. 그 가운데 어느 것도 저에게는 없다는 것을 알았습니다. 그렇지만 다른 미덕들을 저는 가지고 있습니다. 야망, 용기, 지략, 헌신입니다." 이 항변에도 불구하고 황제의 결심은 바뀌지 않았다.

코모두스 왕자도 나름대로 미덕을 지니고 있었다. 그러나 신탁을 맡을 사람이 갖추어야 할 미덕과는 무관하다고 황제는 판단했다. 막시무스 장군에게 보내고 있는 신뢰를 아들에게는 보낼 수가 없었다. 제국의 통치를 믿고 맡길 수 없었던 것이다.

후계자를 결정하는 것은 전적으로 황제의 몫이다. 황제가 신뢰 여부를 결정하는 주체다. 막시무스 장군이나 코모두스 왕자는 모두 신뢰의 객체일 뿐이다. 이와 마찬가지로 어떤 학교가 신뢰할 만한 지

여부는 전적으로 신뢰의 주체가 판단할 일이다. 신뢰 여부를 무엇으로 판단할 것인가 하는 것 역시 신뢰의 주체가 결정한다. 학교가 결정할 수 있는 문제가 아니다.

학교에 신뢰를 보내는 주체들은 다양하다. 개인 차원에서 관리자가 교사의 신뢰 수준을 평가할 수 있다. 교사는 관리자나 동료 교사에 대해 신뢰 여부를 따질 수 있다. 또 학생이 교사가 신뢰할 만한지 생각할 것이다. 조직 차원에서는 교직원이 신뢰의 주체다. 우리 학교가 신뢰할 만한 지 여부는 그 구성원이 결정하게 된다. 동시에 학부모, 지역 사회, 지원 단체, 학교 지원, 감독 기관 등등 수많은 이해관계자들이 학교의 신뢰 수준을 결정한다.

각 주체가 서로 다른 입장과 관점을 가지고 판단할 것이다. 우리 학교는 이러 저러한 특성을 지니고 있으니 우리 학교를 신뢰해 달라고 할 수 있다. 그러나 판단은 이들 신뢰의 주체가 할 일이다.

많은 신뢰 주체들 가운데 가장 중요한 주체는 조직 구성원이다. 교직원들 간의 신뢰는 물론 학교 조직에 대한 교직원들의 신뢰가 없다면 그 학교는 사명을 감당할 수 없다. 교직원으로부터 신뢰받지 못하는 학교는 외부의 주체들로부터 신뢰받을 수 없다.

반면에 조직 내 신뢰가 충만한 학교는 외부로부터도 환영받을 것이다. 서로 신뢰하기 때문에 공동의 목표를 달성하기 위해 힘을 합칠 수 있다. 비용이 절감되어 효율적으로 돌아간다. 변화 적응력이 향상될 것이다. 교사들은 직무에 만족하면서 훌륭한 일터에서 근무하고 있음에 대해 자부심을 갖게 될 것이다. 자연히 높은 교육성과를 실현하게 될 것이다.

조직 내 신뢰는 외부로부터 신뢰를 얻는 데 필수적인 요소다. 간혹 내부의 신뢰가 부족한 학교가 외부의 신뢰를 받는 것처럼 보일 수 있다. 신뢰인 것처럼 보이지만 사실은 신뢰가 아니다. 단기적으로 혹은 정략적으로 활용되는 대상으로 전락한 것뿐이다.

그렇다면 신뢰의 주체들은 무엇으로 신뢰 여부를 결정할까? 어떤 미덕들을 갖추고 있어야 할까? 흔히 능력 있는 사람에게 믿음이 간다고 말한다. 능력보다 성품 좋은 사람이 더 낫다는 이야기도 있다. 가끔씩 우리는 능력도 뛰어나면서 성품도 좋은 그런 사람을 볼 때가 있다. 주변 사람들의 부러움의 대상이 되곤 한다.

때로는 훌륭한 성품을 지니고 있지만 능력은 부족한 사람도 볼 수 있다. 그가 자신의 능력으로 감당하기 벅찬 업무를 맡는 경우가 있다. 그의 훌륭한 성품은 동료 교사들의 마음을 열고 도움을 얻을 수 있다. 그러나 그가 스스로 능력을 쌓기 위해 부단히 노력하지 않는다면 오래 지탱할 수 없다. 능력이 없어져 쓸모없는 사람이라는 말을 듣게 되면 훌륭한 성품 덕분에 구현할 수 있었던 신뢰를 곧 잃어버리게 될 것이다.

학교 조직 역시 마찬가지다. 조직 풍토가 아무리 건강하다 해도 우수한 교육 서비스를 제공할 수 없는 학교라면 장기적인 전망을 기대할 수 없다. 학교가 감당해야 할 역할을 수행할 유능함이 없다면 그 학교는 절대 신뢰받을 수 없다.

더욱 경계해야 할 상황은 능력은 뛰어나지만 성품이 좋지 않은 사람에게 일어날 수 있다. 스티븐 코비*Stephen M. R. Covey*는 『신뢰의 속도*The Speed of Trust*』에서 "능력이 성품에서 분리될 때 능력은 부패와 조작에 이용된다. 이 경우에는 신뢰를 쌓기는커녕 있던 신뢰도 잃고 만다."고 말한다.[1] 건전한 성품이 뒷받침되지 않은 뛰어난 능력이란 흉기와도 같다. 남에게 상처를 주고 종국에는 자신에게까지 상처를 입힐 수 있다.

목표 달성을 위해 수단과 방법을 가리지 않는 학교가 있을 수 있다. 결과를 가져오는 방법에는 관심이 없고 오직 결과에만 관심이 있다. 목표를 능률적으로 달성할 수만 있다면 방법이야 중요하지 않다고 생각한다. 이런 학교는 어느 날 갑자기 신뢰를 몽땅 잃어버릴 수 있다. 공들여 쌓은 성과들도 순식간에 날아가 버릴 수 있다.

조직의 유능함은 건강한 풍토와 결합되어 신뢰할 만한 학교를 만든다. 이 두 가지가 모두 중요하다. 어느 한 가지를 아무리 충분히 갖추고 있어도 다른 한 가지가 부족하면 소용없다. 한 가지가 아무리 차고 넘쳐도 다른 한 가지를 대신할 수는 없다.

이들 가운데 우리는 건강한 조직풍토를 조성하는 데 더욱 신경을 써야 한다. 건강한 풍토를 만들기가 자꾸 어려워지기 때문이다. 점점 더 많은 시간과 노력을 요구한다. 외부에서 쉽게 구해 올 수도 없다. 한번 형성되면 쉽게 바꿀 수도 없다. 반면에 학교 조직의 능력이란 비교적 단기간의 노력만으로도 변화시킬 수 있다. 또 상황이 빠르게 변화하는 상황 속에서 유능함이란 쉽게 바뀌는 개념일 수밖에 없다. 한때 필요했던 전문성이 어느 순간 불필요한 전문성이 되어 버릴 수 있다.

어떻게 하면 역량도 있으면서 동시에 건강한 조직풍토를 가진 학교를 만들 수 있을까? 그리하여 신뢰의 주체로부터 신뢰를 듬뿍 받는 학교가 될 수 있을까?

이 책에서는 이 질문에 대한 대안으로 7개의 미덕을 제시하였다. 각각 유능한 학교가 지녀야 할 2가지 미덕과 건강한 학교가 되는데 필요한 5가지 미덕이다. 그러나 이들 미덕은 한 덩어리다. 상호 유기적으로 연계되어 있다. 이 미덕들을 갖추고 있는 학교조직은 신뢰받을 만하다고 확신한다. 이 미덕들과 각 미덕의 세부 실행 가치들은 신뢰를 받기 위한 노력의 지향점을 제시해 줄 수 있다. 아울러 변화하는 상황 속에서 신뢰 수준을 정기적으로 재평가하기 위한 기준이 될 수 있다. 여러 가지 목적으로 각 학교의 신뢰도를 평가하기 위한 척도로 활용될 수도 있다.

이를 알아보기 쉽도록 단순화하여 물레방아의 바퀴로 형상화하고 이를 '신뢰의 바퀴*Wheel of Trust*'로 이름 붙였다. 물레방아는 윤택함의 상징이다. 쉼 없이 돌아가는 바퀴는 산업혁명에 필요한 동력원을 제공했다. 18세기 산업혁명이 시작될 즈음 유럽 전체에는 50만 채 이상의 물레방아 바퀴가 돌아가고 있었다. 여기에서 얻는 막대한 에너지는 서구 경제가 산업혁명 단계로 넘어가는 디딤돌 역할을 했다.[2] 산업혁명의 기반이 된 물레방아 바퀴처럼 신뢰의 바퀴는 학교 혁신에 필요한 동력의 원천이 되어 줄 것이다.

물레방아 바퀴는 여러 개의 물통이 서로 연결되어 있을 때 제 역할을 한다. 신뢰의 바퀴도 7개의 미덕들이 함께 묶여져 서로 도움을 줄 수 있을 때 비로소 생산적인 에너지를 창출해 낼 수 있다. 이 신뢰의 바퀴는 학교조직에 내재되어 있는 잠재력을 실질적인 경쟁력으로 바꾸어 놓을 것이다. 하루 빨리 학교 수만큼 많은 신뢰의 바퀴가 돌아가는 날이 오기를 기대해 본다. 학교가 잃어버린 신뢰를 되찾고 다시 한번 명실상부한 교육의 중추가 되기를 소망한다.

여러 연구 결과 및 자료들과 함께 경험과 생각을 충실히 반영하여 7가지 미덕들을 추출하였다. 그 동안 이루어진 신뢰에 관한 연구들에 대한 진지한 검토는 이 책을 쓰는 데 커다란 도움을 주었다. 컨설팅 등 여러 가지 목적 때문에 학교 현장들을 방문하여 수집한 자료들도 많은 기여를 하였다. 특히 국내뿐만 아니라 해외 소재 학교들을 방문하여 얻은 생생한 자료들은 매우 중요한 기여를 하였다. 학교 현장에서 교직을 수행하면서 얻은 경험도 의미 있게 활용하였다.

이 책은 신뢰받기 위해 무엇을 해야 하며 어떻게 해야 하는지 일깨워 주는 책이다. 꾸준히 신뢰를 증진시키기 위해 노력하는 학교들에게 필요한 책이다. 잃어버린 신뢰를 회복하기 위해 안간힘을 쓰고 있는 학교에게 도움을 줄 수 있는 책이다. 각각의 미덕을 증진시키고 또 통합하기 위한 노력을 하다보면 학교조직의 신뢰 수준은 저 높이 올라가 있을 것이다. 이는 궁극적인 목표인 '좋은 학교'에 한 걸음 더 다가가도록 할 것이다.

2012. 6. 15.

鑑天軒에서

한 홍 진

# Contents

## 2부 건강한 학교의 미덕

7 Virtues Building High-Trusted School

# 1부. 유능한 학교의 미덕

미덕 1. 전문성

미덕 2. 효율성

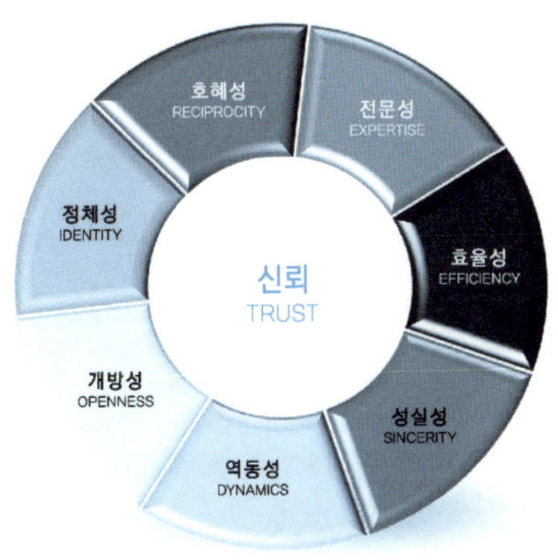

# 미덕 1

# 전문성

## Expertise

전문적 관심
실천적 지식의 정련
감성적 능력의 고양
전문성의 공유

의식적으로 자신의 생활을 향상시키려는 노력이 틀림없이 인간에게는 갖춰져 있다는 사실만큼 우리를 분발하게 해 주는 것도 없을 것이다.

- 헨리 소로우*Henry D. Thoreau*가 『월든』에서

능력은 신뢰를 높이는 데 대단히 중요하다.[1] 특히 조직의 이해관계자들이 원하는 것을 제공할 수 있는 능력이 중요하다. 그들의 필요를 충족시킬 수 있는 능력을 얼마나 갖췄느냐가 신뢰 수준을 결정짓는다.

학교의 능력은 교사들이 지닌 전문적 자질에 의해 뒷받침된다. 신뢰 수준을 높이기 위해서는 학교 내에 존재하는 전문성의 수준을 높여야 한다.

이제 학교가 갖춰야 할 전문성의 지향점은 '열심히 가르치는 것'이 아니다. '제대로 가르치는 것'이다. '열심히'가 아니라 '제대로'가 신뢰 여부를 결정짓는다. 교육 활동을 열심히 하는 것은 최선의 노력을 다했다고 할 수 있을지는 몰라도 곧 신뢰와 연결되지는 않는다.[2]

제대로 가르치기 위해서는 이른바 '학생 중심 전문성'이 요구된다. 학교는 학생들에게 획일화된 이상을 강요하지 말아야 한다. 각

자 자신의 이상을 추구해 갈 수 있도록 도와야 한다.[3]

우리의 학생들은 미래를 향해 나아가고 있다. 이들이 살아갈 미래 사회는 현장성과 함께 다양성을 요구하고 있다. 다양성을 추구함과 동시에 이를 통합할 수 있어야 한다. 장점을 공유해 시너지 효과를 얻어 내는 자질을 요구하고 있다. 학생들에게 제공되는 교육 서비스는 이러한 자질을 키울 수 있어야 한다. 학교는 이러한 역할을 감당해 낼 수 있는 전문성을 구비해야 한다.

이해관계자들은 미래에 관심이 있다. 신뢰를 얻으려면 학교는 세상의 변화를 앞질러나갈 수 있어야 한다. 그것이 어렵다면 적어도 힘겹게 뒤쫓아 가기 바쁜 모습은 보이지 말아야 한다. 이를 위해 학교 구성원 각자는 새로운 필요와 도전에 대응할 수 있는 전문성을 갖춰 나가야 한다.

하던 대로만 해서는 성공할 수 없다.[4] 새로운 업무 수행 방식에 대해 생각해 보고 가능한 한 이를 채용하는 것이다. 보다 적극적으로 전문성을 공유해 학교와 교사는 물론 이해관계자가 함께 발전해 가야 한다.

## 전문적 관심

교사들에게는 이른바 '전문적 관심*professional interest*'이 필요하다. 전문적인 문제에 관해 논의하며, 자신들의 직무에 관해 관심을 표명하고 전문적 발전을 위해 노력할 필요가 있다.[5] 이러한 관심은 교사 개인에게 자신감을 주며 자부심의 원천이 될 것이다. 더 나아가 학교가 지향하는 목표를 실행할 수 있는 역량의 기반이 될 것이다.

미시간대 교수인 마리나 휘트먼*Marina Whitman*은 목적 공동체에 대해 언급한 적이 있다. 예전의 충성심이 사라지면서 '전문가 주의'가 새로운 방식의 충성심을 낳고 있다는 것이다. 휘트먼의 주장에 따르면 새로운 방식의 충성심은 조직에 대한 충성심이 아니다. 직무자체와 목적을 공유하는 공동체에 대한 충성심이다. 사사로운 이해관계나 의존관계는 배제한 채 공동체의 목표 달성을 위해 공유된 헌신을 의미한다.[6]

이 주장대로라면 학교의 목적을 달성하는 데 기여할 수 있는 교사의 전문성이 없다면 교사는 존재 이유를 상실한다. 자신에게 할당된 직무를 원활히 수행할 전문성이 없는 교사는 학교조직에 대한 충성심이 없는 것이다.

## 미래지향형 전문성

전문성이란 역동적인 개념이다. 개인적으로는 직업을 얻고 미래에도 이를 유지하기 위해 반드시 갖추어야 할 자질을 가리킨다.[7] 조직 차원에서는 조직을 유지·성장시키는 데 필요한 역량이다. 신뢰받는 학교들은 현 상태까지 성장하고, 유지하는 데 기여해 온 핵심적인 전문성이 있기 마련이다. 그러나 이 학교들은 그들이 의존해 온 전문성이 어느 순간 성장의 걸림돌이 되어 버리지 않도록 주의해야 한다. 그 전문성이 눈을 가려서 미래를 보지 못하게 해서는 곤란하다.

이와 관련해 잭디시 세스*Jagdish N. Sheth*는 "만약 핵심역량이 쓸모 없어졌거나 경쟁력이 떨어졌을 때, 당신은 무엇을 할 수 있을까?"라고 묻는다.[8] 변화하는 상황을 파악하고 이에 대비하지 못한 학교는 조만간 이러한 질문을 생각할지 모른다.

한 동안 얼마나 명시적 지식을 잘 전달하느냐가 많은 학교의 핵심 역량이었다. 그러나 그것은 미래가 요구하는 문제 해결력을 키우기 위한 보조 역량일 뿐이다. 문제 해결력이란 일정한 지적 수준만 갖춘다고 얻을 수 있는 것이 아니기 때문이다. 자기가 하고 있는 일에 대한 존중감, 타인에 대한 배려 등 학업에 대한 긍정적 태도와 가치가 함께 개발될 때 비로소 가능하다.[9]

이미 검증된 경험 자료를 잘 전달하는 실증주의적 전문성만으로는 한계가 있다. 과거에 쓸모 있던 지식은 미래를 대비한 다양한 능력을 갖추는 데 활용되는 소재다. 학생의 지적 능력이나 창의력, 감성적 능력의 조화로운 신장을 도모할 수 있는 전문성을 갖출 필요가 있다.[10]

이와 함께 실제 교육 현장의 환경적, 심리적 요인까지 고려한 현장중심의 전문성이 필요하다. 교육 현장에서 비정형성, 불규칙성은 점점 더 강조될 것이다. 그만큼 불확실성은 커질 수밖에 없다. 역동적인 현장에서 맞닥뜨릴 수 있는 다양한 문제들을 해결할 수 있는 능력을 확보해야 한다. 변화하는 상황에 유연하게 적응해 갈 수 있는 전문성이 요구될 것이다.

이제 교사가 지닌 전문적 지식이나 기술은 과거형 전문성일 뿐이다. 이에 더하여 미래는 교사가 교육자로서의 갖추어야 할 인간적

· 감성적 · 지각적 능력까지 원하고 있다.[11] 이는 마치 과업성취와 문제해결에 있어서의 효율성이나 신속성을 지향하는 과거 의존형 개선 태도만으로는 경쟁이 안 되는 것과 같다. 습관적인 과업 수행 방식을 거부하는 적극적인 자기개발 의지까지 갖추어야 한다. 또 고차원의 문제를 해결하려는 진취적인 학습 자세도 필요하다. 이러한 의지와 자세는 결국 진정한 전문가와 비전문가의 차이를 만들어 낸다.[12]

과거의 실적 못지않게 학교의 미래를 위한 투자가 중요하다. 과거의 자랑스러운 경력이 전문성 향상에 걸림돌이 될 수 있다. 이에 의존하다 보니 전문성 개선 노력을 게을리 할 수 있다. 전문성에도 수준 차이가 있다는 사실을 인정하고 치열하게 자신을 단련시키는 학교의 전문성은 높아질 수밖에 없다. 발전적인 변화를 통해 미래를 준비하는 것이다.

## 학생 중심 전문성

학생 중심적 사고란 학생의 입장에서 바라보는 것이다. 그들에게 필요한 것이 무엇인지를 파악하고 이를 제공하기 위해 노력하려는 자세다. 학교의 신뢰도는 학생들에게 제공하는 교육 서비스 수준에 영향을 받는다. 그들의 욕구나 필요에 맞는 서비스를 계획하고 전달하는 능력에 따라 달라진다.[13]

그러나 학생 중심 교육은 단순히 학생의 주문에 응한다는 것을 의미하는 것이 아니다. 학생의 실제적 능력과 잠재적 가능성을 따져

보아야 한다. 이를 고려해 교육적 필요를 판단한 후 이를 충족시켜 주는 것이다.[14] 학교는 전문적인 교육 서비스 공급자다. 사명의식을 가지고 학생의 잠재적 가능성을 살려내야 한다.[15]

교육 서비스란 학교가 교육적 목적 달성을 위해 수요자인 학생에게 제공하는 유무형 서비스의 총합이다. 모든 서비스가 그렇듯 교육 서비스도 학생의 기대를 충족시키는 일이다. 다만 학생들의 기대에 대한 명확한 개념 규정이 중요하다. 학생들의 미래에서 기대를 찾아내야 한다.

교육이란 미래를 대비하는 활동이다. 세월이 한참 흐른 뒤에 지금의 학생들이 원하게 될 것을 미리 알고 있어야 한다. 설사 학생 자신은 모르더라도 학생의 미래를 위해 필요한 것이 무엇인지를 교사는 알고 있어야 한다. 그들이 미래에 필요로 할 것을 제공해 주는 전문성이 학생 중심 전문성이다.

이러한 교육 서비스는 많은 노력이 요구된다. 학생들의 미래를 파악하기가 말처럼 쉽지 않기 때문이다. 과수원에서 나무에 달린 배나 사과의 며칠 뒤 모습을 상상하는 것처럼 용이한 일이 아니다. 당장 필요한 것을 제공하기에도 바쁜 형국이다. 그러나 학생들의 미래에서 필요를 찾아내서 이를 충족시켜가는 다양한 시도는 보답을 받을 것이다. 교육다운 교육을 하는 학교로 자리 잡게 될 것이다.

이를 위해서도 교사 중심의 일방적 지식 전수에서 탈피할 필요가 있다. 모든 학생들이 각 자의 재능을 십분 발휘할 수 있도록 하는 내용이 들어가야 한다. 학교는 각 학생의 재능을 발견하고 이를 키워줄 수 있는 전문성을 구비해야 한다.

그들이 필요로 하는 것에 대해 면밀한 검토를 해야 한다. 잠재적 가능성을 탐색한다. 당장은 아니지만 장기적으로 그들의 잠재적 가능성을 키워줄 수 있는 교육 서비스는 어떤 것인지를 찾아내는 것이 진정한 학생 중심 교육이다.

학생들에 대한 지속적 관심도 필요하다. 우선 학생들이 무엇을 원하는지 그들의 생각을 파악하는 일이다. 당장의 필요와 함께 미래의 기대를 파악해야 한다. 이는 다가 올 미래 세계에 대한 예견과 맞물릴 때 더 의미 있는 자료가 된다. 학생마다 가지고 있는 잠재력을 펼칠 수 있는 기회가 주어질 수 있는지 파악할 필요가 있다. 더 나아가 그들의 요구가 어떻게 달라지고 있는지, 학교의 교육 서비스에 대한 반응은 어떠한지 등에 대해 파악한다.

이와 관련해 커스텀 리서치 부사장 장 엘세서*Jan Elsesser*의 설명은 시사적이다. 그는 "오늘 고객의 기대를 뛰어넘는 것이라도, 내일이면 그 기대를 충족시키는 정도에 그칠 것입니다. 그래서 우리는 계속해서 고객의 반응을 모으는 겁니다."라고 설명한다. 커스텀 리서치의 다음 사례는 학교에서도 한 번쯤 시도해 볼 만하다.[16]

> 커스텀 리서치는 개별 고객의 요구에 맞는 서비스를 재단하는데 도움이 되는 정보를 입력한 '고객 수첩'을 갖고 있다. 이 수첩은 개별 프로젝트에 대한 고객의 반응과 전반적인 관계를 담고 있는 살아 있는 자료이다. 커스텀 리서치의 직원들이 고객에게 봉사하는 방법을 아는데 도움이 되는 모든 정보는 이 고객 수첩에 기록된다. (중략) 이것은 새로운 직원들의 학습곡선을 가속화하고, 고객을 맞

> 을 준비를 하거나 쓰는 직원들을 위한 참고서 역할을 한다. 또한 고객이 어떤 방식의 서비스를 원하는가에 대한 고객의 반응과 다른 정보들의 창고이자 관계의 건전성, 탄탄함, 진화에 대한 서면 기록이기도 한다.

그러나 진정한 학생 중심의 전문성 강화는 학교 차원에서 해결하기에는 한계가 있다. 당장의 교육적 필요를 최대한 충족시킬 것을 요구받는 상황이다. 학생들의 먼 훗날의 기대까지 생각하는 것은 사치라고 생각할 수 있다. 수요자 중심 교육에 대한 오해도 문제다. 일방적으로 학생들이 원하는 교육을 하는 것이 학교가 할 일이라고 생각한다. 학교가 가진 교육기관으로서의 전문성은 무시되는 듯하다.

학교 지원·감독 기관이나 지원 단체의 노력이 있을 때 비로소 가능하다. 학교의 특성을 반영한 지원과 유인 체제가 필요하다. 학교가 위치한 지역사회가 다르다. 학교의 비전이 모두 다르다. 이해관계자의 요구가 다를 수밖에 없다. 전문성 강화 노력과 관련하여 각 학교의 자율성을 인정하는 정책의 유연성이 필요하다.

아울러 경쟁주의 차원에서 각 학교의 전문성을 인식하는 사회 분위기도 필요하다. 경쟁주의가 승진 경쟁에서 승자가 되기 위한 비자발적 자기향상 노력을 의미하는 것이 아님은 분명하다. 실적 경쟁에서 뒤지지 않기 위해 급조된 가설무대 같은 연수 프로그램도 당연히 아니다. 더 열심히 자발적으로 노력하는 학교에게 손을 들어주는 배려를 가리킨다. 학교 경쟁력의 기반을 차별화된 전문성에서 찾는 것을 말한다.

### 솔선수범하는 관리자

관리자는 리더로서 갖추어야 할 지식, 사고력, 전문성과 함께 판단력을 지니고 있어야 한다.[17] 그러나 관리자의 가장 중요한 자질은 교사들의 전문성 신장을 위한 여건을 조성하는 능력이다. 그들에게 계속적으로 성장, 발전하고, 학습할 수 있는 기회를 제공해야 한다. 학교에서의 직무수행을 통해 그들 자신의 전문성을 확장 발전시킬 수 있는 기회가 주어져야 한다. 교사들의 전문성은 결국 학교의 전문성으로 축적될 것이라는 확신을 가지고 있어야 한다.

미래형 관리자는 학교의 미래 경쟁우위가 어디에 있을 지 판단할 수 있다. 그 경쟁우위를 지켜줄 전문성이 무엇인지 알고 있다. 이를 확보해 가는 구성원들의 노력을 견인할 수 있는 실행력도 아울러 지니고 있다. 그는 기존에 확보한 전문성은 현상 유지용일 뿐이라는 것을 널리 이해시키려 할 것이다. 이를 기반으로 하여 과거의 신화에 의존하기보다는 사고를 완전히 전환하자고 설득해 갈 것이다. 기존의 행동 패턴을 창조적으로 변화시키려는 의지를 밝힐 것이다.

관리자의 관심과 의지는 전문성 강화의 결정적인 요인이 된다. 그의 학교 경영에 대한 영향력에 크기를 고려할 때 그의 전문성에 대한 관심은 필수적이다. 관리자 자신이 전문성에 대한 관심이 없으면서 교사들이 전문성에 관심을 갖도록 고취하기는 어렵다. 오히려 의지를 후퇴시킬 뿐이다.

그럼에도 불구하고 관리자가 막상 자신의 전문성에 대해서는 관심이 적을 수 있다. 이 학교에서 자신보다 더 많이 알고 있는 사람은 없다고 생각할 수 있다. 전문성 강화 노력을 조금 등한히 해도 될 것으로 생각하는 경향이 있다. 매우 위험한 일이다. 관리자의 전문성의 수준이 그가 가진 영향력의 수준을 쫓아가지 못하는 학교는 비극이다.

반면에 신뢰받는 관리자는 학교조직을 위해 자신의 전문성을 극대화하려는 의지를 가지고 있다. 그는 잘 알고 있다. 환경의 변화가 모두의 인식과 행동의 변화를 요구한다는 점을. 그는 자신의 전문성을 꾸준히 재정의해 간다. 그리고 그 전문성을 갖추기 위해 앞장서서 노력한다. 짐 호던*Jim Haudan*이 강조한대로, 관리자는 과거의 행동을 가지고 새로운 전략을 실행할 수 있다고 생각해서는 안 된다.[18]

관리자는 무엇보다도 신뢰할 만한 멘토*mentor*로 자신을 정립할 필요가 있다. 업무는 물론 교사 개인의 경력관리, 심지어 개인적인 결정과 관련해서 중요한 문제가 생길 때마다 찾아갈 수 있는 사람이어야 한다.[19] 끊임없는 전문성의 강화 없이는 그 역할을 수행할 수 없을 것이다.

그는 다양한 사안에 대해 해결 방법을 제시할 수 있어야 한다. 교사들이 미처 생각하지 못하는 업무 수행 방식을 제시할 수 있어야 한다. 어떠한 문제에 대하여 고정관념에서 벗어나도록 설득할 수 있어야 한다. 다양한 시각을 갖도록 고무할 수 있어야 한다.[20] 전문성을 키울 수 있는 기회가 자주 있고 후원하는 관리자가 있으면 교사들의 성장 속도는 한층 빨라질 수 있다.[21]

관리자의 높은 전문성은 교사의 전문성 수준을 높이는 촉진제가 된다. 관리자 자신에 대한 신뢰를 높일 뿐만 아니라 학교의 경쟁력 강화의 원천이 된다. 그리고 신뢰받는 학교가 되는 기초를 마련한다. 관리자의 전문성이 미래에 필요한 학교와 없어도 되는 학교의 차이를 만든다.

## 지속적인 학습

질 좋은 서비스를 수행하려는 사람들의 의지는 그들이 가지고 있는 기술이나 지식과 필연적으로 관련되어 있다. 자연스레 자신이 잘할 수 있는 활동에 끌리게 되어있다. 반면 스스로 준비되어 있지 않은 부분은 피하게 된다.[22]

수준 높은 전문성을 지닌 교사는 자신 있게 수업에 임한다. 확신을 가지고 새로운 시도를 하려 할 것이다. 학생들과의 적극적으로 상호작용을 꾀할 것이다. 잘 가르칠 수밖에 없다. 덕분에 교육 서비스의 질은 높아지고 학교는 신뢰를 받게 된다.

학교의 전문성 수준은 교사들이 가진 전문성 수준을 넘어서지 못한다. 특히 높은 전문성을 지닌 교사보다는 낮은 전문성을 지닌 교사의 수준에 의해 결정될 가능성이 높다. 그렇기 때문에 학교는 모든 교사가 가진 전문성의 수준을 전반적으로 높이는 데 중점을 두어야 한다. 특별히 뛰어나고 자기 개발에 열심인 일부 교사의 전문성 수준이 문제가 아니다. 상대적으로 낮은 전문성을 지닌 대다수 교사들에게 관심을 가져야 한다.

그러나 전문성은 어느 날 갑자기 얻을 수 있는 것이 아니다. 새로운 전문성이 요구될 때 공들여 쌓았던 전문성이 일시에 가치를 잃어버리기도 한다. 꾸준히 계속해서 개발시키지 않으면 그 수준은 점점 저하될 수밖에 없다.

지속적인 학습을 통해서만 교사 개인은 꾸준히 발전할 수 있다. 완벽히 훈련된 사람, 완전한 지식을 갖춘 사람은 어디에도 없다. 학습은 목적지가 아니라 여행이다. 두 가지 선택 가능성이 있다. 진보 아니면 쇠퇴! 신기술의 도입 등으로 빠르게 변화하는 세계에서 정적인 능력은 곧 쇠퇴를 의미한다.[23] 수준 높은 전문성을 갖고자 한다면 지속적인 학습은 필수 조건이다.

지속적인 학습이 업무 수행을 전문화시킨다. 소위 프로페셔널들은 지속적으로 배우고, 기술을 넓고 깊게 확장하며, 지식의 토대를 넓힌다. 프로페셔널리즘은 특정한 일이나 직위의 자동적인 부산물이 아니다. 학습을 통해 배우는 내용은 물론 학습을 통해 자기가 발전하고 있다는 느낌이 프로페셔널리즘을 만들어낸다.[24] 교사 개개인이 진정한 프로페셔널이 되고자 한다면 쉼 없는 학습은 필수다.

지속적인 학습은 또 개인 차원의 학습으로 끝나서는 안 된다. 지속적인 학습 계획서는 그 방향이나 내용이 학교의 전략 실행과 연계되도록 해야 한다. 열심히 연수를 받았는데 그것이 개인 차원으로 끝나버리도록 해서는 안 된다. 만약에 그럴 것이라면 학교 차원에서 지원하고 장려해야 할 동인은 약화될 수밖에 없다. 개인의 역량 개발이 학교의 전략 실행에 직접 기여할 수 있어야 한다.

대부분의 관리자는 교장단 협의회, 세미나, 연수 등에 참가한다. 단위 부서 운영을 맡은 교사들은 그들대로 여러 가지 연수들에 참여한다. 교사들은 업무에 필요한 새로운 기술을 학습한다. 그러나 이러한 역량 개발 활동들이 학교가 목표를 달성하는데 얼마나 기여하는지는 알 수 없다.

이러한 경향은 학교조직만의 문제는 아니다. 여타 조직들에서도 빈번히 나타나고 있다. 짐 호던은 반문한다. “이러한 학습 경험이 조직의 변화 전략과 무슨 연관이 있을까?”라고.[25] 그의 문제 제기는 조직 구성원들의 학습 활동이 조직의 전략과 따로 놀고 있음을 지적한 것이다. 조직의 변화 노력과 별개로 이루어지는 역량 개발 노력에 대한 아쉬움을 표현한 것이다. 그는 “훈련의 질이 아무리 좋아도, 만약 그것이 전략 실행에 도움이 되지 못한다면 아무 소용이 없다.”고 강조한다.[26]

각 교사의 장단기 학습 계획서는 학교 차원에서 검토되고 조정될 필요가 있다. 학습 결과 활용의 극대화를 위해 개인의 필요와 조직의 필요 간에 균형을 추구하는 것이다. 때때로 교사들 간의 중복을 피할 수 있다. 이러한 노력을 통해 각 자의 학습 활동이 학교의 기초를 든든히 하는데 기여할 수 있도록 해야 한다. 학교의 전략 실행에 직접적으로 기여할 수 있는 내용이어야 한다. 교사 개인의 자기 개발에서 그치지 않고 새로이 습득한 기술이나 지식이 학교의 기반을 다지는데 기여할 수 있도록 해야 한다.

## 실천적 지식의 정련

우리는 상대방이 믿을 만한지 판단하기 위해 사실과 논리뿐만 아니라 그 사람의 경험까지 점검한다.[27] 비행기 조종사는 항공술과 함께 비행기에 대한 기계역학적 지식과 능력을 소유해야 한다. 그러나 이것만으로는 부족하다. 동시에 풍부한 적극적인 비행경험을 가질 때에 한해서 조종사로서의 전문성을 발휘한다.[28]

경험을 통해 얻어진 실천적 지식은 사실적 지식의 실천 방법이다. 이는 실제 상황 속에서 만나게 되는 문제를 분석하고 그 해결 방안을 도출할 수 있는 능력을 준다. 전문가는 사실적 지식과 현장 속의 다양한 사례를 통해 획득한 경험에 근거하여 보통 사람이 파악할 수 없는 패턴, 변칙적 사건, 상황적 문제, 자신의 한계점 등을 자각한다.[29]

물론 풍부한 경험이 전문성을 보장하지는 않는다. 그저 경험이 많다고 해서 수준 높은 실천적 지식을 습득할 수 있는 것은 아니다. 오랜 경험을 가진 교사라고 해서 교육 현장에서 맞닥뜨리는 모든 문제를 해결할 수 있는 것은 아니다. 자신의 실천적 지식을 꾸준히 정련해 가는 과정을 통해 그 수준을 높일 수 있다. 이러한 노력이 쌓여 교육 현장의 개선을 도모할 수 있다.

학교가 보유한 실천적 지식의 수준이 학교에 대한 신뢰 여부를 결정짓는다. 즉, 실천적 경험의 수준이 높은 교사들이 많아야 한다. 아울러 그 수준을 높이기 위해서 안간힘을 다 하는 교사들의 존재가 학교를 신뢰받게 만들 것이다.

교사가 역할을 제대로 수행하기 위해 필요한 전문성은 사실적 지식이나 기능만으로는 확보될 수 없다. 이와 함께 실천적 지식을 지녀야 한다. 학교 현장에서 사실적 지식을 실제로 활용해 학생들이 원하는 결과물을 제공할 수 있어야 한다.

## 성과의 산출

마이클 해머*Michael Hammer*가 언급한대로 전문가란 과업을 수행하기보다는 결과를 성취하는 데 책임을 지는 사람이다. 그는 중요한 초점은 반드시 결과에 있어야만 한다고 강조한다.[30] 교사는 수업을 한다. 진로 상담도 한다. 교사가 전문가가 되고자 한다면, 결과에 대해 어떤 식으로든 책임을 져야 한다. 얼마나 학력이 향상되는지, 어떤 진로를 선택하게 되는지에 의해 평가받아야 한다.

성과를 창출하기 위해서 전문가는 실천적 지식을 활용한다. 전문가는 반드시 문제 해결자가 되어야 한다.[31] 전문가는 문서화된 교육과정을 그대로 받아들이는 것이 아니다. 그가 가진 실천적 지식에 근거하여 재구성하고 전개한다. 수업을 전개할 때뿐만 아니라 수업 계획 단계에서부터 실행, 학생평가, 수업 후 자기 수업에 대한 협의를 할 때도 실천적 지식을 활용한다. 그는 교실현장에서 직면하는 많은 문제들을 실천적 경험과 과정을 거쳐 획득한 실천적 지식을 사용하여 해결한다.[32]

그러나 세상은 항상 변화하고 있다. 전문가라도 과거에 겪어 보지 못한 새로운 상황에 직면할 수도 있다. 처음 부딪치는 상황이라서 해결할 수 없다는 말은 전문가에게는 허용되지 않는 핑계다. 진정한 전문가라면 예상하지 못한 일과 일상적이지 않은 상황까지도 헤쳐 나갈 수 있어야 한다. 한 마디로 모든 상황을 다룰 수 있는 폭 넓은 전문성을 지녀야 한다.

이를 위해서는 지식의 축적 및 직무의 기초가 되는 원리에 대한 기초 지식과 함께 지식이 어떻게 다른 상황에 적용될 수 있는지에

대한 이해가 요구된다.[33]

또한 기존의 방식보다 한 차원 높은 수준에서 과제를 해결하기 위하여 끊임없이 노력해야 한다. 자신의 정신적 자원을 재투자하면서 전문성을 확장해야 한다.[34] 전문가라면 높은 자기개발 기준을 정해 놓고 자신의 전문성을 지속적으로 개발해야 한다. 도전적인 과제를 선택하는 것이다. 그리고 이 과제 해결에 많은 시간과 노력을 투자하여 좋은 결과를 생성해 낸다. 상대적으로 쉬운 과제를 선택하여 기존의 일상적 방식에 의존하여 문제를 해결하는 것은 비전문가들의 방식이다.[35]

실천적 지식을 제대로 활용하려면 자율성 확보는 필수적이다. 로버트 잉거*Robert J. Yinger*의 비유처럼 교수행위는 '즉흥 연주'다.[36] 수업 준비를 아무리 잘해도 교사는 예상할 수 없는 어려움에 직면할 수 있다. 애초 계획한 학습량이나 평가 방식을 상황에 맞춰 변경해야 하는 상황이 생길 수 있다. 예상과 다른 학생들의 반응 때문에 자신의 역할을 조절해야만 할 때도 있다. 개발자의 의도와 달리 문서상의 교육과정을 변형해야 할 상황이 올 수 있다. 이러한 상황들은 교사의 자율성을 필요로 한다.

모든 상황이 빠르게 변화하고 있다. 새로운 학습이론이 끊임없이 등장하고 있다. 교육과정 운영 지침도 수시로 변하고 있다. 목표가 계속해서 변화하고 목표를 달성하기 위해 임기응변이 필요할 때 교사의 자율성이 보장되어야 한다. 문제 해결자로서 교사가 지닌 지성과 자율성이 반드시 순종과 예측 가능성을 대체해야만 한다.[37]

## 성찰을 통한 개선

교사의 실천적 지식은 반성을 통해 더욱 더 정련될 수 있다.[38] 실천적 지식은 한 마디로 '교사의 체험과 체험에 대한 성찰을 바탕으로 만들어 낸 지식'이다. 체험과 성찰을 거치면서 교사에 의해서 만들어지는 지식이다. 그리고 그 지식은 성찰의 주체인 교사가 소유하게 된다.[39]

교사가 되기 위한 사전 교육이나 현직 연수에서 얻은 지식과 이론은 경험을 통해 실천적 지식이 된다. 그러나 경험만 있으면 자동적으로 실천적 지식이 되는 것이 아니다. 여기에 반성을 통해 얻은 정보가 추가되어야만 제대로 된 실천적 지식이 된다.

교사는 한 시간의 수업을 마쳤을 때나 한 학기 또는 한 학년이 끝났을 때, 자신의 수업을 객관적으로 평가해 보아야 한다. 이러한 자기 평가는 추후 작업을 위해서 필요하다. 피드백은 과업을 더 효과적으로 수행하도록 만든다. 타성으로 수업을 진행하지 않으려면, 매 수업마다 나름대로의 객관적인 자기 평가가 필요하다.[40]

이와 같은 자기 수업에 대한 성찰을 통해 실천적 지식은 개선될 수 있다. 자신의 지식과 기술에 대해 자각하고 재평가할 수 있는 기회를 통해 변화될 수 있다. 기술 향상이 필요한 분야 또는 새로운 지식을 습득해야 하는 분야가 어떤 것인지를 알 수 있다. 또한 더 이상 적합하지 않으므로 최신의 것으로 바꾸어야만 하는 기술과 지식이 어떤 것인지도 알 수 있다. 동시에 자신의 지식과 기술에 어떤 결함이 있는지도 알려준다.[41]

'반성적 교사*reflective teacher*'라는 말이 있다. 스스로 반성하고 개선하는 교사를 지칭하는 교육학 용어다. 이들은 문제가 발생했을 때 가장 먼저 자신에게서 그 원인을 찾는다. 자신이 범한 오류를 신속히 수정한다. 환경에 의해 문제가 발생했을 경우에는 이를 개선하기 위해 적극적으로 노력한다. 이화여대 오욱환 교수는 반성적 교사들은 조만간 전문가 교사가 될 수밖에 없다고 단언한다. 그 이유는 자신들이 가진 결점들을 지속적으로 줄여 가기 때문이다.[42]

또 하나의 방법은 동료 교사와 반성을 공유하는 것이다. 교사들이 자신들의 실천적 지식을 드러내고 이야기할 수 있는 반성과 토론의 기회를 갖도록 하는 것이다.[43] 자기반성을 확장하여 동료 교사가 반성을 도와주는 것이다. 동료 교사가 분석한 고쳐야 할 점을 본인이 알도록 알려주는 일이다.

교사의 실천적 지식은 대화를 통해 변화할 수 있다. 쉐릴 크레이그*Cheryl J. Craig* 교수가 초임 교사 한 명의 2년간의 이야기 자료를 수집해서 학교 맥락에서 실천적 지식의 변환 과정에 대한 내러티브 탐구를 한 적이 있다. 크레이그의 연구는 초임 교사가 특정 사람들과 자신의 경험을 이야기하고 다시 이야기하는 과정을 거치면서 실천적 지식이 새로워지고 변화되어가는 과정을 잘 보여주고 있다.[44]

두 교사가 서로 수업 읽기를 하는 것도 한 방법이다. 동료 교사의 지적이나 평가에 귀를 기울이는 것이다. 실천적 지식에 관한 연구들 가운데 홍미화의 연구가 있다. 두 교사의 사회과 수업 읽기로 초등 교사의 사회과 수업에 나타난 교사의 실천적 지식에 관한 연구다. 연구 결과에 따르면, 수업자와 수업 참관자 상호간의 생산적인 대화를 통해 교사의 지속적인 자기 성찰이 가능한 것으로 나타났다.[45]

수업은 동료 교사들로부터 객관적으로 평가됨으로써 질적으로 향상될 수 있다. 보다 적극적으로 학생들로부터 평가를 받는 것 역시 도움이 될 수 있다. 자신의 수업이 개방되거나 공개되는 것을 거부하거나 꺼리는 교사가 좋은 수업을 지속할 가능성은 매우 적다.[46]

피터 드러커*Peter F. Drucker*는 『프로페셔널의 조건*The Essential Drucker(Vols. Ⅰ-Ⅲ)*』에서 자신을 지적인 생동감이 넘치는 사람으로 만들어 준 그리고 보다 성장할 수 있도록 도와준 경험담을 소개하고 있다.[47]

> 당시 50대였던 편집국장은 부하 직원을 훈련시키고 또 제대로 가르치기 위해 무척 고생을 했다. 그는 매주 우리가 쓴 기사를 가지고 우리 각자와 함께 토론을 벌였다. 일 년에 두 번씩, 정월 초하루 바로 다음 날과 6월에 시작되는 휴가철 바로 직전에 우리는 토요일 오후와 일요일 하루 종일을 지난 6개월간 우리가 했던 일에 대해 토론하면서 보냈다. 편집장은 언제나 우리가 잘한 일에 대한 이야기부터 시작했다. 그 다음에는 우리가 잘하려고 노력한 일에 대한 이야기로 넘어갔다. 또 그 다음에는 우리가 잘하려고 충분히 노력하지 않은 분야를 검토했다. 그리고 마지막으로, 우리가 잘못했거나 또는 실패한 일에 대해 날카롭게 비판했다. 그 모임의 마지막 두 시간 동안에는 앞으로 6개월간 해야 할 일을 계획했다.

이와 같은 다양한 성찰 방법을 활용한다면 교사들의 실천적 지식은 보다 정련되고 개선될 수 있다. '완벽의 추구'를 통해 교사들은 성장해 갈 것이다. 점점 더 '완벽'에 다가갈 수 있을 것이다.

## 학습 촉진자로서의 교사

에바 베이커*Eva L. Baker* 세계교육학회장이 한국 교육이 나아가야 할 방향에 대해 언급한 적이 있다. "여태까지 교육은 이미 남이 정답을 찾은 걸 가르치는 방식이었습니다. 하지만 21세기에는 새로 마주하게 될 문제를 해결하는 능력을 가르쳐야 합니다."라고 강조했다.[48]

지금까지 교사 중심의 명시적 지식의 전달에 치중해 온 것이 사실이다. 지식축적과 기능연마를 위주로 했던 수동적 학습이었다. 수동적 학습은 흔히 '머그 및 주전자*mug-and-jug*'이론이라고 불린다. 학습자는 가만히 앉아 있고 지식을 소유한 사람은 자기 주전자에 든 지식을 학습자의 머그에 쏟아 붓는 것과 같기 때문이다.[49]

앞으로는 스스로 문제를 해결해 나가는 능력을 키워주는 일이 가장 중요한 수업 목표가 되어야 한다. 학생의 능동적인 학습 활동을 통하여 문제 해결에 접근하도록 할 필요가 있다. 개인의 당면 문제에 대한 해답을 스스로 얻게 하는 능력을 기르기 위한 수업이 되어야 한다.

아울러 학습 결과 중심보다는 학습 과정을 중요시 하는 교육과정 운영이 중요하다.[50] 에바 베이커 학회장의 지적대로, 앞으로는 기존 지식을 통해 얻을 수 있는 결과를 가르치기보다 새로운 지식에 도달하는 과정을 가르쳐야 한다. 학생들이 좀 더 능동적인 삶을 꾸릴 수 있도록 돕는 방향으로 교육 패러다임이 바뀌어야 한다.[51]

학생 중심의 발견 학습*discovery learning*은 여러 대안들 가운데 하나다. '발견 학습'은 정보를 '채굴'하는 데 필요한 지식과 도구를 제공하여 학습자가 개념을 이해하고 문제를 해결하게 한다. '발견학습'은 학습자가 스스로 질문하고 해답을 찾으며 실제 사례에서 개념을 모으도록 한다. 따라서 학습자들은 개념을 자신들이 이해가 가능한 새것으로 만들어낸다.[52]

이러한 발견 학습은 해답을 찾는 과정에서 정보 패턴을 인식하고, 이를 찾아낼 수 있는 능력을 키워 줄 수 있다. 바둑에서 복기란 한 판을 두고 난 다음 그 한 판을 처음부터 그대로 두어 보는 것이다. 바둑의 고수들은 그 수많은 바둑알을 처음부터 다시 순서대로 놓을 수 있다. 서양장기도 마찬가지다. 그렇다고 고수들이 초보자와 구분되는 특별한 기억 능력이 있는 것은 아니다. 바둑알이나 서양장기 말의 움직임을 전체적 구조 속에서 전략적으로 유형화*chunking*하기 때문에 가능하다. 다시 말해서 대가는 초보자가 파악하지 못하는 정보의 의미 있는 패턴과 특징에 주목한다.[53]

좋은 수업은 학생이 정보의 의미적 패턴을 인지할 수 있는 학습 경험을 제공해 주는 데 초점을 두어야 한다.[54] 학생들은 답을 얻으려고 정보들 간의 연결성을 찾으려고 노력하게 된다. 흩어져 있는 정보의 조각들을 서로 연결시켜 전체를 만들고자 애쓰는 과정에서 통찰력이 생긴다. 이 통찰력은 문제 해결로 이어지게 된다.[55]

그러나 단지 해답을 찾는 것보다 더 중요한 것이 있다. 학생들은 탐색해 보고 발견하면서 성취감을 느낄 수 있다. 노력하는 과정을 거치면서 사고의 범위가 넓어질 수 있다. 모험이나 탐구를 통해 새롭게 배우는 것도 있다. 학생들은 자신감과 능력을 키워서 스스로 문제를 해결하려고 한다. 자신감이 커지면 더욱 어려운 문제를 시도

하려 할 것이다.[56]

협동 학습*cooperative learning*에도 관심을 기울일 필요가 있다. 학생들 간의 협동 학습을 통하여 그들의 기능과 지식을 서로 활용하면서 공동의 학습 과정을 추구해 나가도록 할 수 있다.[57] 협동 학습은 학생들이 자연스럽게 사회적 기술을 습득할 수 있는 기회를 제공한다.

교실 속에서 공동체의 일원으로서 서로 협동하면서 지식을 구축한 학생이라면 사회에 진출해서도 협동적인 사회를 만드는 데 기여할 수 있을 것이다.[58]

이와 같은 수업 진행을 위해 교사가 갖추어야 할 능력이 바로 학습 촉진자로서 전문성이다. 촉진*facilitation* 기술을 확보하는 것이 미래를 대비한 실천적 지식의 핵이다. 학생들의 자발적 참여를 유도해 성공적으로 학습 결과를 얻도록 할 수 있는 능력이다.

촉진자란 흔히 어떤 활동이 원활하게 이루어질 수 있도록 촉진하거나 안내하는 사람을 가리킨다. 그는 일방적으로 지식을 전달하고 지시하는 사람이 아니다. 학생들이 스스로 문제를 해결하도록 돕는 사람일 뿐이다. 그는 학생들이 능동적으로 답을 찾도록 과정을 설계하고 진행을 도와주는 조력자다. 그는 학생들마다 가지고 있는 자질과 개성이 십분 발휘되도록 돕는다. 이를 통해 학생들이 수업 목표를 달성할 수 있도록 이끌어준다.

교사는 학생 중심의 수업을 해야 한다. 보다 개방적이고 자유로운 분위기를 조성할 수 있어야 한다. 학습자의 자발적인 참여와 책임감을 강조하는 수업이 전개되어야 한다. 그동안 대부분 교실에서 수업이 이루어져 왔다. 교과서나 매체 자료를 주된 교수학습 자료로 사용해 왔다. 이제는 보다 새롭고 의미 있는 교수 학습 과정을 전개해야 한다. 현장답사와 관찰 및 관찰 과정과 결과에 관하여 충실하게 토의하도록 하는 것도 좋은 방법이다.[59]

이러한 노력이 원활하게 이루어지려면 평가 방법 변경은 불가피하다. 예전에는 학생들에게 문제를 주고 정답을 찾으라고 요구했다. 앞으로는 해결할 만한 가치가 있는 문제를 제기할 줄 아는 역량이 있는지 평가해야 한다. 문제 해결에 적합한 데이터나 근거를 설정하는 능력, 데이터를 수집하고 분석하는 역량 등 문제를 얼마나 믿을 만하고 타당한 방식으로 해결했는지가 중요하다.[60]

또한 양적 평가와 질적 평가를 병행할 필요가 있다. 학생의 수동적인 학습 결과보다는 적극적인 의미 구성의 질적 수준을 평가해야 한다. 단순한 학습 기능의 평가를 지양하고 통합적이고 탈 교과적인 행동의 변화를 평가해야 한다.[61]

개별적 학생의 평가와 함께 학생들이 모인 집단 활동에 대한 평가 역시 중요하다. 공동 학습과 협동 학습을 강조하기 위해서 집단 과정의 기능을 평가하는 것이다. 학생들의 협력적, 협동적 과업 수행이 가져온 산출물의 평가다.[62]

촉진자가 되는 일은 직접 가르치는 것보다 더 높은 수준의 실천적 지식을 요구한다. 교과 내용뿐만 아니라 풍부한 교육학 관련 지식을 갖추고 있어야 한다. 특히 교수 방법이나 수업 진행 기법에 대해 잘 알고 있어야 한다. 평가 기법에 대한 지식도 가지고 있어야 한다. 아울러 빠져서는 안 되는 것이 있다. 바로 촉진을 통해 학생들을 긍정적으로 변화시키는 데 필요한 열정과 인내다.

## 감성적 능력의 고양

교사가 학생들로부터 신뢰를 얻기 위해서는 교육적 요구에 구체적으로 대응할 수 있는 지식과 기술을 갖춰야 한다. 그러나 이것만으로는 부족하다. 학생들의 기대와 의도를 존중해 주고 공감할 수 있는 감성적인 능력이 더해져야 한다.

이러한 감성적 능력은 교사가 가진 지적 전문성을 온전히 학생에게 전달할 수 있게 해 주는 전문성이다. 이는 감성적인 열정과 감동에 의한 상호간의 인간적인 교제와 상호 역동적인 교류를 가능하게 해준다. 학습의 촉매자이자 윤활유이며 통로로서 역할을 한다.[63]

학교가 보유한 감성적 능력을 활용할 경우 차별화된 교육 서비스가 가능하다. 감성적 측면에서 독특한 프로그램을 만들면 가상의 경쟁 학교와의 차별화를 추구할 수 있다. 지식적 차원보다 감성적 차원이 더 호소력을 가질 수 있다. 효과적인 의사소통이나 자신감을 증대시키는 프로그램 등은 그 사례가 될 수 있다. 이러한 감성 증진 프로그램들은 궁극적으로는 학생들의 인지적 학습의 효과를 높이는 데 기여하게 된다.

### 감성 시대

그동안 교육 서비스에서 주로 강조된 것은 이성적이고 합리적인 면이다. 그러나 감성적인 측면을 챙기는 교육 서비스에 대한 요구가 커지고 있다. 이는 감성적인 측면을 중시하게 된 사회적 흐름과도 일맥상통한다.

산업혁명 시대 이후 합리주의 가치관이 팽배해 왔다. 현재까지도 지나치게 지적인 능력만을 강조해 온 것이 사실이다. 이는 자기 자신에 대한 이해나 사회적 관계를 제대로 형성하지 못하게 되는 폐단을 낳기도 했다. 이를 반성하는 시대정신으로 감성적 능력에 대한 관심이 증대되고 있는 추세다.[64]

대중매체와 인터넷, 정보통신의 발달 역시 감성적 능력에 대한 관심이 증대되는 데 한 몫을 하고 있다. 풍부하고 다양한 정보들의 유통과 가공, 그리고 저장이 가능케 되었다. 이제 획일화된 가치관에서 벗어나 창조적이고 개성 중심의 가치관을 갖게 되었다. 인간의 오감을 자극하는 유희성과 정서를 충족시켜 줄 수 있는 미적 감각과 같은 창조적인 정보들에 대해 더 많은 관심을 갖게 되었다. 한 마디로 감성적인 부분을 중시하게 된 것이다.[65]

1990년 예일대학의 피터 샐로비*Peter Salovey* 교수와 뉴햄프셔 대학의 존 메이어*John Mayer* 교수가 처음으로 '감성 능력*emotional intelligence*'이라는 용어를 만들어냈다. 본래 그들은 감성 능력을 "자신과 타인의 감정을 모니터하고, 감정 간의 차이를 식별해내며, 그러한 정보를 이용하여 자신의 생각과 행동을 이끌어가는 능력"으로 정의했다. 그리고 얼마 후 이들은 감성 능력을 재정의했다. "정확하고 적절하게 감정을 인지하고 평가하며 표현하는 능력, 감정과 감성적 지식을 이해하는 능력, 사고를 촉진시킬 때 감정을 이용하거나 불러일으키는 능력, 사고에 도움이 되는 방향으로 감정을 통제하는 능력"으로 규정했다.[66]

변화하는 사회의 흐름에 적응하기 위해서는 이러한 감성적 능력의 확보는 필수적이다. 지식만으로는 믿음을 줄 수 없다. 교사가 학생의 다양한 감성 요구를 반영하지 못하는 상태가 지속될 경우 전문성 확보에 문제가 생길 수 있다. 또한 학생의 학습 성취도에도 적지 않은 부정적 영향을 미칠 수 있다.[67]

이와 함께 더 나은 미래를 만들기 위해서도 감성적 능력은 중요한 의미를 갖는다. 미래 사회 조직에서 감성적 능력은 매우 중요한 자질이 될 것으로 전망된다. 우리 학교에서 교육을 받은 학생들은 미래 사회 조직에서 일하게 될 것이다. 미래가 원하는 감수성이 높은 인재를 육성하기 위해서도 교사들 자신의 감성적 능력의 수준을 높여가는 노력이 필요하다.[68]

본래 교사의 전문성이란 교육자로서의 인간적·감성적·지각적 능력을 포함하는 교육자적 인성을 포함하는 개념이다.[69] 전문적인 기술이나 능력을 쌓는 일은 매우 중요하다. 논리와 사실 측면을 강화하기 위해 많은 노력을 기울여야 한다. 하지만 감성적 측면을 키우는 일을 소홀히 해서는 안 된다.[70] 지적 능력이나 기술적 능력보다 오히려 감성적 능력이 성공에 보다 큰 기여를 한다는 리서치 결과도 있다.[71] 진정한 전문가란 이성적 측면과 함께 감성적 측면이라는 두 요소 모두 뛰어난 사람이다.[72]

## 공감 능력

영화 《굳 윌 헌팅*Good Will Hunting*》에서 정신과 의사 숀 맥과이어의 활약이 두드러진다. 수학 영재인 윌 헌팅의 닫힌 마음을 열기 위해 애쓰는 정신과 의사들이 있었다. 숀 맥과이어 이전에 치료를 담당했던 5명의 의사들은 모두 실패한다. 윌 헌팅의 특유한 상황을 그다지 고려하지 않았다. 누구에게나 적용할 수 있는 규격화된 치료 방법을 적용해 보지만 실패하고 만다. 이들은 지적인 능력만을 지니고 있었기 때문이다. 감성적 능력이 없었다. 그러나 6번째로 치료를 맡게 된 숀 맥과이어의 접근 방법은 달랐다. 그에게는 '환자와 친숙해지는 데 믿음이 가장 중요하다.', '의사에게 믿음이 있어야만 환자가 마음을 터놓게 된다.'는 신념이 있었다. 윌 헌팅에게 믿음을 주기 위해 많은 노력을 기울인다.

숀 맥과이어는 엇나가는 윌 헌팅에게 공감함으로써 마음을 여는 데 성공하게 된다. 영화 후반부에 숀 맥과이어와 윌 헌팅이 인생의 선후배로서 마음을 주고받는 장면들은 정말 감동적이다.

두 사람 사이의 감정의 파장이 일치할 때, 즉 두 사람이 동시에 뭔가를 느낄 때 그들은 '공감'하고 있다고 할 수 있다. 이처럼 동시에 일어나는 감정의 반향은 긍정적인 감정을 지속시킨다.[73]

공감이란 학생의 입장에 서서 바라보는 것이다. 학생들을 이해하려는 교사의 의지다. 가르치는 사람과 배우는 사람의 생각은 다르다. 배우는 학습자의 의도와 생각을 이해하고 가르치는 것과 그렇지 못할 경우에 결과는 달리 나타난다. 상대의 편에서 생각하면 상대의 의도와 행동이 이해될 수 있다.[74]

그러나 진정한 공감이란 일방적인 것이 아니다. 교사와 학생 상호간의 믿음이 뒷받침되어야 한다. 서로가 가지고 있는 불안이나 의심을 떨쳐내야 한다. 감성적인 열정과 감동에 의한 상호간의 인간적인 교제다. 상호 역동적인 교류다. 교사가 가진 지적 전문성을 온전히 학습자에게 전달할 수 있게 해 주는 원동력이다.[75] 더 많이 공감할수록 상호작용은 더욱 활발해진다.[76]

이성적인 공감은 지식적인 요점을 정리하고 토론하면서 교류하면 된다. 그러나 감성적 공감이란 이와는 다르다. 상대방의 감정을 헤아릴 줄 알아야 한다.

짐 호던은 훌륭한 코미디언이 전략가보다 더 가치가 있을 수 있다고 강조한다. 그 이유를 코미디언의 가진 공감 능력에서 찾을 수 있다. 코미디언은 자신들의 경험, 느낀 감정과 좌절, 인생의 굴곡에서의 대응 방식 등을 관중들에게 잘 전달하는 재능이 있다. 간단하게 말하면, 코미디언은 관중들의 상황을 잘 이해하는 것이다. 코미디언과 관중과의 이러한 연계성 때문에 관중들은 마음의 문을 열고 코미디언과 함께 하기를 원하며, 결국 그 이야기에 이끌려서 같은 결론을 내리게 되는 것이다.[77]

수업 과정에서도 교사와 학생이 어떤 상호관계와 작용을 하느냐에 의해 학생들의 몰입도가 좌우된다. 훌륭한 교사라면 학생들을 수업에 몰입하도록 한다. 서로에 대한 믿음을 바탕으로 의미 있는 수업을 진행할 것이다. 서로 이해하고 지지받으며 즐겁게 수업할 것이다. 교사와 학생들은 서로 꾸준히 의견 교환을 한다. 상대방의 생각을 열심히 들어준다. 모든 대화에 성실하게 임한다. 이들이 나누는 대화의 특징적인 점은 효과적으로 공감을 표현하는 것이다. 모호한 부분이 있으면 확실하게 짚고 넘어간다. 상대방의 생각을 이해하는 데서 그치지 않는다. 이해했음을 확실히 표현한다.

## 학생 존중

감성 능력이 높은 교사에게서 배우는 학생은 즐겁게 학교에 간다. 불안 없이 공부하고 건강한 자긍심을 형성한다. 교사가 학생들의 입장에서 생각하고 학생들을 존중하면 학교생활에서 느끼는 분노와 불안, 좌절이 점철되는 것을 감소시킨다. 반대로 교사가 학생들을 경시한다면 학생들의 감정 상태는 난폭하고 무자비한 상태로 변할 것이다.[78]

학교가 신뢰를 받기 위한 여러 가지 처방들이 있을 수 있다. 그러나 공통된 원칙은 바로 학생을 존중하라는 것이다. 그들의 성장과 발전에 대해 관심을 기울이는 것이다. 그들의 다양한 요구와 필요에 민감하게 반응해 주는 것이다. 단순한 의무감이나 좋은 의도를 뛰어넘어 학생들을 진심으로 아끼는 것이다.[79]

학생 자신이 존중받고 있음을 느끼게 하면 많은 문제들이 해결될 수 있다. 한 사람의 인격체로서 존중받고 있음을 깨닫게 해 주어야 한다. 이는 학생들의 수업 참여도를 높인다. 학생들에게 긍정적 사고를 갖도록 해 준다. 수업은 물론 여러 가지 교과외 활동에서도 존중받고 있다는 생각이 들도록 하면 교육목표를 효과적으로 달성할 수 있다.

케빈 리먼*Kevin Leman*과 윌리엄 펜택*William Pentak*의 저서 『양치기 리더십*The Way of the Shepherd*』에서 스승인 잭 노이먼 교수는 맥브라이드에게 양떼를 이끌 때는 지팡이와 막대기를 혼동하지 말아야 한다고 강조한다. 그는 "지팡이는 막대기보다 부드러운 도구라네. 양치기는 양을 살짝 찌르거나 툭툭 쳐서 방향을 잡을 때 지팡이를 이용하지. 결국 양들은 두려워서가 아니라 양치기를 믿기 때문에 그를 따른다네."라고 말한다. 양치기는 양떼를 이끄는 지팡이와 양들의 잘못을 고쳐 주기 위한 회초리를 사용한다.[80] 학생 지도를 위해서는 지팡이와 회초리 두 가지 모두 필요하다. 그러나 훌륭한 교사는 지팡이와 회초리를 적절하게 구분하여 사용할 줄 안다.

좋은 양치기는 양에 대해 속속들이 알고, 양의 특성에 맞게 기를 줄 알아야 한다.[81] 교사는 그가 존중하는 학생들에 대해 잘 알고 있어야 한다. 학생들의 이질적인 학습 욕구를 파악해야 한다. 개개인의 사정을 알고 있어야 한다. 특별한 개인으로서 관심과 주의의 대상이 되고 있다는 의식을 심어주어야 한다. 이를 위해 교사는 학생들에 대해 열심히 관찰해야 한다. 매사에 관심을 가지고 지켜보아야 한다. 그들이 보내는 메시지를 듣기 위해 애써야 한다.

이를 위한 확실한 방법은 대화와 의사소통을 하는 것이다. 의사소통의 과정에서 진지한 경청은 상대방에 대한 존경과 존중의 표현이며, 사회적 상호작용의 기초가 된다.[82] 그들의 말을 경청할 필요가 있다. 모든 질문에 대해 성실히 대답해 주어야 한다. 설사 교사의 질문에 대해 엉뚱한 대답을 하더라도 그 노력을 칭찬해야 한다. 교사와 학생들 간의 진정한 대화와 개방된 의사소통의 관계는 학생과 교사들의 욕구와 동기를 파악하고 상대방을 좀 더 이해할 수 있게 한다. 서로의 관심사들을 공유할 수 있게 된다.[83]

여기서 얻어진 정보를 바탕으로 교사는 학생들의 학습을 지원할 수 있는 능력을 발휘해야 한다. 각 학생들이 원하는 욕구를 채워줄 수 있는 지식과 기술을 활용해야 한다. 학생들의 변화를 촉진할 수 있어야 한다. 학습을 유도하고 동기를 유발할 수 있어야 한다. 각 자에게 적당한 미래를 보여주어야 한다. 인도자가 되어야 한다.

적절한 지도를 통해 학생의 능력이 십분 발휘되도록 유도할 수 있는 능력도 아울러 갖추고 있어야 한다. 그들이 가고자 하는 방향이 적절한지에 대해 고민하고 그들에게 더 적절한 방향으로 나아가도록 할 수 있어야 한다. 그들이 더 성공적인 인생을 살 수 있도록 관여하는 것이다. 그들이 더 좋은 길로 나아갈 수 있도록 유도해야 한다. 그들이 가진 욕구를 지지해야 한다.

## 친밀한 관계의 형성

학교는 교사가 학생에게 지식을 전달하고, 학생은 교사가 전달하는 지식만을 학습하는 장소가 아니다. 일정한 지식의 학습과 함께, 지적·정서적·사회적 학습이 통합적으로 이루어지는 작은 사회다.[84] 그렇기 때문에 교사와 학생의 인간관계적 요소는 교육목표 달성에 중대한 영향을 미치게 된다.[85]

학생의 학습 과정이 대부분 인간관계를 통해 이루어진다. 어떠한 인간관계를 맺느냐에 따라 학습자의 학습 효과에 크게 영향을 미칠 수 있다.[86] 교사와 학생 간의 관계는 단순히 가르치고 배우는 차원을 넘어서 인간 대 인간의 관계로 이루어져야 한다.

일부 교사는 학생들과 거리를 두어야 한다고 생각한다. 교사의 권위를 지키기 위해서 너무 가깝게 대해서는 안 된다고 생각한다. 학습 효과를 위해서는 학생들이 교사를 어려워할 줄 알아야 한다고 말한다. 학생들을 대하면서 될 수 있으면 이성적이 되려고 애쓴다. 그러나 많은 연구들은 이러한 생각은 잘못된 것임을 보여주고 있다.

예를 들어, 박용헌은 저서 『학교사회』에서 학습자의 사회적 욕구를 충족시킬 수 있는 인간관계는 학생의 학습의욕을 높일 수 있다고 역설한다. 교사와 학생 사이의 관계가 허용적이고 자유로워야 한다. 그래야만 타인에게서 받을 비난을 두려워하지 않고 의사를 발표할 수 있다. 창의적인 사고를 할 수 있다.[87] 교사의 너그러운 태도가 중요하다. 학생들을 솔직하고 개방적인 태도로 대할 필요가 있다. 인간적 친밀감을 느낄 수 있는 관계로까지 발전되어야 한다.

우리는 까다로운 문제를 터놓고 이야기할 수 있는 사람(친밀감)과 자신을 위해주는 사람(낮은 자기중심성)을 신뢰한다.[88] 학생들로부터 신뢰를 받고자 한다면 '친밀감'을 조성하고 자기중심적이지 않은 교사의 모습을 보여야 한다.

친밀감을 나눈다고 해서 꼭 사적인 삶을 공유해야 하는 것은 아니다. 현재 이슈와 관련된 개인적 상황을 나누면 된다. 학생의 사생활을 침범하지 않고도 얼마든지 친밀한 관계를 유지할 수 있다. 여기서 말하는 친밀감이란 현재 이슈와 관련된 '감성적 가까움'을 가리킨다.[89]

학생들은 교사와의 유사성에 관심을 갖는다. 인구학적 배경이나 외모보다는 신념이나 가치관, 관심과 흥미 등에 대한 유사성에 더 영향을 받는다. 자신과 성격이 유사할 때, 자신과 흥미가 유사하거나 취미가 유사할 때, 학생들은 교사에 대해 정서적 연대감을 형성하게 된다. 무언가 교사와 공통적인 부분을 갖고 있다는데 심리적 안정감을 느끼게 될 것이기 때문이다. 결국 유사성을 통해 획득된 학생들의 정서적·심리적 안정감이나 연대감은 교사에 대한 학생들의 신뢰형성에 긍정적 요인으로 작용하게 된다.[90]

교사는 평상시에 솔직한 모습을 보여주어야 한다. 일관성 있는 행동을 보여주어야 한다. 긍정적이고 우호적인 모습을 지니고 있어야 한다. 이는 친밀감 형성을 위한 기반을 조성한다. 교사가 먼저 다가가는 것이 가장 훌륭한 전략이다. 학생들이 먼저 다가오기를 기다리는 것은 편견에서 비롯된 것이다. 학생보다 교사가 먼저 다가가는 것이 더 수월한 일이다.

그러나 친밀한 관계를 형성하는 일은 신중함을 요구한다. 데이비드 마이스터*David H. Maister* 등은 친밀감을 쌓는 과정을 '춤'에 비유하고 있다. 용기를 내어 조심스레 한 스텝씩 내딛어야 하는 일종의 '춤'이라는 것이다.[91]

이들은 친밀감 구축이란 서로 리스크의 정도를 높여 가는 '게임'이라고 했다. 한 사람이 자신의 일부를 공개하면 다른 사람이 반응하거나(친밀감이 깊어진다) 반응하지 않는다(관계의 한계선이 생긴다). 언제 리스크를 감수할지 그리고 상대방이 무반응일 때 어떻게 대처할지를 알아야 친밀감 구축 게임을 잘할 수 있다. 성급하게 친

밀감을 쌓으려다가는 오히려 역효과만 낳을 수도 있다.[92]

## 전문성의 공유

교사들이 지닌 전문성은 학교의 귀중한 자산이다. 교육 서비스를 수행하기 위해 필요한 지식이나, 기능, 덕성을 얼마나 소유하고 있는가가 학교의 능력을 좌우한다. 학교가 보유한 전문성은 교육 서비스에의 접근 가능성이나 접촉 가능성을 높여주는 역할을 한다. 이는 학교 신뢰 수준을 결정하는 요소가 된다.

정상적인 학교라면 모든 구성원이 전문화된 영역을 가지고 있다. 모두가 '전문화'에 대한 확고한 신념이 있다. 이는 한 가지 역할에 더욱 전문화될수록, 더 효율적으로 가치를 만들어낼 수 있다고 믿는 것이다. 이러한 경향은 의심할 여지없이 교사 개인과 학교 모두에게 이득이 된다.[93]

그러나 잭디시 세스의 말대로 전문화는 독점과 유사하다. 사람을 안주하도록 만든다. 새로운 대안을 발전시키는 능력을 잃어버리게 한다.[94]

전문화가 가진 이러한 문제점을 극복하는 방법으로 공유를 통한 상호발전을 들 수 있다. 이는 학교조직이 보유한 전문성의 수준을 한층 높일 수 있다. 학교조직 내 동료 교사 간, 관리자와 교사 간 경험의 공유가 특히 중요하다. 아울러 학교의 경계를 뛰어넘을 필요도 있다. 학교 외부의 전문성을 끌어들이는 것이다.

물론 공유가 온전하게 일어나려면 협조적인 학습 환경이 조성되어야 한다. 배타적인 분위기는 공유를 가로막는다. 날로 수준이 높아지는 전문성을 가지고 교사들이 협력을 하도록 격려하는 문화가 있어야 한다. 창출된 지식 혹은 외부에서 얻은 새로운 지식을 공유하고 이를 업무 수행에 활용하는 분위기가 정착되어야 한다.

학교의 지속적인 성공을 위해서는 눈에 보이지 않는 무형 자산이 뒷받침되어야 한다. 학교조직 내 전문성의 공유는 낮은 비용으로 이를 해결할 수 있게 해 준다. 구성원들이 얼마나 효율적으로 전문성을 습득하고 창출할 것인가도 중요하다. 그러나 이를 모든 교사가 어떻게 공유하고 활용할 것인가가 관건이다. 보다 적극적으로 타 분야, 타 조직과의 전문성 공유하려는 의지를 보이는 학교는 신뢰받기에 충분하다. 급격한 환경 변화를 훨씬 더 유연하게 헤쳐 나갈 수 있다.

## 공유의 경제학

이제 변화는 일상사가 되었다. 개인은 물론 조직도 적절한 학습 프로세스를 지니는 일은 필수적이다. 얼마나 효과적인 프로세스를 가지고 있느냐가 경쟁력을 좌우한다. 속도가 모든 것을 좌우하는 시대다. 구성원 각자가 학습한 것을 한데 모을 수 있는 학교는 변화에 쉽게 적응할 수 있다. 경쟁적인 환경 속에서도 존속할 수 있을 것이다.

교사 개인의 학습이 학교조직 차원에서 하나로 통합되도록 해야 한다. 새로운 지식과 기술, 감성적 능력을 습득하거나 창조한 뒤 이를 공유하도록 해야 한다. 공유된 뒤 이를 조직 차원에서 활용하다 보면 교사 개개인과 학교가 함께 발전할 수 있게 된다.

공유란 교사 개인이나 학교가 습득한 지식을 구성원 모두가 공동으로 소유하는 과정을 의미한다. 흔히 교사들 사이에서 이루어지는 공식, 비공식적인 대화, 방문, 보고서, 프로그램, 시청각 자료, 문서, 책자 등을 통하거나 개인용 컴퓨터와 교육 정보망, 학내 네트워크나 정보 체제 등을 통해서 이루어진다.[95]

그러나 지나친 경계 의식이나 정보를 독점하려는 의도는 전문성 공유에 심각한 장애물이 될 수 있다. 내부 구성원을 경쟁자로 볼 경우 아이디어 공유는 불가능하다. 대부분이 '어렵게 얻은 지식을 내가 왜 나눠주어야 하지.'라고 생각하게 된다.

사람은 천성적으로 경쟁을 좋아한다. 뛰어난 사람은 자기들이 지닌 이점을 유지하고 싶어한다. 우선 사람들은 자신들이 앞서 나가고 있다는 사실을 동료들이 알아주기를 바란다. 또 다른 면에서 사람들은 자신들이 지닌 이점을 유지할 수 있도록 자신들이 사용하는 방법을 비밀에 부쳐 두고 싶어한다.[96]

이런 분위기 속에서는 조직 내 전문성 관리는 실패로 돌아가고 만다. 교사들은 자신들의 아이디어를 꽁꽁 숨겨놓고 있다가 그것을 공개하라는 요구가 있을 때만 형식적으로 다른 교사에게 나눠준다.[97]

단위 부서 간의 강한 경계 의식도 공유를 가로막는 요인이다. 흔히 단위 부서 구성원들이 자신의 업무 영역의 특수성에 집착할 때 일어난다. 또한 타 부서 구성원들의 경험이 자신들의 상황에는 부적절하다고 믿는 경우에 크게 나타날 수 있다. 부서 간 경계 의식이 지나치게 강해지면 외부 환경에서의 기회와 위협보다는 내부 경쟁자들에 대해 더 주의를 기울이게 된다. 정보를 권력화하고 왜곡하여 자신의 지위나 위상을 유지하려고 한다. 이때 정보 독점이 발생하게 된다.[98]

그러나 우리 학교는 이러한 한계를 극복해야 한다. 공유 문화가 뿌리내릴 수 있도록 해야 한다.

무엇보다도 개인과 조직의 학습을 체계적으로 관리하기 위한 정책과 자원이 구비되어야 한다. 근본적으로 개인의 학습은 조직 학습의 필요조건이지만 충분조건은 아니다. 즉, 학교조직 차원의 학습은 교사 개인 차원의 학습의 단순한 총합보다 더 많다. 전문성이 창조·획득되고 확산되어 교사들 간에 공감대가 형성된다. 여기서 그치면 안 된다. 조직의 전략과 관리로 통합되는 과정을 거치면서 총합이 늘어나게 된다.[99] 조직 차원의 비용이 투입되면서 비로소 아래와 같은 셈법이 성립되는 것이다.

교사 개인 전문성의 총합 + 학교 차원의 비용 〈 학교조직의 전문성

개인 수준의 전문성이 조직 수준의 전문성으로 자리잡기 위해서는 많은 비용이 필요하다. 비록 전문성이 개인에 의해 창출되지만 검증과 관리는 조직 차원에서 이루어진다. 개인의 전문성은 개인에 의해 창출되고 소유권 또한 개인에 속한다. 하지만 조직의 전문성에 대한 검증과 관리는 조직 차원에서 이루어진다.[100]

이러한 전문성 관리는 창출된 전문성을 이용한 조직의 문제 해결

에 그 목적이 있다. 그러므로 단순히 양적인 차원에서만 바라보아서는 안 된다. 전문성의 질을 따져 보아야 한다. 그 전략적 가치를 평가하고 관리해야 한다. 물론 이에 대한 변경이나 등록 및 폐기 등은 조직 차원의 의사결정에 따라야 한다.[101] 전문성 관리를 위한 별도의 팀을 설치할 수 있다. 이를 체계적으로 관리하기 위한 프로세스를 마련할 필요가 있다.

학교조직 내 전문성의 관리는 공유를 위한 유형의 기반을 필요로 한다. 전문성은 사람과 사람의 인간관계를 통해 창출되고 공유되는 특성을 지니고 있다.[102] 공유를 위해 개인과 개인, 부서와 부서 간에 전문성이 흐르도록 하는 데 도움을 주는 공간을 마련해야 한다. 전문성이 자유로이 창출되고 공유되도록 해야 한다. 공식적인 회의실이나 연수 장소는 물론 휴게실이나 별도의 공간들은 전문성의 양과 질을 높이는 데 엄청난 기여를 할 수 있다. 신중하게 준비된 업무 공간은 일상적인 업무 수행과 함께 공유 활동을 지속적으로 전개하는 데 큰 도움을 줄 수 있다.

공개적인 커뮤니케이션 시스템을 갖추는 것도 좋은 방법이다. 이를 이용해 전략적 지식과 능력을 공유해서 이를 확대한다. 공개적인 보고 시스템은 모든 사람에게 정보를 이용할 수 있도록 해 준다. 보고 내용을 공개하면 그러한 문화적 변화를 촉진하는 데 도움이 된다. 자기 본위라고 하는 장벽을 붕괴시킨다.[103]

소위 네트워크 조직을 추진할 필요도 있다. 이는 부서나 기능적인 조직 대신 능력을 통해서 서로 연결될 수 있는 조직을 가리킨다.[104] 서로의 능력을 결합할 때, 서로에게 플러스가 되도록 하는 것이 바로 네트워크 조직의 목표다. 학교의 의사결정시 교사들이 참여하도록 할 수 있는 프로세스를 마련하는 것이 필요하다. 각 교사가 여러 가지 수단을 동원해 획득한 전문성을 한데 모아서 활용할 수 있게 된다. 자연히 의사결정의 질이 높아진다.

나누어 준 전문성은 가치가 부가되어 되돌아온다. 한 교사가 동료 교사들에게 제공한 지식이나 기술은 학교의 성과 제고에 직접 기여할 수 있는 쓸 만한 전문성이 되어 되돌아온다. 전문성을 움켜쥐고 있어서는 안 된다. 전문성은 이리저리 돌리면서 가치가 부가되어 되돌아오도록 활용해야 하는 훌륭한 자원이다.

## 경험의 전이

새로운 변화에 대응하기 위해서는 수준 높은 전문성이 필요하다. 이를 갖추는 효과적인 방법은 교사 개인이 가진 전문성이나 부서 간 전문성을 통합하는 것이다. 부족한 부분을 서로 채워줄 수 있다. 장점을 더 견고하게 만들 것이다. 우리 학교가 신뢰를 확보할 수 있는 훌륭한 방법이다.

교사로서 오랜 기간 경험을 쌓은 선배 교사와 초임 교사 간의 전문성 공유가 대표적인 예다. 이를 통해 수업 수준을 높일 수 있고, 신뢰를 얻을 수 있다. 마크 알비온*Mark Albion*의 말대로 우리 모두의 힘은 하나의 힘보다 강하다.[105]

특히 경험의 공유에 노력을 집중할 필요가 있다. 명시적 지식이나 업무 능력은 혼자서도 습득할 수 있다. 그러나 경험을 통해 얻을 수 있는 실천적 지식은 오랜 시간과 비용이 소요된다. 특히 환경의 변화 속도가 빠른 가운데서 변화를 앞서가려면 혼자의 힘으로는 역부족이다. 변화를 뒤쫓아 가기 바쁠 것이다. 이때 동료 교사가 가지고 있는 경험은 훌륭한 자원이다. 경험을 공유하고 보급하고 이를 활용하는 일은 학교의 변화 적응력을 키우는 데도 큰 도움이 된다.

에릭 프리덴발트-피시맨*Eric Friedenwakld-Fishman* 메트로폴리탄 그룹 CEO가 한 말이 있다. "내가 무엇을 좋아하고 무엇을 잘하는지 생각해 보고, 또 반대로 내가 무엇을 싫어하고 무엇을 못 하는지 생각해 보면 내게 필요한 사람이 누구인지 금방 알 수 있다."[106] 나에게 도움을 줄 수 있는 교사를 찾는 것이다. 그로부터 귀중한 경험적 지식을 습득하는 것이다. 그리고 이를 실제로 활용함으로써 우리 학교의 경쟁력은 올라가게 된다.

특히 이러한 공유는 개인 차원에서 끝나서는 안 된다. 부서 차원에서도 전문성을 공유할 수 있다. 실제 업무 수행을 통해 얻어진 값진 경험을 공유해야 한다. 흔히 1년 단위로 부서 이동이 이루어진다. 그렇다면 작년에 특정 부서의 구성원들과 새로이 조직된 부서 구성원들 간의 협의회를 가질 필요가 있다. 부서 운영과 관련한 값진 경험은 보다 효율적인 운영 패턴을 만드는 밑거름이 될 수 있다. 이를 바탕으로 하면 환경 변화에 따른 업무 변화를 훨씬 수월하게 추진할 수 있다.

관리자의 광범위한 지식과 경험 역시 공유의 대상이다. 그의 중요한 임무 가운데 하나는 모든 지식과 경험을 교사들에게 전수하는 일이다. 리더의 이 같은 노력이 뒷받침될 때 비로소 구성원들이 개인적, 또는 집단적 역량을 향상시킬 수 있다. 이는 결과를 달성하는 지름길 역할도 한다. 여기에서 얻은 자신감을 토대로 새로운 일을 의욕적으로 추진하게 된다.[107] 특히 조직의 경우 리더가 배운 것을 다른 사람에게 가르칠 수 있는 기회와 프로세스를 구조화하면 학습량과 지식 이전이 놀랄 만큼 증가한다.[108]

매사에 실제 경험이 전부는 아니다. 실제 경험만이 전문성을 뒷받침한다는 생각은 지나치게 경직된 사고다. 실제로 해 보지 않으면 알 수가 없다거나, 시행착오를 겪어봐야만 제대로 알게 된다는 식의 통념은 바뀔 필요가 있다. 이런 통념에 의해 지배당하는 조직은 전문성 공유에 커다란 비용을 지불해야 할 것이다.

우리가 실제 경험이외에도 전문성의 수준을 높이는 데 활용할 수 있는 귀중한 자산들은 많이 있다. 바로 각종 연수, 협의회, 토론 등의 공식적 활동을 통해 얻을 수 있는 경험이다. 친목 도모 등 비공식 활동 기회를 활용해 공유하는 경험이다. 과거 기록물들을 읽는 것 역시 훌륭한 경험 공유의 장이다.

다만 구성원 간의 경험 공유는 계획적으로 관리되어야 한다. 경험이 많다고 선배에게 무조건 초임 교사 교육을 맡겨서는 안 된다. 교육 담당자를 선정하고, 교육 내용을 표준화할 필요가 있다. 교육이 끝난 후에는 평가를 통해 그 효과를 점검하는 절차는 필수적이다.[109]

이러한 경험의 공유는 경험이 많은 교사들 간에도 매우 유익하다. 여러 가지 방법을 통해 공유된 경험은 교사 각 자의 기존 경험과 합쳐지면서 변화를 촉발하게 된다. 경험의 공유가 발전을 위한 통로가 되는 것이다. 자신과 다른 방식으로 수업을 하고 있는 교사를 보고서 자신이 변화될 필요가 있음을 인식하는 것이 바로 이런 것이다. 기존 과업 수행에 대해 적극적인 반성을 하게 되면서, 다양한 경험들 속에서 과업 수행의 구체적인 변화가 일어난다. 자신의 과업 경험을 축으로 해서 그 외 여러 경험들과 역동적으로 상호작용하며 실천 방식이 변화·발달하게 된다.[110]

## 지적 오만의 극복

피터 드러커는 전문가들이 갖고 있는 지적 오만에 대해 언급하고 있다. 그는 '지적 오만*intellectual arrogance*'이 '무능하게 만드는 무식*disabling ignorance*'을 불러일으킨다고 말한다. 너무나 많은 사람들-특히 특정 분야의 지식수준이 매우 높은 사람들-이 다른 분야의 지식에 대해 경멸하거나 한 분야에서의 '뛰어남'이 다른 분야의 '지식'을 대신할 수 있을 것으로 믿고 있다는 것이다.[111]

이와 같은 경향은 학교 내에서도 볼 수 있다. 교사들은 흔히 본인이 생산적이라고 생각하는 지식이나 기술을 계속해서 사용한다. 또 교사의 개인적 성향이 학급 활동 전반에 걸쳐 강하게 드러나는 경향이 있다.[112] 내 방식이 가장 효과적이라고 생각하는 것이다. 내가 알고 있는 지식과 기술은 최고 수준이라고 생각하는 것이다.

그러나 한번 쯤 자신이 지적 오만에 빠져있는 것은 아닌지 생각해볼 필요가 있다. 어쩌면 이 오만함 때문에 자신이 기대했던 성과를 얻지 못하고 있는지도 모른다. 자신의 강점을 충분히 발휘하지 못하게 가로막는 장애물일 수도 있다. 이 오만함에서 벗어나는 순간 새로운 지식과 기술을 공유할 수 있게 된다.

어떤 교사가 지금까지와는 다르게 일하는 방법을 생각해 낼 수 있다. 새로운 방법이 더 좋은 성과를 낳을 때도 있다. 하지만, 때로는 새롭게 생각해 낸 방식이 이미 다른 사람이 겪어 본 시행착오인 경우도 있다.[113] 퍼디낸드 포니스*Ferdinand F. Fournies*가 말하는 '바람직하지 않은 혁신'이 되어 버린다. 스스로는 성과를 낼 수 있는 좋은 방법이라고 생각하지만, 다른 사람들은 그렇지 않을 것이라는 것을 알고 있는 경우다.[114] 오만함에서 벗어나지 못하면 교사 개인은 물론 조직 차원에서도 불필요한 비용이 발생할 수 있다.

이와 같은 일이 관리자와 교사들 사이에 벌어진다면 학교는 혼돈 속에 빠질 수 있다. 때때로 학교조직 차원에서도 심각한 위기의 원인이 될 수 있다. 관리자는 본인의 방법이 최선이라고 생각할 때, 교사들은 더 효과적인 방법이 있음을 알고 있을 때다. 이러한 상황은 교사들 사이에서도 얼마든지 발생할 수 있다.

이와 같은 상황을 예방하는 방법은 의견을 주고받는 것이다. 서로가 가진 전문성을 공유해서 최선의 방법을 찾아내는 일이다. 관리자는 그 일을 담당한 교사에게 더 좋은 방법이 있으면 제안해 보라고 권할 수 있다. 각 교사는 동료 교사에게 어떻게 일하는지 물어볼 필요가 있다.

또 하나의 방법은 학교 외부의 조언자를 두는 것이다. 훌륭한 조언자는 학교가 오만의 함정에 빠지지 않도록 지속적으로 상기시켜 줄 것이다. 오만의 길로 빠져드는 순간을 감시해 줄 것이다. 일반적으로 이런 조언자의 역할을 학교를 걱정하는 충직한 교사와 같은 내부 인물이 해줄 수 있다. 그러나 잭디시 세스는 조직 외부의 인물, 다른 분야의 전문가를 그런 조언자로 선택하기를 강력히 추천하고 있다. 외부의 적극적인 조언자는 한 발짝 떨어져서 객관적으로 조언해 줄 수 있기 때문이다.[115]

# 미덕 2

# 효율성
## Efficiency

성과의 관리
실행력의 개선
살아있는 규칙
자원의 경쟁력

목표관리의 중요한 특징 중 하나는 고위 관리자든 하위 관리자든 모든 관리자들이 목표를 이해하고 또 이에 동의해야 한다는 것이다. 모든 사람들이 자신의 구체적인 목표를 갖고 있을 때, 그 목표들은 서로 연결될 수 있고, 목표의 진행 과정을 모니터링할 수 있으며, 측정할 수 있다. 경영은 한정된 자원들로부터 최선의 결과를 낼 수 있어야 한다.

- 에드워드 러셀 월링*Edward Russell-Walling*이

『경영의 탄생』에서

세금을 쓰는 정부나 공공조직은 그 특성상 효율성을 갖기 어렵다. 효율성이란 경쟁자를 이기기 위해 비용을 최소화하고 시장에서 살아남으려 노력하는 조직에서 실현되는 것이다. 조지프 나이*Joseph S. Nye* 하버드대 교수가 정부에 대한 국민의 불신이 커지는 가장 큰 이유 3가지를 제시한 적이 있다. 그 중 하나가 바로 비효율적인 점이다. 나머지는 돈을 너무 많이 쓰는 것, 잘못된 분야에 힘을 기울이는 것 등이었다.[1]

학교는 대표적인 공공조직 가운데 하나다. 예산의 많은 부분은 세금에서 충당된다. 학교는 비용을 최소화해야 한다는 압력으로부터 비교적 자유롭다. 공교육이 갖는 독점적 권한을 활용할 수 있다. 가상의 경쟁자로 설정해 놓은 학교는 있지만 학교의 존속 여부와는 무관하다. 학생들이 교육 서비스를 제공받기 위해 대기하고 있다. 교육 서비스의 품질 수준에 대해서도 왈가왈부하기가 어렵다. 그 품질 수준을 결정짓는 데 학생들에게도 일부 책임이 있기 때문이다. 조직 운영 성과도 그 개념 규정이나 측정이 쉽지 않다. 형편이 이렇다 보니 학교가 효율성에 무관심할 수밖에 없었다.

그러나 상황이 바뀌고 있다. 이제는 효율성을 높이기 위해 노력을 하고 있음을 보여줄 필요가 있다. 신뢰의 주체들이 학교의 효율성을 따지기 시작했기 때문이다. 수준 높은 정보를 가진 학부모들은 어떤 학교가 효율적으로 운영되는지 잘 알고 있다. 학교 운영에도 직접 개입하게 되었다. 그들은 학교 예산이 어떻게 활용되었는지 알고 있다. 교육 서비스의 질에 대해서도 빠르게 정보가 교환된다. 학생들은 어떤 교사가 잘 가르치는지 판단할 능력을 갖추고 있다.

학생이나 학부모만이 아니다. 학교를 지원하고 감독하는 기관이나 지역사회 단체들도 학교에 대해 잘 알고 있다. 조금만 관심을 기울이면 다양한 정보원으로부터 얼마든지 많은 정보를 얻을 수 있다. 그리고 정보는 바로 비교로 이어진다.

물론 교육의 특성 상 효율성만을 지나치게 내세울 수는 없다. 그렇다고 효율성을 무시해서도 안 된다. 자원은 한정되어 있기 때문이다. 학교가 확보할 수 있는 제한된 자원을 제대로 활용하기 위해서는 효율성은 대단히 중요한 주제다. 효율성이 높아진다면 더 적은 비용으로 질이 향상된 교육을 제공할 수 있게 된다. 만일 자원을 무한정 쏟아부을 수만 있다면, 효율성은 문제도 되지 않을 것이다. 그 결과만을 바라보면서 교육 활동을 할 수 있다.

그러나 수단과 방법을 가리지 않고 단기적인 효율성만을 추구하는 일은 피해야 한다. 어렵게 쌓아올린 신뢰를 무너뜨릴 수 있다. 성과는 얻을지 몰라도 더 큰 것을 잃어버릴지 모른다. 무엇보다도 학교의 장기적인 성장기반을 파괴할 수 있다. 구성원들은 불만으로 가득찰 것이다.

분명한 것은 효율성은 신뢰받는 학교가 되기 위한 필요조건이지 충분조건은 아니라는 것이다. 신뢰를 받기 위해서는 조직 운영의 효율성이 높아야 하지만, 효율성이 높은 학교라고 해서 항상 신뢰를 받을 수 있는 것은 아니다.

## 성과의 관리

신뢰받는 조직은 신뢰의 주체로부터 최상의 성과를 거둘 것이라는 기대를 받고 있다. 기대를 충족시키지 못하거나 한 번으로 끝나면 신뢰는 물 건너간다. 느헤미아 프리들랜드*Nehemia Friedland*의 주장대로 신뢰는 순진한 이타주의와는 거리가 있다. 어디까지나 득실을 따지는 거래적인 개념이다.[2]

비록 효율성 여부가 그다지 관심의 대상이 아니었지만 학교 역시 하나의 조직으로서 성과를 창출해 왔다. 하나의 조직으로서 성과의 창출은 필수 조건이었다. 이에 더하여 이제는 성과를 효율적으로 창출할 것을 요구받고 있다.

학교조직이 보유한 효율성은 성과 제고에 기여하도록 만든다. 효율성만을 생각한다면 학교조직은 최대한 수준 높은 교육성과를 내기위해 존재하는 조직으로 본다. 학교는 높은 교육성과를 내기위해 최대한 많은 자원을 확보하고 이를 가장 효율적으로 활용할 것을 주문받게 된다. 투자 대비 성과를 최대화하는 것에 초점을 맞추게 된다.

물론 학교조직은 기대를 뛰어넘는 성과에 대해 열광할 주주가 있는 것도 아니다. 기업체처럼 고객을 창조하지 못하면 문을 닫는 것도 아니다. 그러나 학교 역시 특별한 목적을 위해 설립된 조직이다. 이 목적을 달성하기 위해 일정 수준의 성과나 실적을 거두고 있음을 보여주어야 한다. 성과가 떨어지면 신뢰는 자연히 떨어진다.

학교가 가지고 있는 모든 자원이 교육성과를 높이기 위해 효율적으로 활용될 필요가 있다. 효율적인 자원 운용을 통해 목표를 달성하기 위한 관리 방법론을 가지고 있어야 한다.

성과를 제대로 내지 못하는 학교는 스티븐 코비*Stephen M. R. Covey*가 말하는 '열매를 맺지 못하는 나무'에 비유될지도 모른다. 그가 소개한 표현대로 텍사스주 카우보이들의 '모자만 있고 소는 없다(말만 요란하고 행동이나 결과가 뒷받침되지 않는다는 뜻)'는 말이나 캘리포니아주 레이서들의 '보여주기만 하고 가지 못한다(외양은 멋지지만 성능이 좋지 않은 차를 일컫는다)'는 말을 듣게 될 수도 있다.[3]

## 좋은 실행 목표

모든 조직이 그렇듯 학교 역시 사명, 즉 존재 목적을 가지고 탄생되었다. 이 존재 목적을 달성하기 위해서는 장기 비전이 필요하며, 이를 완수하려면 반드시 실행 목표를 세워야 한다. 실행 목표를 갖고 있지 않으면, 아무리 좋은 비전이라도 성취할 수 없다. 목표란 비전을 달성하기 위한 구체적인 계획이다. 애매한 목표는 비전 달성에 기여할 수 없다. 분명해야 한다. 그렇지 않으면 아무리 훌륭한 사명이나 비전이라 할지라도 뛰어난 미사여구일 뿐이다. 결코 실현되지 못하는 통찰력, 좋은 의도에 머무르고 만다.[4]

이 목표란 것은 대범하고 야심찬 계획이다. 조직 전반에 걸친 대대적인 변화를 이끄는 실행 과제로 볼 수 있다.[5] 따라서 목표는 다소 도전적일 필요가 있다. 조직이 아무리 훌륭한 성과와 함께 잘 운용되고 있다 하더라도 보다 나은 미래를 위해 긴박감을 조성하고 모든 구성원의 무사안일을 타파하는 도전적 목표치를 설정하는 것이 효과적이다.[6] 이는 마치 높은 난이도를 지닌 목표가 낮거나 중간 정도의 난이도를 지닌 목표들에 비해 높은 수행을 유도하는 것과 같다.[7]

그러나 무모한 도전은 금물이다. 성취 불가능하거나 지나치게 힘든 경우에는 오히려 역효과를 일으킬 수 있다. 감당할 수 없는 목표 때문에 책임의식이 아예 실종되어 버릴 수 있다. 또 목표가 성과에 대한 평가 기준으로서 제 역할을 할 수 없게 된다.

좋은 목표에는 이해관계자들의 이상이 담겨 있다. 모두가 공감할 수 있는 어떤 것이다. 이는 목표 달성을 위해 분투하도록 유인하는 전제 조건이 된다. 스위스 제약회사인 노바티스의 CEO였던 다니엘 바셀라*Daniel Vasella*의 지적은 심오하다. 그는 "목표를 우리의 이상과 일치시키는 것이다. 그렇게 함으로써 우리는 사람들의 내적 동기를 이끌어 낸다."고 했다.[8]

최선의 목표는 관리자의 도전과 교직원들의 이상을 반영하고 있다. 학생·학부모들의 기대가 녹아들어 있다. 여타 이해관계자들의 소망을 품고 있는 것이다.

그러나 때때로 학교의 진정한 목표가 무엇인가를 두고 학교와 학생·학부모 간에 갈등이 일어나기도 한다. 서로 다른 생각이 상호불신의 이유가 되고 있다.

좋은 목표란 수요자의 요구나 기대를 잘 반영하고 있어야 한다. 영리를 추구하는 기업체의 경우에는 고객이 구입하고자 하는 것을 제공하면 된다. 기업의 목적과 사명이 무엇인가에 대한 정의를 내리는 데 있어 유일한 출발점은 고객이다. 즉, 고객에 의해 사업의 내용이 규정된다.[9] 기업이 무엇인지를 결정하는 것은 고객이다. 왜냐하면 제품과 서비스에 대해 대가를 치를 의향이 있는 고객만이 기업의 경제적 자원을 부(富)로, 다시 말해 단순한 자원을 재화로 전환시켜 주기 때문이다.[10]

하지만 학교는 다르다. 학생·학부모의 기대가 전부가 아니다. 공교육이 감당해야 할 역할을 감안해야 한다. 학교는 공적인 재원에 의존한 국민교육제도의 중심에 있다. 학교에게 부여된 사회적 필요를 충족시켜야 할 태생적 사명이 있다. 사회를 유지시키는 중요한 역할이다. 장기적인 관점에서 사회 구성원인 학생들의 변화를 관리할 의무가 있다. 학생·학부모가 단기적인 요구를 반영할 것을 요구할 경우, 이에 신중히 대응할 필요가 있다.

최근 대학입시와 취업 등을 위한 노력이 가장 중요한 교육의 목표인 것처럼 인식되고 있다. 소위 명문 대학 진학률이나 우량 기업 취업률로 교육성과가 유추되어지고 있다. 이들이 교육성과의 중요한 부분 가운데 하나임을 부정할 수는 없다. 그러나 교육의 근본적 가치를 고려하지 않은 채 경쟁적으로 도구적 가치만을 좇아가는 상황이다. 학교교육이 추구해야 할 인간의 전체적인 인지적·정의적 성장은 뒷전이 되어 버렸다.[11]

그럼에도 불구하고 현실적으로 학생·학부모의 요구를 무시할 수는 없다. 그렇다면 타협이 해결책이다. 학교가 추구하는 장기적인 가치와 학부모·학생의 요구가 다를 때, 절충하는 것이다. 학교가 지향하는 비전의 구체적인 달성 방안인 목표를 최우선적으로 고려해야 한다. 이를 선명하게 밝혀야 한다. 한편 교육 수요자의 기대나 요구는 단기적인 전략이나 과업에 반영해야 한다. 그들의 기대나 요구를 수집하고 이를 반영하는 프로세스가 잘 작동하고 있음도 확신시켜야 한다. 그러나 어떤 경우에도 교육의 근본 가치가 장기적인 지향점이 되어야 한다.

학교조직의 목표는 일반적으로 교육 활동의 목표를 가리킨다. 학교의 목표에는 학생들에게 제공하게 될 교육 서비스와 관련된 내용이 담겨 있어야 한다. 그동안 흔히 이용되어 온 교육목표는 학생의 지적인 발달과 관련된 것이었다.

그러나 학생 자아개념, 친구에 대한 태도, 학교에 대한 태도, 학습에 대한 태도, 과제물 과다에 대한 감정, 중도 탈락 의도 등과 같은 정의적 요인이 진정한 목표라는 견해도 있다.[12] 이 목표에 대한 관심은 앞으로 점점 더 높아갈 것으로 보인다.

학교교육이란 학생들의 지적인 발달만을 위한 것이 아니다. 그렇다고 정서적·사회적·도덕적 발달만을 위한 것도 아니다.[13] 좋은 교육목표라면 이 모든 것들을 함께 담고 있어야 한다.

다만 이와 같이 여러 영역의 교육성과를 포괄하는 목표의 경우, 십중팔구는 성과 측정이 갖는 어려움에 직면하게 된다. 지적인 발달에 비해 정서적·사회적·도덕적 발달 정도를 측정하기가 수월하지 않다.

그러나 성과 관리를 위해서는 목표는 측정이 가능해야 한다. 목표를 달성했는지 측정할 수 있는 기준의 제시가 동시에 이루어져야 한다. 모든 목표는 직접적으로 측정과 관찰이 가능해야 하며, 불명확해서는 안 된다.[14] 수치화된 목표를 제시하거나 달성 기한을 정해 놓는 것도 한 가지 방법이다.

참고로 한국 S고등학교의 교육목표를 살펴볼 수 있다.[15]

**도덕적인 사람**
(올바른 윤리의식을 갖추고 법과 질서를 존중하는 S인)
**자주적인 사람**
(주체적인 자아의식을 지니고 민주시민의 자질을 갖춘 S인)
**창의적인 사람**
(탐구적으로 사고하고 합리적으로 문제를 해결하는 S인)
**건강한 사람**
(건강한 신체와 조화로운 인격을 갖추고 책무를 수행하는 S인)

지적인 발달보다는 오히려 정서적·사회적·도덕적 발달은 물론, 창의성 관련 목표를 제시하고 있다. 이는 이 학교가 중점을 두고자 하는 방향을 잘 알 수 있게 해준다. 그러나 지적인 발달에 대한 언급이 더 강조될 필요가 있어 보인다. 아울러 실행 목표가 담아야 할 구체성이 떨어지고 있다. 이는 실행 목표를 통해 달성할 장기적인 비전을 교육목표로 제시하고 있다고 판단된다. 어쩌면 용어의 혼동에서 나온 것일 수도 있다.

아래에 제시된 미국 S중고등학교의 교육목표 역시 참고 대상이다.[16]

> ① 변화하는 사회에 삶을 촉진시킬 수 있는 실제적이고 다양한 학습경험의 제공
> ② 학생의 관심과 능력 그리고 잠재성과 일치하는 프로그램의 제공
> ③ 학생들에게 자신의 가치를 인식하도록 하고, 학생들의 응집성을 유발할 수 있는 학습매체의 제공
> ④ 협력적이고 상호의존적인 분위기를 제공
> ⑤ 학생들의 권리와 책임을 이해하도록 함
> ⑥ 학생들이 변화하는 사회에서 효과적이고 열정적으로 활동할 수 있는 기술의 제공

이 교육목표는 비교적 다양한 영역의 교육 활동 목표를 담고 있다. 그러나 실행 목표와 단기 전략이나 과업이 뒤섞여 있다. 학교의 장기적인 비전을 위한 중기 실행 목표와 단기 전략이나 과업을 구분하여 제시할 필요가 있다.

목표란 학교의 교육 활동을 통해 얻을 수 있는 기대 성과다. 교육 활동을 조절하도록 하는 지침이다. 성과 평가를 위한 기준이기도 하다. 보상과도 직결된다. 좋은 목표만이 학교와 사회의 '지속가능한 성장'을 가져올 수 있다.

## 정교한 평가 시스템

성과 평가를 왜 하는가? 조직의 지속적인 관리를 위한 정보를 얻기 위함이다. 우리 학교가 교육목표를 얼마나 달성했는지 알아낼 수 있다. 어떤 교육성과를 올리고 있는지 파악하고 과거의 성과와 비교해 미래의 길을 찾을 수 있도록 한다.

부수적으로 목표 달성을 위해 수립했던 전략과 과업이 얼마나 효과적인지 여부를 파악할 수 있게 된다. 그 결과를 바탕으로 우리는 성과 도출을 위한 전략을 수정할 수 있다. 누가 어떻게 달성했는지에 대해서도 알 수 있다. 각 교사의 노력이 교육목표 달성에 얼마나 기여했는지 효과를 측정할 수 있게 된다.

아울러 평가 과정을 통해 각 단위 부서별로 성과 달성 정도나 수행 방법 등에서 생겼던 시행착오를 반성할 수 있는 기회를 가질 수 있다. 최초의 입안 과정으로 돌아갈 수 있도록 구체적인 정보도 얻을 수 있다. 이를 활용해 조직이 스스로 변화하고 혁신할 수 있게 한다.[17]

그러나 보다 궁극적인 이유가 있다. 우리의 성과가 학교의 신뢰를 높이기 위한 교사들의 노력을 고취하는지 여부까지 파악할 수 있어야 한다. 아울러 그 성과가 우리 학교가 외부 이해관계자들로부터 받고 있는 신뢰의 수준에 어떤 영향을 미치는지도 알아낼 수 있어야 한다. 이처럼 성과 평가의 초점을 신뢰에 두어야 하는 이유가 있다. 스티븐 코비가 지적한대로, 신뢰 구축은 미래에 더 큰 성과를 실현할 수 있게 해 주기 때문이다.[18]

성과 평가의 지향점은 신뢰의 획득이어야 한다. 따라서 성과 평가는 학교의 신뢰를 갉아먹지 않는 방법으로 성과를 실현했는지 따져 보아야 한다. 미래의 성과인 신뢰를 높이는 데 얼마나 기여했는지 파악해 보아야 한다.

이러한 목적을 원활히 달성하려면 신뢰할 만한 성과 평가 시스템은 필수다. 이를 활용해 믿을 만한 평가 정보를 산출해 낼 수 있어야 한다. 그렇게 하지 못한다면, 자원의 낭비는 물론이고 오히려 왜곡된 정보로 인해 상황을 악화시킬 수 있다.[19]

신뢰할 만한 평가 결과를 얻기 위해서는 전통적인 결과 평가 못지않게 과정 평가에도 관심을 기울여야 한다. 즉, 어떻게 성과를 얻었는지 평가해 보아야 한다.

> 영화 《캐치 미 이프 유 캔*Catch Me If You Can*》에서 주인공 프랭크는 매사 결과에만 집중했다. 그는 가짜 교사 흉내를 내는 것에서 그치지 않고 가짜 파일럿, 가짜 의사, 가짜 변호사가 되었고 수표 위조범이 되었다. 프랭크에게는 결과만 성취할 수 있으면 그 과정은 중요하지 않았다.
>
> 그러나 프랭크가 오로지 결과에만 집중할 때, 부모님은 물론 누구도 프랭크를 제지하지 않았다. 프랭크는 수단과 방법을 가리고 않고 성과만 내면 된다는 생각을 가지고 있었다. 이로 인해 생겨나는 이해관계자들의 당혹스러움이나 경제적 피해에는 어떤 관심도 없었다.

만일 동료 교사에게 상처를 주면서 자신의 성과만을 추구해서 얻은 결과라면 이는 학교조직에 도움이 되기는커녕 학교의 기초를 무너뜨리고 있는 것이다. 개인의 성과를 앞세워 학교의 공유 재산을 낭비하면서 얻어낸 결과도 마찬가지로 악영향을 끼칠 수 있다.

결과 지향 평가는 교육목표나 단기 전략이 얼마나 실현되었는가 혹은 어느 정도 과업이 수행되었는가를 평가하는 것이다. 한 마디로 의도했던 결과와 실제 결과만을 비교하는 방식이다. 어떤 성과를 얻었는지 파악하는 일은 매우 중요한 일이다.

그러나 동시에 무엇을 어떻게 해서 그런 성과를 얻었는지 평가해야 한다. 교육목표 달성을 위한 전략이나 과업이 어떻게 수행되었는지 평가해 보는 것이다. 이를 통해 수행 개선에 도움을 줄 수 있는 정보를 얻을 수 있다. 교육목표 달성을 위한 모든 노력의 질을 개선하는 데 직접적으로 기여할 수 있다. 과정 평가까지 고려한 평가 결과가 더 높은 신뢰를 받는 것은 두 말할 필요가 없다.

과정 평가를 위해서는 관리자 등 평가 담당자의 수고가 뒷받침되어야 한다. 교사 개개인이 매일 다루는 업무와 관련해서 평가 담당자와 교사 사이에 의미 있는 토론이 될 수 있는 내용으로 평가 기준이 준비되어야 하기 때문이다.[20]

평가 담당자는 학교의 업무 전반에 대해 속속들이 알고 있어야 한다. 학교가 나아가고자 하는 방향에 대해서도 명확한 알고 있어야 한다. 흔들리지 않는 가치관을 지닐 필요도 있다. 평가를 받는 입장에서도 자신의 과업에 대해 충분히 알고 있어야 한다.

성과 평가가 미리 정해진 성과 검토 기간에만 국한해서 이루어져서는 안 된다. 관리자나 교사들은 모두 학교의 명확한 성격에 자신들의 행동을 조율해 가는 방식에 대해 늘 끊임없이 대화를 나누어야

만 한다.[21]

또한 상대평가와 함께 절대평가를 할 필요도 있다. 평가하는 방법에는 여러 가지가 있을 수 있다. 가상의 경쟁 상대 교사들과 비교하는 방법이 있을 수 있다. 그러나 이러한 비교는 오히려 성과 향상에 장애물이 될 수 있다. 자신이 수행한 결과와 미리 의도했던 결과를 비교하는 방식을 병용하는 것이다. 각 평가 영역에서 탁월한 교사와 자신을 비교하는 것 못지않게 자기 자신과 경쟁하도록 하는 평가 시스템을 갖춰야 한다.

데보라 노빌*Deborah Norville*이 『리스펙트*The Power of Respect*』에서 소개한 오리건주 리드대학 연구원들의 연구 결과를 참고할 필요가 있다. 그들은 다른 사람과 비교하는 칭찬(비교 칭찬)과, 스스로 문제를 해결하는 능력에 대한 칭찬(성과 칭찬), 두 가지 중에서 어느 것이 더 효과적일지를 알아보기 위해 현장 연구를 실시했다.[22]

> 초등학교 4~5학년 학생들에게 퍼즐문제를 낸 뒤 두 가지 방법으로 칭찬을 했다. 먼저 한 그룹의 아이들에게는 비교 칭찬을 해 주었다. "대단하구나. 다른 그룹보다 훨씬 더 잘하는데? 대부분의 아이들은 풀지 못하더구나." 다른 그룹의 아이들에게는 노력에 대해 칭찬을 해 주었다. "잘했다. 너희들의 노력은 정말 대단해. 퍼즐에 대한 이해도도 탁월했어. 깊은 인상을 받았다." 그런 다음 더욱 난해한 퍼즐 문제를 풀도록 하고, 문제를 푼 학생들을 대상으로 설문을 했다. 노력에 대해 칭찬을 받은 학생들은 자신의 내적 동기에 의해 문제를 풀었다고 답했다. 어려움에 도전하는 자신을 즐기면서 문제를 푼 것이다. 그들은 다소 난해한 문제를 두려워하지 않았다.

이러한 연구 결과에 대해 리드 대학 연구원들은 "성과 칭찬이 아이들로 하여금 실력을 과시하기보다는 능력을 향상하는 데 관심을 갖도록 해 준 것으로 연결되었다."고 밝혔다. 반면 비교 칭찬을 받은 아이는, 칭찬해 주는 사람이 없으면 오히려 역효과를 낸다. 비교하는 칭찬은 1등만을 강조한다. 그래서 1등을 했다고 치자. 하지만 다음에 성적이 좋지 않으면 어떻게 될까? 언제나 1등만 할 수는 없는 법이다. 따라서 비교하는 칭찬은 성취도가 낮은 아이들에게 상처가 될 수 있다.[23]

탁월한 교사들과의 비교는 나름대로 의미가 있다. 그러나 자칫 평가받는 교사에게 좌절감을 안겨줄지도 모른다. 누구나 가치를 제대로 평가받기 원하고 자신이 중요한 존재라고 인정받기를 원한다.[24] 절대평가는 상대평가가 가진 단점을 보완해 줄 수 있다. 모든 교사가 자신이 가지고 있는 능력을 키워가도록 격려할 수 있는 평가 시스템을 아울러 갖추고 있어야 한다.

아울러 신뢰받고자 한다면 살아있는 측정 지표를 가지고 있어야 한다. 측정 기준이란 목표나 전략을 뒷받침하기 위해 조직의 성과를 측정할 수 있는 계측 수단을 가리킨다.[25] 즉, 과업에 대해 평가할 때 활용할 지표를 말한다. 어떤 학교든지 목표나 전략이 있으며 이를 달성하기 위한 과업이 있기 마련이다. 각 단위 부서별, 개인별로 부여된 과업들이 어떤 성과를 보였는지 평가하기 위해 지표가 필요하다.

올바른 지표를 수립하는 것만으로도 성과를 향상시킬 수 있다.[26] 획일적이고 고정된 측정 지표는 과업 수행의 수준을 객관적으로 평가하는 데 도움을 줄 수 있다. 이러한 지표들은 단위 부서나 교사들에게 평가와 관련한 사전 정보를 제공해 줄 수 있다. 단위 부서 간, 연도별 비교를 용이하게 한다. 아울러 기준 통일에 따른 비용 절감도 가능하다.

사회 상황은 빠르게 변하고 있다. 이러한 흐름에 발맞추어 학교교육과 관련한 요구도 매우 다양하게 변하고 있다. 성과에 대한 분석이나 환경 분석을 토대로 측정 지표들을 끊임없이 업데이트를 시켜나가야 한다. 업데이트된 지표들은 차기의 학교 성과 관리를 위한 새로운 기준이 된다.

먼저 기존 측정 지표별로 실적이 좋은 지표와 그렇지 못한 지표를 구분해야 한다. 이어서 단위 부서별, 개인별로 실적이 좋지 않은 지표들에 대한 문제점을 분석하고 취합한다. 즉, 실적이 좋지 않다고 나타난 지표에 대해, 각 단위 부서나 교사들은 성과를 달성할 수 없었던 원인과 성과 달성에 장애가 되었던 요소들을 파악한다. 아울러 해결 과제를 제시하게 된다. 이와 같은 성과 분석을 통해 얻어진 사항들은 지표의 업데이트에 반영하게 된다.[27]

학교 환경 분석 결과도 측정 지표의 업데이트를 위한 기초 자료를 제공한다. 학교조직이 가진 역량과 외부환경을 분석하고 예측해야 한다. 이러한 환경 분석에 따라 중장기 교육목표, 학교 차원의 단기 전략 및 단위 부서 및 개인 교사별 과업이 수정될 경우에도 측정지표 역시 업데이트되어야 한다.

현재의 지표 중에서 이미 달성되었거나 수정된 전략이나 과업에 맞지 않는 것, 더 이상 의미가 없는 지표들은 없애고 나머지 지표들은 지속적으로 지표로서 관리를 해야 한다. 또한 새로운 과업이 도

출되었다면 이를 측정할 수 있는 새로운 지표를 추출해야 한다.[28]

## 교정적 피드백

업무 성과와 진행 과정에 대해 평가한 결과는 학교가 가진 능력의 수준을 한 차원 높이는 데 활용할 수 있다. 피드백을 통해 평가 결과를 학교 성장의 기반으로 활용하는 것이다. 진지한 피드백은 우리 학교가 어떻게 변해야 하는지 예측할 수 있게 해 준다. 미래를 위해 학교에게 필요한 능력이 무엇인지 파악하고 이에 맞추어 준비할 수 있게 해 준다.

교정적 피드백이란 원인 분석을 해서 잘못된 행동에 대한 개선을 요구하는 일이다. 바람직한 결과를 위한 개선 방향을 구체적으로 제시하며 스스로 답을 찾아가는 과정이다.[29]

잘못한 행동에 대한 사실을 인정하고 비판하는 일은 쉬운 일은 아니다. 잘못했던 행동들을 사실적으로 명시하고 정직하게 그 사실을 직면하는 것은 용기를 필요로 한다. 실망스러운 피드백은 무시하고 싶을 것이다. 그러나 교정적 피드백은 어려운 만큼 더 많은 것을 안겨준다.

교정적 피드백을 통해 성공한 조직들 가운데 델*Dell*이 있다. 자기 재창조를 위한 피드백을 소홀히 하지 않는 것이 그들의 성공에 큰 기여를 했다. 스티븐 코비가 인용했던 <비즈니스위크>의 관련 기사 내용은 꽤 흥미롭다.[30]

델사 성공의 중심에는 현재 상태는 언제나 만족스럽지 않다는 인식이 깔려 있다. 비록 그것이 델 본인의 고통스러운 변화를 의미할지라도 말이다. 델사에서는 성공하면 5초간 칭찬하고 곧바로 5시간 동안 미진했던 점에 대한 사후평가가 이어진다. 마이클 델은 '0.1초간 축하하고 넘어간다'고 말한다.

이러한 교정적 피드백은 업무가 제대로 수행되지 않고 있음을 깨닫도록 하는 데 주목적이 있다. 피드백이 이루어지지 않을 경우 문제점이 드러나지 않은 채 그냥 넘어갈 수 있다. 이런 상황이 반복되면 조직의 효율성은 떨어질 수밖에 없다.

그럼에도 불구하고 부작용을 우려하여 교정적 피드백을 꺼리는 경우가 많다. 싫은 소리를 하는 관리자가 되고 싶지 않아서 기피하는 경우도 있다. 공동체 의식이 훼손될 것을 우려하기도 한다. 학교가 활력을 잃어버릴지 모른다고 걱정하기도 한다.

그러나 잘못한 행동을 인정하고 이를 발전의 계기로 삼는 작업은 효율성 증진을 위해 반드시 필요하다. 다만 그 부작용을 최소화하기 위한 노력이 수반되어야 한다. 한 가지 방법은 교정적 피드백과 긍정적 피드백이 동시에 이루어지도록 하는 것이다. 긍정적 피드백이란 잘했던 일에 대해 스스로 인정하고 격려하는 것을 가리킨다. 즉, 성과 목표를 달성하기 위해 일정 기간 동안 수행했던 활동들 가운데 잘했던 일을 찾아내는 작업이다. 이를 통해 미처 알지 못했던 잠재능력을 발견할 수 있게 된다. 또한 목표 달성에 대한 자신감을 강화시켜 줄 수 있다.[31]

개선이 필요한 것에 대해 분명히 하는 일 못지않게 중요한 것은 제대로 성취한 일에 대해 축하하는 것이다. 다양한 방법을 동원해 모든 구성원이 함께 성공을 축하할 필요가 있다. 압 아이게누스*Ap Eigenhuis*와 롭 반다이크*Rob van Djik*는 성공하는 조직들은 동료들과 함께 성공의 감정을 나누는 일이 다음 일을 할 때 얼마나 크게 동기부여가 되는지 잘 알고 있다고 강조하고 있다.[32] 단기적으로는 교정적 피드백에 집중하되 장기적으로는 긍정적 피드백을 추진하는 것이 일반적인 경향이다.

한편 퍼디낸드 포니스*Ferdinand F. Fournies*는 업무 성과와 진행 과정에 대해 그때그때 칭찬과 문제점을 지적하라고 강조한다. 특히 교정적인 피드백을 할 경우 사람이 아닌 행동과 업무에 초점을 맞춰 부작용을 최소화하라고 제안하고 있다.[33]

피드백이 성과 개선에 기여하도록 하려면 피드백이 특정 교사를 공격하기 위함이 아니라 '지원'으로 생각하도록 해야 한다. 교사 개인적으로나 직업적으로 중요한 목표를 달성할 수 있도록 도와주는 기회로 피드백이 이루어지고 있다고 느끼도록 해야 한다. 피드백을 부끄러워하지 않고 오히려 피드백에서 용기를 얻을 수 있어야 한다.[34]

이를 위한 대안으로 도우 레닉*Doug Lennick*은 환영받는 피드백을 제안하고 있다. 이를 학교조직에도 적용할 수 있다. 즉, 특정 교사가 스스로 관리자에게 요청하여 비판적인 피드백을 얻을 경우 그것은 성과 향상에 기여할 수 있다. 관리자는 피드백을 해도 되는지 허락을 구하고, 교사에게 관리자 자신의 성과에 대해 피드백을 달라고 부탁하는 것이다.

이 경우, 교사는 자신이 관리자와 감정적으로 동등한 위치에 있다고 느낄 것이다. 그럴 때에는 피드백을 얻는 것이 계약의 일부가 된다. 교사 역시 관리자에게 피드백을 제공할 기회를 갖고 있기 때문에, 교사는 관리자로부터의 피드백을 부끄러워하지 않고 오히려 피드백에서 용기를 얻는다. 만약 관리자가 교사 자신을 진심으로 걱정하며 긍정적으로 평가하고 있다고 느낀다면, 교사는 부정적인 피드백도 유연히 받아들일 것이다.[35]

## 실행력의 개선

학교의 비전을 달성하기 위해 설정해 놓은 목표를 실행하려면 단기 전략이 수립되어야 한다. 그러나 여기서 끝나서는 안 된다. 단기 목표라 할 수 있는 전략을 이행하기 위한 과업들이 마련되어야 한다. 과업*task*이란 한 마디로 일의 한 부분을 가리킨다.[36] 학교조직 차원의 단기 전략을 부서별, 교과별로 나누고, 이를 다시 교사 개개인별로 나누어 분담한 것이 바로 과업이다.

이 과업들은 독립적으로 실행될 때는 큰 의미를 부여하기 어렵다. 오직 이런 과업들이 전체로 통합될 때 개별적 활동들이 가치를 창조한다.[37] 학교조직 구조 내에서 개별 과업들이 모두 합쳐질 때 비로소 의도하는 성과를 창출할 수 있게 된다.

과업을 실행하는 학교의 실행력 수준은 학교가 받는 신뢰의 수준과 매우 밀접한 관계가 있다. 실행력이 뛰어난 학교는 실행력이 낮은 학교보다 모든 부분에서 신뢰 수준이 훨씬 높을 수밖에 없다.[38] 개별 과업들을 효율적으로 통합할 수 있는 대안의 수준이 학교조직의 능력을 좌우하게 될 것이다. 더 나아가 신뢰의 수준을 결정하게 될 것이다.

## 역할의 배분

누군가는 목표 달성을 위한 과업을 실행해야 한다. 아무리 좋은 실행 목표나 전략을 갖고 있어도, 이를 책임지고 수행할 교사가 없으면 무의미하다.

전략 실행의 효율성을 높이고자 한다면 각 교사의 과업이 명확하게 규정되어 있어야 한다. 각 교사가 어떤 일을 해야 하는지 잘 알고 있어야 한다. 이 일들이 퍼즐을 맞추듯 모여 결집될 때 비로소 효율적으로 단기 전략이 실행될 수 있다. 더 나아가 교육목표가 달성되며, 결국 학교 비전을 실현할 수 있게 된다.

이와 관련해 퍼디낸드 포니스는 정확한 직무 설명을 통해 조직이 구성원들에게 원하는 것이 무엇인지 알려줘야 한다고 강조한다. 그는 "마치 행동에 대한 임대 계약을 체결하듯 직무를 상세히 설명하라."고 권하고 있다.[39]

각 교사가 담당한 역할을 명확히 하기 위해 직무 기술서를 만드는 학교도 있다. 학교운영계획서 등에 각 교사의 과업을 정리해 놓기도 한다. 교무 규정을 작성해 책임의 소재와 권한의 한계를 명확히 하여 조직 운영에 혼란이 없도록 하는 학교도 있다. 이때 핵심은 최대한 구체적이고 상세하게 해야 한다는 것이다.

학교의 성공을 위해 관리자는 교사 개개인이 자신이 맡은 바 역할과 책임을 충분히 이해하도록 해야 한다. 그리고 그것이 전체적인 운영 틀에 얼마나 적합한지도 이해시켜야 한다.[40] 이는 모든 교사들이 학교의 목표 달성에 어떤 기여를 하고 있는지를 명확히 알 수 있도록 해 준다.

각 자의 역할에 대해 명확히 알고 있을 때 비로소 자신과 서로를 위해 책임을 질 수 있게 된다. 서로를 신뢰하며 끝까지 책임을 다하고, 서로 존중하기 위한 기초가 된다.[41] 책임을 명확하게 규정하지 않으면, 각 구성원에게 목표를 달성하기 위한 구체적인 책임을 부여하기가 힘들다.[42] 학교와 교사 개인이 기대하는 과업 수행 결과를 도출했는지 여부를 판단할 수 없게 된다.

그렇다면 목표를 이루기 위해 누가 어떤 일을 맡아서 해야 하는가? 어느 교사가 어떤 일을 하느냐 하는 것은 학교의 효율적인 운영을 위해 매우 중요한 일이다. 각각의 과업에 가장 적합한 교사가 누구인지 분명히 정해야 한다. 교사 각 자에 맞는 적절한 역할과 임무를 맡도록 하는 것이 핵심이다.

이는 아주 기본적인 사항처럼 보인다. 그러나 대부분의 조직은 자신의 목표를 세분해서 구성원에게 분명하게 분배해 주는 일을 제대로 해내지 못하는 경우가 많다.[43]

교사 개개인의 적합한 기술과 역량이 어떤 종류의 책임과 접목될 때 최대한의 성과를 창출할 수 있는지 파악해야 한다.

잘 알려진 일화 가운데 항우와 유방의 이야기가 있다. 중국 진나라 말기 초패왕 항우와 한왕 유방은 둘 다 천하통일이라는 동일한 비전이 있었다. 귀족 태생인 항우는 스스로 '역발산기개세(力拔山氣蓋世)'라 할 만큼 무예가 출중했다. 천하의 명마 오추마까지 거느렸다. 반면 유방은 특별히 내세울 만한 배경이 없었다. 항우보다 신분이 낮은 농민 출신인 데다 군주로서 출발도 늦었다. 대신 그에겐 유능한 부하를 고르는 눈과 용병술이 있었다. 기원전 202년 마침내 유방은 천하통일을 이뤘고 스스로 성공의 비결을 다음과 같이 분석했다.[44]

> 군막을 치고 천리 밖에 나가 승리할 수 있는 모책을 내는 데는 장량만한 사람이 없고 양초와 물자의 공급을 보장해 치국안민하는 데는 소하만한 사람이 없으며 전선에 나가 적을 무찌르는 데는 한신만한 인물이 없소. 이들을 잘 등용한 것이야 말로 짐이 항우를 물리치고 천하를 얻게 된 주요한 까닭이오. 이에 반해 항우의 수하에는 오직 범증 한 사람뿐이었으며 또 그를 잘 쓰지도 못하였소.

교사 개인의 개성, 특기, 희망, 경험과 능력 등을 고려하여 학교의 성공에 기여하도록 해야 한다. 그런데 우리 학교는 과연 교사 개개인의 역량에 대해 얼마나 잘 이해하고 있을까? 그들의 장단점을 깊이 이해하고 있는 학교는 얼마나 될까? 단순히 본인의 희망이나 학교에 대한 충성심에 의존한 업무 배정이나 책임의 부여는 문제를 야기할 수 있다. 전적으로 교사의 희망을 들어 주는 것이 최선이라는 인식도 불식될 필요가 있다.

각 교사가 담당하게 될 역할 간의 균형이 중요하다. 부서별로 나누어진 과업들 간 균형과 각 부서 내에서도 각 구성원들에게 맡겨진 과업들 사이에서의 균형이 필요하다.[45] 교사마다 같은 정도의 책임이 분담되도록 조직되어야 한다.

과업을 배분할 때 교사의 의견이 반영되도록 해야 한다. 관리자의 일방적인 지시나 통제에 따르기보다는 누가 무슨 책임을 져야 하는지에 대해 합의하는 것이다. 자신의 이상과 가치가 반영된 과업은 더 열심히 수행하려 할 것이다. 최선의 과업이란 교사들의 이상과 기대, 개인 비전이 녹아들어 있는 것이다.

다만 문제 구성원에게 말려들지 않도록 주의할 필요가 있다. 과업 수행 능력은 없으면서 학교에 대한 충성심만을 내세우는 교사에게 중차대한 과업이 맡겨져서는 곤란하다. 학교의 경쟁력 저하는 불 보듯 뻔하다. 또 불평을 일삼거나 업무 성과가 저조한 교사에게 편한 업무가 배정되도록 해서는 안 된다. 이렇게 되면 결국 힘든 업무는 성실한 교사에게 넘어가고, 관리자가 실무까지 떠맡게 된다.[46]

패트릭 렌시오니*Patrick M. Lencioni*는 생산적인 의견 충돌을 권하고 있다. 그는 책임 소재를 명확히 하기 위해 무엇보다 중요한 것은, 누가 어떤 역할을 맡는 것이 가장 좋은가에 대해 생산적인 의견 충돌을 유도하고, 모든 구성원들이 합의에 이를 때까지 그 의견 충돌을 지속시키고자 하는 의지라고 밝히고 있다. 이것은 아무리 강조해도 지나치지 않다. 어떤 종류의 명확함에 대해서도 이 사실은 통용된다.[47]

일단 과업이 확정되면, 학교의 계획 속에는 책임을 맡은 사람들의 이름과 그 일이 달성될 때를 일일이 열거한 시간표를 포함시켜야 한다.[48] 각 교사는 자신에게 할당된 과업을 수행하는 데 책임을 져야 한다. 그는 자신의 책임에 중점을 두고 일하지 않으면 안 된다. 그는 "내가 속해 있는 조직의 성과와 결과에 큰 영향을 미치는 것으로서 내가 공헌할 수 있는 것은 무엇인가?"라는 질문을 스스로에게 던져야 한다. 자신이 하고 있는 업무의 내용, 수준, 기준, 영향력의 측면에서 그리고 다른 구성원과의 관계에서도 공헌에 초점을 맞추는 것이 목표 달성의 관건이다.[49]

## 과업의 통합

기능에 따른 조직화는 필수불가결한 선택이다. 전문화된 부서로 기능을 세분화하는 것은 검증된 방식이다.[50] 조직이란 목적 달성을 위해 해야 할 일을 갖고 있다. 능률적으로 이 일을 해내기 위해 분업의 원리를 적용하여 전문화를 추진하게 된다. 전문화의 원칙에 따라 일을 여러 가지 기능으로 나누어 수행하게 된다.

마찬가지 이유로 학교조직도 과업 배분 시스템을 구축하고 있다. 학교 구성원 각자가 역할을 나누어 맡는다. 역할의 수행을 통해 교사 개개인이 나누어 맡은 과업의 단순한 합계보다 더 큰 일을 하기 위함이다. 이는 학교의 목표를 달성할 수 있도록 한다.

그러나 조직화된 다양한 기능들이 항상 함께 행동하지는 않는다. 각각의 기능들이 자신의 자치권을 찾으려 할지도 모른다. 그리고 그

안에서 조직의 큰 비전을 잊어버리거나 전체의 목적과 반대되는 일을 할 수도 있다. 한 기능 조직이 다른 기능 조직을 무시할 수도 있다. 자신의 영역을 확장하고 보호하려고 생각하면서 조직 내 세력전쟁을 일으킨다. 과도하게 자신의 영역에만 초점을 두다보니 전체를 보지 못한다.[51]

학교조직 역시 예외가 아니다. 기능 간 갈등은 흔히 볼 수 있다. 학교의 성과를 위해서는 모든 단위 부서나 모든 교과가 반드시 필요하다. 그럼에도 불구하고 비교 의식이 싹튼다. 어느 부서, 어느 교과가 가장 많은 공헌을 했을까?를 두고 신경전을 벌인다. 내부 투쟁이 일어난다. 서로 다른 시각을 가지고 있어서 마찰이 생긴다.

그렇다면 어떻게 기능화의 폐해를 방지할 수 있는가? 바로 조정과 통합이다. 각 단위 부서의 전문화된 기능을 통합하는 일이다. 구성원의 과업을 통일되고 조직화된 전체로 조정하는 일이다. 기능의 적절한 배분과 조정은 조직이 성장하고 성공할 수 있게 해준다.[52]

오늘날 조직을 괴롭히는 문제는 과업이 아니다. 즉, 우리가 어떤 결과를 내는 데 있어서 느린 것은 각 개인이 개별적 작업을 느리고 비효율적으로 처리하기 때문이 아니다. 문제는 개별 과업과 활동의 결과, 즉 일의 단위에 있는 것이 아니라, 개별 단위*unit*가 어떻게 전체적으로 맞아 들어가야 하는지에 있는 것이다.[53]

일례로 학생들이 교과서를 준비하도록 하는 일을 들 수 있다. 이는 다음과 같은 매우 많은 과업으로 구성되어 있다. 사용 가능한 교과서목록이 배포되고, 해당 수업을 담당한 교사가 교과서 선정을 하면, 출판사별로 구분하여 교과서 주문을 하게 되고, 교과서 대금을 납부하고, 교과서가 학교에 도착하면 이를 일정 장소에 보관한 후, 일정 시점이 되면 학생들에게 배포하게 된다. 이때 선행 과업이 이루어지지 않으면 뒤 따르는 과업을 수행할 수 없게 된다. 오직 이런 과업들이 전체로 통합될 때 개별적 활동들이 가치를 창조한다.[54]

학교의 각 단위 부서, 각 교사의 업무가 학교 전체적인 관점에서 통합되도록 해야 한다. 즉, 각 과업들이 매끄럽게 연결되도록 해야 한다. 각 과업들이 상호 통합되어 가장 효과적으로 수행될 수 있도록 해야 한다. 내부 갈등을 최소화하고 협동적인 관계를 형성하기 위한 노력을 해야 한다.

무엇보다도 과업에 대한 이해가 부족한 데서 문제가 생길 수 있다. 각 과업의 책임과 권한 관계를 명백히 규정하여야 한다. 그러나 이것만으로는 부족하다. 각 과업이 의미 있는 결과를 창출하기 위해 어떻게 연결되어야 하는지에 대해서도 반드시 알고 있어야 한다. 마이클 해머*Michael Hammer*의 지적대로, 우리가 어떤 결과를 내는 데 어려움을 겪는 이유는 개별적인 과업이 소기의 성과를 거두기 위해서 어떻게 결합되어야 하는지에 관한 이해를 결여하고 있기 때문이다.[55]

최선을 다하여 자신이 맡은 과업을 수행하는 일은 중요하다. 그러나 이와 함께 자신의 지엽적인 행동이 학교조직 전체 목표의 달성에 어떻게 기여하는지 알고 있어야 한다. 자신의 과업이 누구의 과업과 연결되는지 잘 알고 있어야 한다. 선행 과업과 후행 과업에 대해 충분히 이해하고 있어야 한다. 어떤 과업을 하는 교사로부터 다음 과업을 하는 교사에게로 일을 인수인계하는 데 고통스런 지연이 따르

지 않도록 해야 한다.[56]

과업들 간의 상호관련이 학교조직의 힘이 된다. 또 내가 맡은 과업들 간의 총체적인 이해, 나의 과업과 동료 교사가 맡은 과업들 간의 총체적인 이해를 통해 시너지를 찾을 수 있다.

이와 관련해 스티븐 코비는 균형을 강조했다. 균형이란 고도의 상호관련을 가진 전체 속에서 모든 부분들이 시너지적으로 작용하는 것이다. 균형은 '이것이냐 저것이냐' 식의 선택이 아니다. 균형은 두 가지가 모두 공존하는 상태다.[57]

그는 균형에 대한 총체적인 패러다임과 관련해 고대 수피(이슬람교의 신비주의자)의 가르침을 인용하고 있다.[58]

> 하나를 이해하면, 하나 더하기 하나는 둘이므로 둘도 이해해야 한다고 생각한다. 그러나 사실 더하기도 이해해야 한다.

과업이 원활히 통합되도록 하려면 부서 간 갈등을 해결하는 메커니즘도 확보해야 한다. 즉, 학교조직 전반에 걸쳐 업무를 조정하고 협력을 증진시키는 장치를 갖는 것이다. 가장 확실한 장치는 관련 부서가 함께 모여 토론으로 해결하는 방법이다. 관리자가 알아서 해결하는 방법보다 더 효과적이다.

아울러 각 과업 실행자들에게 학교의 전체적인 운영에 관한 정보를 끊임없이 줄 필요가 있다. 과업이 세분되다 보니 교사들이 얻는 정보는 작은 파편에 불과한 경우가 많다. 네트워크의 발달로 얼굴을 직접 맞대고 이야기할 기회가 줄어들고 있다. 전체 교사가 만날 수 있는 기회도 많이 줄어들고 있다. 정기적, 체계적으로 모두 모여 전체를 볼 수 있는 안목을 갖도록 유도할 필요가 있다.

## 권한의 위임

브라이언 트레이시*Brian Tracy*는 "제대로 하고 싶다면 스스로 하라."라는 오래된 속담은 "제대로 하고 싶다면 그 일을 자신만큼(또는 자신보다) 잘 할 수 있는 누군가를 찾아라."로 바뀌어야 한다고 강조한다.[59]

구성원들에게 주어지는 적절한 권한위임은 주어진 목표를 더욱 쉽고 빠르게 달성시키는 효과를 이끌어 낼 수 있다.[60] 권한의 위임은 과업을 효율적으로 실행하는 데 기여한다. 교사들은 학교가 자신을 믿고 일을 맡긴다고 생각한다. 자신의 가치를 인정받고 있다고 여기기 때문에 더 열심히 노력하게 된다.

도그 레닉*Doug Lennic*은 권력을 위임하지 않는 것을 권력 남용의 전조로까지 해석하고 있다. 그는 "다른 사람에게 업무를 위임하지 않고 모든 것을 직접 처리하려고 하는 것은 다른 사람들에게서 성장할 기회와 정당한 권력을 행사할 기회를 빼앗는 것"이라고 말했다.[61]

권한위임은 교사의 과업 수행 기량을 키우는 데 기여한다. 특히 변화하는 환경 속에서 미래에 대응해 갈 수 있는 역량을 향상시켜 나갈 수 있다. 권한을 위임받은 교사들은 새로운 일을 시도해 볼 수 있는 재량권을 갖게 된다. 자발적이고 적극적으로 과업을 수행한다.

잠재력을 개발할 수 있다. 사기가 진작되고 이는 학교에 활력을 줄 수 있다.

그런데 왜 적절한 권한위임이 잘 이루어지지 않는 것일까? 조미옥은 『훌륭한 일터 GWP』에서 "책임을 지지 않으려는 리더의 보신주의적인 태도와 배타적인 이기심"에서 원인을 찾고 있다. 자신이 잘 알지 못하는 일은 불안해서 맡길 수 없고, 너무 잘 아는 일은 자신보다 더 잘 해낼 인재가 없다는 우월감 때문에 권한을 위임하지 못한다. 또한 자신을 거치지 않는 일은 그에 따른 상실감 때문에 제대로 진행시키려 하지 않는다는 것이다.[62]

그렇다면 권한을 나누고자 할 때 관리자는 무엇을 해야 하는가. 밥 갤빈*Bob Galvin*은 결정하고 지시를 내리던 기존의 리더 역할이 변해야 한다고 강조한다. 즉, 이제 리더는 상황을 환기시키고 유지하는 것, 객관적인 참여분위기를 유도하는 것, 목표를 확인 가능하게 제시하는 것, 합리적인 합의를 승인하는 것, 명쾌한 제안 및 충고를 이끌어내는 것, 마지막으로 구성원들 스스로 결정을 내려서 배울 수 있는 기회를 제공해야 한다.[63]

재량권을 위임한 관리자는 더 가치가 높은 업무에 집중해야 한다. 관리자가 정말로 더 필요한 일을 더 많이 하려면 재량권을 과감히 위임해야 한다. 칼버트 그룹의 CEO 바바라 크럼직*Barbara Krumsiek*은 '책상 위에 책임져야 할 서류를 아무것도 올려놓지 않고 책상을 비워두는 것'을 좋아한다. 책상 위에 놓인 서류를 검토하는 시간과 에너지를 직원들에게 쏟는다. '직원들의 책상 위에 서류가 많이 놓이게 하는 것'이 그녀의 전략이다. 그렇게 해야만 모든 일이 제대로 돌

아간다는 것을 그녀는 일찍이 간파했다.[64]

일단 재량권을 위임했다면 지나친 관여는 금물이다. 구성원들은 분에 넘치는 권한을 위임받기 원하지 않는다. 동시에 그들은 자신에게 맡겨진 일을 수행할 때, 관리자가 사사건건 간섭하고 챙기는 것도 원치 않는다.[65] 만일 권한을 넘기더라도 일이 최종적으로 잘못되기 전에 미리 나서서 조언을 해서도 안 된다. 만약에 중간에 섣불리 개입한다면 구성원들이 스스로 성장하고 발전할 수 있는 기회를 막아 버릴 공산이 크다.[66]

권한위임은 권력의 포기와는 다른 것이다. 교사들에게 재량권을 위임했더라도 관리자는 교사들의 권력 행사를 취소할 수 있는 최종의 권력을 가진다.[67] 신속하게 결정하고 추진하는 데 익숙한 리더는 인내심을 배워야 한다. 구성원들이 자기 의견을 제시하고 솔직한 토론을 통하여 결론에 이를 때까지 지켜볼 줄 알아야 한다.[68]

권한위임이란 권한과 책임이 함께 움직이는 것이다. 잘못된 권한위임은 책임만 넘어 가고 권한은 관리자가 그대로 가지고 있는 경우다. 권한 없이 책임만 넘겨받은 사람은 사후 문책이 두려워 제대로 일을 해내기 어렵다. 권한이 없는 데 어떻게 일을 진행하고 협력자를 끌어 모을 것인가.[69] 허울만 좋은 권한위임은 거부감을 불러일으킬 뿐이다.

권한위임은 믿음이 있을 때 가능하다. 그러나 성공적인 권한위임으로부터 얻을 수 있는 결과는 다시 신뢰의 확대다.[70]

## 살아있는 규칙

> 영화 《파계*Nun's Story*》의 한 장면이다. 아버지 벤더말박사와 수녀가 되려는 딸 가브리엘이 수녀원 대기실에서 나누는 대화가 있다. 아버지가 "마가리타 수녀님은 살아있는 규칙*living rule* 같구나"라고 말하자, 딸이 "그게 뭐죠?"라고 묻는다. "수녀원의 신성한 규칙이 흐트러지면… 완벽한 수녀의 행동을 본받아서 규칙을 바로 세우지"라고 아버지가 말한다.

여기서 살아있는 규칙이란 조직이 정해 놓은 규칙을 철저히 지키는 사람을 가리킨다. 다른 교사들의 모범이 되는 교사를 말한다. 학교조직이 움직이는 데에는 절차가 있다. 행동 규범이 있기 마련이다. 이런 사람이 많은 학교는 규칙이 흔들릴 일이 없다. 설사 흔들린다 해도 짧은 시간 내에 다시 제자리를 잡을 것이다.

한편 살아있는 규칙이란 말은 또 다른 의미를 지닐 수 있다. 말 그대로 규칙이 살아있는 것이다. 살아있는 규칙을 가진 학교는 최소한의 규칙만을 가지고 있다. 두꺼운 규정집이 교사들을 억압하도록 놔두지 않는다. 창의성과 열정을 살아 숨 쉰다. 규칙만능주의에 매몰되지 않는다. 간소한 규칙은 실천 가능성을 높여 주며 신속한 업무 수행을 보장한다.

살아있는 규칙은 또한 현실과 잘 맞아떨어진다. 지나치게 경직되어 있지도 않다. 교사들이 지켜야 할 지침이 고리타분하고 오래된 것이라는 느낌을 주지 않는다. 살아있는 유기체처럼 교육 환경의 변화를 잘 반영하고 있다. 성공하는 학교는 이러한 규칙을 획일적으로 적용하지 않는다. 교사들이 스스로 생각하고 판단할 수 있는 여지를 가지고 있다. 더 열정적으로 업무를 수행할 수 있게 된다.

규칙이 살아있으면서도 조직이 흔들리지 않으려면 규칙이 굳건한 기초 위에 세워져 있어야 한다. 이 굳건한 기초란 바로 핵심가치다. 교사들의 모든 행동이 핵심가치를 반영하고 있는 학교는 별도의 복잡한 규칙이 필요 없다. 교사들은 핵심가치에 비추어 자신이 어떻게 행동해야 하는지를 잘 알고 있기 때문이다. 실현 가능성만을 추구하다가 교육의 본질을 잃어버릴 염려도 없다.

레오나드 베리*Leonard L. Berry*는 "최고 수준의 조직은 분명한 가치관과 얇은 실행 매뉴얼을 가지고 서비스에 내재된 유연성을 활용하여 최고의 서비스를 생산한다."고 단언한다.[71] 핵심가치에 근거해서 간소한 규칙을 융통성 있게 운영하는 학교는 효율성을 높일 수 있다.

## 규칙의 간소화

조직은 무정부상태로는 정상적인 기능을 수행할 수 없다. 어떤 조직이라도 특정한 일을 수행하기 위해 필요한 질서와 업무의 정형성을 어느 정도 확보해야 한다. 절차를 확립해야 한다. 이를 통해 엄격함과 질서, 그리고 그에 따른 어느 정도의 규정 준수를 확보할 수 있다. 아무런 조정 없이 동시에 서로 다른 방향으로 모든 구성원이 움직이도록 하는 조직은 없다. 규칙과 표준이 있어야 한다.[72]

규칙은 학교를 효율적으로 돌아가게 할 수 있는 좋은 도구임에 틀림없다. 조직 운영을 하다 보면 필연적으로 구성원들 간의 의견 충돌이 일어날 수밖에 없다. 각자의 생각이 달라 갈등이 일어날 수 있다. 때로는 좀 더 많은 것을 챙기려는 사심이 작용하여 마찰이 빚어지기도 한다. 규칙은 이러한 갈등과 마찰을 최소화시킬 수 있는 수단이 된다. 사익을 뛰어넘어 조직을 유지시키는 일종의 공공재다.

> 영화 《파계》의 또 다른 장면이다. 수녀가 되기를 희망하는 예비 수녀들 앞에서 원장 수녀는 수녀원의 생활에 대해 설명한다. "수녀원 생활은 무수한 작은 일들로 이루어져 있죠. 신성한 규칙은 매일 매일이 아니라 1분마다 지켜야만 하죠."라고.

수녀원에서는 당연할지도 모른다. 수녀원 밖의 생활로부터 벗어나서 봉사하는 생을 살려면 많은 유혹이 있을 것이다. 엄격한 규칙은 그 유혹을 이겨내는 데 큰 도움을 될 수 있을 것이다.

그러나 규칙이 너무 많아서는 곤란하다. 족쇄가 되어 버릴 것이다. 최소한의 규칙만을 가지고 있어야 한다. 매사를 규칙에 의존하는 조직은 일사불란하게 돌아가는 기계와 다를 바 없다. 그러나 수많은 부품들 가운데 어느 부품 하나만 고장나도 이 기계 전체가 돌아가지 않는다.

규칙에 중독되어서는 안 된다. 김선빈 삼성경제연구원 수석연구원은 "제도 만능주의에 빠져서는 곤란하다"고 경고하고 있다. 그는 정교한 통제나 무거운 벌칙을 통해 공공질서 유지와 사회 통합에 부합하는 행동을 이끌어내는 방법은 표면적으로 일정 기간 효과를 볼 수 있지만 지속성이 낮다고 지적한다. 형식적 순응, 절묘한 우회, 교

묘한 위반이 나타나면서 실효성을 담보하기 어렵게 될 수 있다는 것이다.[73]

라인하르트 슈프렝어*Reinhard K. Sprenger*도 "모든 것을 규정하려는 것은 가치를 파괴하는 행위다."라고 단언한다. 규정을 통한 통제는 구성원들의 창의적인 에너지를 빨아먹고, 구성원들에게서 자발적인 동기를 빼앗는다.[74]

매사를 규범에만 의존할 수는 없다. 구성원들의 동기 상실과 창의력 상실로 인해 결코 측정할 수 없을 정도로 커다란 비용이 헛되이 소모될 수 있다.[75] 모든 상황에 부합할 수 있는 규범을 갖추기란 처음부터 불가능하다. 구성원 스스로 자신이 가지고 있는 규범에 따라 창의적으로 처신할 수 있는 여지가 있어야 한다.

복잡한 절차나 규정은 학교의 환경 적응력을 떨어뜨리는 부작용도 있다. 내·외적 환경변화에 신축성 있게 대응하려면 업무 수행의 절차나 방법을 변화시켜야 한다. 그러나 지나치게 많은 규칙은 이러한 능력의 수준을 떨어뜨린다. 또한 규칙이 많으면 필연적으로 규칙을 많이 아는 사람이 헤게모니를 장악하게 된다. 규칙에 밝은 관리자가 장악한 조직은 보수화하고, 당연히 외부 환경 대응력이 떨어질 수밖에 없다.[76]

만일 자신이 지금 정해진 규칙을 어기고 있는 것은 아닌지 따져보지 않아도 될 때 사람들은 보다 신속하고 단호하게 행동할 수 있다. 자신이 하는 행동을 이중 삼중으로 승인받지 않아도 될 때 사람들은 보다 신속하게 행동할 수 있다. 또 일에 착수하기에 앞서 관련 규칙을 뒤적거리지 않아도 될 때 보다 신속하게 움직일 수 있다.[77]

따지고 보면 규칙이란 경험의 덩어리다. 과거의 업무 추진 경험으로 볼 때 가장 효율적인 방식들을 모아 체계적으로 정리해 놓은 것이다. 그렇다보니 규칙이란 미래를 대비하는 일에는 그다지 효과적이지 않다. 과거의 경험으로부터 미래에 대응해 나가는 데 요긴한 규칙을 찾아낸다면 몰라도. 그러나 이는 기대하기 쉽지 않다. 그렇기 때문에 복잡한 규칙에 지나치게 의존하는 학교는 자연히 움직임이 둔해질 수밖에 없다. 미래로의 여정에서 낙오할 가능성이 높다.

비록 규칙은 간소화하지만, 반드시 지켜지는 규칙을 갖는 것이다. 간단하지만 그 규칙을 지키지 않았을 때 조직 차원에서 불이익이 발생한다는 것을 실감할 수 있도록 해야 한다. 규칙이 지켜지지 않았을 때 개인에게 발생할 수 있는 결과가 위중하다는 것을 자각하도록 하는 일이다. 규칙이 간소한 대신 규칙을 지키지 않는 경우는 절대로 있을 수 없다는 것을 모두가 받아들여야 한다.

학교를 포함한 많은 조직이 다양한 규범과 적지 않은 분량의 규정집을 만들고 있다. 하지만 극단적으로 간소한 규칙을 지닌 조직이 있다. 노드스트롬의 규정집은 단 한 장의 카드로 되어 있다. 카드 앞면에는 이런 내용이 적혀있다.[78]

**직원 규정집**

노드스트롬에 들어오신 것을 환영합니다.
당신과 함께 일하게 되어 기쁩니다.
우리의 제1목표는 우수한 고객 서비스를 제공하는 것입니다.

당신의 개인적, 직업적 목표를 높게 잡으십시오.
우리는 당신이 그 목표를 달성할 수 있다고 굳게 믿습니다.
우리의 직원 규정집은 아주 간단합니다.
우리에게는 한 가지 규칙만 있습니다.

뒷면은 이렇게 되어있다.

한 가지 규칙
모든 상황에서 잘 판단하십시오.
백화점 매니저, 매장 매니저, 인사담당 사무실에 물어보십시오.
언제든 어떤 질문이든 자유롭게 하십시오.

이 짧은 규정집은 많은 것을 이야기해 준다. 학교조직에서 사용하는 용어들은 아니지만, 고객에 대한 서비스를 최우선 목표로 하고 있음을 알려준다. 구성원들을 격려하면서 그들의 능력에 전적인 신뢰를 보내고 있음을 보여주고 있다.

자신에게 전적인 신뢰를 보내는 규정을 잘 지키기 위해 구성원들은 전력투구할 수밖에 없다. 조직 차원에서 정해 놓은 규칙을 따르기 때문이 아니다. 최소한의 규칙에 기반해서 스스로 정한 규칙을 따르기 때문에 더 열정적으로 일할 수 있다. 더 창의적으로 일할 수 있게 된다.

### 합리적인 융통성

조직 내 규정은 필요하다. 다만 규정이 불신의 상징이 되어서는 안 된다.[79] 구성원의 일거수일투족을 관리하기 위한 수많은 규정들은 구성원들을 믿지 못하겠다고 이야기하는 것과 같다. 지나치게 경직된 업무 절차도 마찬가지다.

경직된 규칙이 학교를 구속하는 일은 가장 좋지 않다. 각종 규칙의 지배력에 눌려 학교가 본래 추구하려던 목적을 상실해서는 안 된다. 철저한 준수에 얽매여 교육 서비스의 질을 떨어뜨리는 일이 없어야 한다. 규칙이란 조직이 목적을 달성해 가는 데 활용할 수 있는 수단일 뿐이다. 목적 달성에 필요하다면 규칙은 언제라도 바뀔 수 있다.

우리는 원칙주의의 오류에 빠져서는 안 된다. 합리적인 융통성을 추구해야 한다. 일사분란하게 움직이는 기계와 같은 조직은 변화에는 너무 취약하다. 이른바 맞춤형 교육 서비스만 하더라도 교사의 재량권 확대 없이는 사실상 불가능하다. 전문성이 제 아무리 뛰어난 교사라도 획일성에 눌려 그 역량을 발휘할 수가 없다. 결국 학생들의 요구를 맞추는 데 실패하게 되고 교육 서비스의 질을 개선하기 어렵게 된다.

한편 융통성 있는 체계는 학생의 요구에 맞는 교육 서비스를 제공할 수 있게 해 준다. 우선 학생의 안전과 보호, 재정적, 법적 이유 등으로 인해 엄격히 지켜야만 하는 요소들이 정해진다. 그러고 나면 이런 요소들 이외에 '생각할 줄 아는' 교사가 자기 재량권을 발휘할 수 여지가 남게 된다.[80]

학교는 과업 수행을 위해 규칙을 가지고 있어야 한다. 그 규칙을 중시해야 한다. 그러나 모든 경우에 규칙만을 내세우면 예상치 못한 문제가 발생할 수도 있다. 예외 없는 규칙은 없다. 그 규칙은 개인을 보호하고 조직을 안정적으로 만드는 데만 활용되어야 한다. 어떠한 경우에도 반드시 지켜야 할 내용 이외에 것은 교사 개개인의 재량에 맡길 수 있어야 한다.

우리의 목표는 자율과 규율이 상호 배타적이지 않고 공존할 수 있는 조직을 만들어가는 것이다. 자율을 허용하면 규율이 무너질 것이라는 생각을 뿌리 뽑아야 한다. 비록 현대 경영 원리가 기준과 규칙에 순응하도록 강요해 왔고, 또 더 편하게 느낄 수도 있다. 그러나 인간의 거대한 상상력과 창조성을 억압하는 복잡한 절차에만 의존해서는 조직의 목적을 달성할 수 없다.[81]

테오도르 레빗*Theodore Levitt*의 지적처럼 많은 조직이 창의성과 혁신에 냉담한 척한다. 창의성과 혁신이 없어서 결국 망하게 되더라도 창의성과 혁신이 질서를 방해하기 때문이라는 것이 그 주된 이유다.[82]

그러나 통제적 위계를 따라 개인의 과업 수행을 감독하던 방식은 점차 그 효용성을 잃어가고 있다. 이에 반해, 개인의 역량과 잠재력을 최대한 발휘하도록 촉진하는 헌신 유도적 시스템이 뜨고 있다. 이러한 시스템 하에서는 직접적인 통제보다는 구성원들 사이에 자율적 조정과 규제가 이루어지도록 하는 방식이 더 유효하다.[83]

규칙을 지키는 것은 바람직하다. 그러나 상황에 따라 여러 가지 문제가 발생할 수 있다. 유광종 중앙일보 논설위원은 '경(經)'과 '권

(權)'의 조화를 다음과 같이 강조한다. 경이라는 원칙과 현실의 응용적 측면인 권이 서로 조화를 이뤄야 사람과 사회가 편안하다는 것이다.[84]

> 맹자에게 누군가 물었다. "형수가 물에 빠졌을 때 어떻게 해야 합니까? 손을 잡아 구하는 것은 남녀의 예절에 어긋나지 않습니까." 맹자의 대답은 이랬다. "예절도 좋지만 형수가 물에 빠진 상태에서는 손을 내밀어 구해야 한다." 여성인 형수의 손을 잡지 않는 것(男女不親)은 유가(儒家)의 원칙이다. 이를 '경(經)'이라고 부른다. 베를 짜는 데 필요한 축선의 뜻에서 출발한 이 경이라는 글자는 '허물지 않는 원칙'이라는 개념으로 자리 잡는다. 그러나 원리와 원칙이 모든 상황을 다 아우를 수 없다. 형수가 물에 빠져 허우적거릴 때 손을 내밀어 구하지 않는다면 그는 짐승이지 사람이 아니다. 이 경우 융통성을 발휘해야 한다. 글자로 적자면 '권(權)'이다. 저울추를 의미했던 이 글자는 나중에 상황의 경중을 가려 대처한다는 뜻으로 진화했다.

브래드 블랜튼*Brad Blanton*은 컴퓨터 프로그래머가 욕조에 빠져 죽었다는 우스개를 소개하고 있다. 한 프로그래머가 샴푸에 붙은 라벨을 봤다. 거기엔 '머리를 적셔라, 거품을 일으켜라, 샴푸를 발라라, 반복해라'라고 적혀 있었다. 그 프로그래머는 컴퓨터처럼 반복 시행 명령에 걸려들어 '머리를 적시고, 샴푸하고, 린스하고'를 멈추지 않고 반복하다가 멈추라는 명령어가 없어서 죽었다는 것이다.[85]

규칙에만 의존하는 조직은 정연함을 자아낸다. 그러나 사람들이 모여 일하는 조직이 갖추어야 할 온기는 찾아보기 어렵다. 창의적으로 역할 수행을 하도록 하려면 융통성 있는 절차는 필수다. 지나친 질서의식은 인간적이지 못하다. 학교의 규칙이 창의적인 과업 수행을 조장할 수 있도록 해야 한다. 규칙과 자율 간의 조화를 추구해야 한다. 비로소 규정과 절차 위주의 조직 운영으로부터 벗어나도록 할 것이다.

## 가치의 통합

한 조직이 가진 핵심가치는 구성원들의 모든 행동과 판단의 기준이 된다. 아울러 어떤 상황에서도 지속적으로 추구하고자 하는 믿음과 행동의 원칙이다.[86] 이러한 조직의 가치를 조직 내 구성원들이 광범위하게 공유하게 되면, 조직의 성공 가능성은 더 높아질 것이다.[87] 모든 교사가 핵심가치를 마음에 담고 있을 때 학교는 성공할 가능성이 높다.

그러나 가치는 비교적 추상적이거나 이상적인 행동 원칙이다. 그 자체로는 실행 가능하지 않다. 따라서 핵심가치가 학교의 일상 업무 속에 살아 있도록 하려면 이를 실행할 수 있는 규칙으로 구체화해야 한다. 실행 가능한 규칙을 준비하고 그 이행을 통해 학교의 가치를 강화시켜 나가야 한다. 현실에서 활용할 수 있는 규칙은 학교의 핵심가치가 조직 전체에 퍼지도록 만들 수 있는 훌륭한 도구다.

학교의 가치는 교사 개개인이 간직한 가치의 물꼬를 터줄 수 있어야 한다.[88] 가치가 규칙으로 구체화되는 과정에서 이를 실현할 수 있다. 즉, 규칙이 학교의 가치를 반영하되 교사 개개인의 가치를 표현할 수 있는 여지를 살려두어야 한다. 가치에 대한 주관적 해석의 기회를 박탈해서 안 된다. 자율적인 결정의 여지를 남겨놓아야 한다.

규칙이 다양성을 억압하기 위한 수단이어서는 안 된다. 그렇다고 다양성만을 살릴 수도 없으며 조직 차원의 통일성도 필요하다. 교사 각 자의 주관적인 믿음에 따라 가치를 해석하다 보면 어떤 식이든 혼란이 야기될 수밖에 없다. 통일성이 훼손될 수 있다. 그러나 조직 차원의 통일성만을 고려해서 주관적인 해석의 여지를 없애 버리면 부작용이 더 클 수 있다. 학교에 기여할 수 있는 기회를 잃어버릴 수도 있다. 팀 호에르*Tim Hoerr*가 말한대로, 핵심적인 원칙들은 객관적이라는 사실에도 불구하고, 이들을 적용하는 일은 주관적이어야 한다.[89]

살아있는 규칙이란 교사 개개인의 가치와 학교조직의 가치 사이에 조화와 균형을 추구한다. 다양성이 살아있으되 통일성을 손상시키지 않는다. 오히려 다양성을 아우르는 통일성을 추구한다. 그 실행 과정을 통해 두 개의 가치가 공존하도록 할 수 있다.

특징적인 몇 개의 실행 규칙만 갖는 것이 한 가지 대안이 될 수 있다. 핵심가치를 가장 잘 보여 줄 수 있는 몇 개의 규칙으로 충분하다. 어떤 경우에도 반드시 지켜야 할 최소한의 기준만을 알려주면 되는 것이다. 나머지 부분은 주관적인 판단에 맡겨야 한다.

또 학교의 가치와 교사 개인의 가치가 대립되는 경우에도 좌절하지 않고 과업을 수행하도록 만들 수 있다.

합의된 규칙을 갖추는 것도 방법이다. 일상적으로 실제 규칙을 이행해야 할 교사들과의 합의에 기초하여 규칙을 만드는 것이다. 실무자 입장에서 가장 효율적이라고 생각하는 규칙을 수집할 수 있다. 이는 학교의 운영에 자율적이고 자발적으로 참여하도록 유인할 수 있다. 과업을 효율적으로 수행할 수 있게 된다.

다만 대부분 학교가 내세우는 가치나 규칙들 속에서 각 학교의 정체성을 살려주는 고유한 가치나 규칙을 찾아보기 어려운 것이 현실이다. 심지어 학교 감독·지원 기관에서 일괄적으로 규칙을 제시하기도 한다. 또한 여러 학교를 순환 근무하는 공립학교 교사의 경우, 조직 가치와 개인 가치의 통합에 대해 별 관심이 없는 경우도 있다.

그러나 이러한 행태는 변화 압력에 시달릴 수밖에 없게 만드는 원인이 된다. 바야흐로 개성이 강조되는 시대다. 다양성을 키울 것을 요구받고 있다. 유사한 규칙은 특징 없는 학교들로 가득 찬 무미건조한 교육 환경을 만든다. 학교들이 두드러지지 않으면서 묻어가는 행태를 보인다면 교육 환경은 개선되기 어렵다.

비록 모든 학교에 공통적으로 해당되는 보편적인 가치가 많은 것이 사실이지만, 그 우선순위에 대해 생각해 보아야 한다. 이를 규칙을 수립할 때 반영해야 한다. 이제 기존의 규칙을 건드릴 수 없는 성역으로 받아들이는 교사는 없다. 묵묵히 규칙을 지켜나가기를 기대해서도 안 된다.거꾸로 이들의 주관성이 지닌 잠재력을 효율성 향상을 위해 십분 활용할 때다.

특징적인 가치와 이를 실행하기 위한 규칙을 마련하지 않고는 새로운 가치를 접목시키는 일에서 뒤쳐질 수밖에 없다. 주관성을 배제하고 통일성을 추구하는 규칙은 새로움을 수용할 수 없도록 가로막는 걸림돌이 될 뿐이다.

## 자원의 경쟁력

학교를 운영하기 위해서는 여러 가지 자원이 필요하다. 어떤 자원을 어떻게 활용하느냐가 효율성을 결정짓는다. 새로운 교육 환경에는 새로운 자원들이 필요한 법이다. 과거에 비해 더 나은 자원을 활용할 수 있다면 효율성은 올라갈 수밖에 없다.

학교가 가진 가장 귀중한 자원은 교사들이 가지고 있다. 그들의 전문성이다. 이 전문성은 수업은 물론 다양한 비교과 활동에서 빛을 발한다. 교사 개개인이 갖고 있는 전문성들은 모두 모아져 학교의 능력이 된다. 학교조직 내에는 다양한 전문적인 능력들이 가득 차 있다. 이 능력들이 낭비되지 않고 제대로 활용되도록 하는 것은 조직 차원에서 해야 할 일이다.

유형의 자원 역시 교사 과업 수행에 중대한 영향을 미친다. 잘 갖추어진 인프라와 도구들은 교사들의 능력이 제대로 발휘되도록 한다. 최상의 성과를 기대하는 학교는 이러한 자원의 공급과 이용에 투자를 아끼지 않는다. 여러 가지 핑계를 대며 투자를 꺼리는 학교는 높은 성과를 거둘 수 없다.

그러나 자원이란 항상 부족하기 마련이다. 희소한 자원을 사용하기 위해서는 더 창조적인 활용 방안을 생각해 보아야 하고, 대안들을 충분히 탐색할 필요가 있다.[90] 자원을 효율적으로 활용하기 위한 별도의 프로세스를 가지고 있어야 한다.

### 최고의 자원

대부분의 교사들이 습득한 전공 지식은 꾸준한 갱신이 필요하다. 보다 효과적인 다양한 교수 방법들이 새로이 개발되고 있다. 학문 간의 상호교류가 늘어나면서 타 학문에 대한 지식도 상당히 광범위하게 요구되고 있다. 이 이외에도 교육자로서 갖추어야 할 인성에 대해서도 더 많은 관심이 요구되고 있다. 변화 속도가 빨라지면서 이와 같은 요구는 점점 거세어지고 있다.

이와 같은 변화에 대처하기 위해 필요한 전문성을 갖추는 일은 교사 개개인의 몫이다. 그러나 교사 혼자만의 힘으로는 감당하기 어려워지고 있다. 변화를 일으키기 위해 동원할 수 있는 시간이나 재원에 한계가 있다. 학교 차원의 관리가 절실해지고 있다.

하지만 전문성을 키워야 한다고만 하지 그 관리는 의외로 미진하다. 전문성 향상 노력이 효과적으로 이루어지도록 학교 차원에서 지원해야 한다. 전문성을 관리하는 별도의 지원팀을 운영할 필요도 있다. 개별 학습이든 집단 학습이든 학교가 나아가고자 하는 방향, 즉 공유 비전과의 관계성 속에서 운영되도록 하는 것이다. 자율성을 최대한 보장하되 모든 활동들이 학교의 비전과 연계되어 관리될 필요가 있다. 지원팀에 속한 교사들은 학생들에게 필요한 교육 서비스를 만들어내도록 유인할 것이다. 수업 방법이나 수업 내용에 대한 꾸준한 연구와 개발은 학교교육 자체를 변화시킬 수 있다.

이 팀은 지속적으로 학습 기회를 창출하는 데 심혈을 기울여야 한다. 전문성 향상의 큰 흐름과 포인트를 연구해서 제공한다. 새로 나타나는 교육 환경의 트렌드를 예측하고 분석해서 교사들이 대응할 수 있도록 조언해 준다. 아울러 교육 서비스의 질을 높일 수 있는 핵심 사항을 제공할 수 있다. 자기 개발 경험이 많은 교사가 있어서 전문성 향상을 위한 로드맵을 함께 그려볼 수도 있다. 더 나아가 교사들이 최대한 능력을 발휘할 수 있게 모든 것을 지원하는 역할도 맡게 된다.

아울러 전문성 개발에 열심인 교사가 존경받는 조직문화를 조성할 필요도 있다. 특히 개인 차원에서 제한된 시간과 재원을 투자한 교사는 동료 교사들로부터 존중받아 마땅하다. 자기 개발을 고무하는 제도적 장치가 필수적이다. 적절한 인센티브를 부여할 수 있는 프로세스도 필요하다. 또 연수 결과에 따른 어떤 유인 체제가 마련되어 있어야 한다. 승진에 도움을 준다든지, 해외연수의 기회를 부여한다든지 하는 각종의 혜택이 있을 수 있다.

학교는 교사들이 자기 개발에 관심을 가지도록 하는 여건을 조성해야 한다. 끊임없이 학습하고, 새로운 교수 기법을 개발하기 위해 노력하도록 격려해야 한다. 이를 지원하기 위한 우리 학교만의 차별화된 프로세스를 가지고 있어야 한다. 교사의 처우 개선보다도 자기 개발 지원이 더 시급할지도 모른다. 전문성 증진을 위해 상대적으로 더 많은 예산을 투입하는 계획도 생각해 볼 필요가 있다.[91] 그러면 수준 높은 전문성을 가진 교사들을 유치할 수 있게 된다. 남아 있으려고 할 것이다.

그러나 학교 차원에서 교사의 전문성에 적극적으로 투자하려는 학교는 그리 많지 않다. 몇 년 뒤 학교를 떠나 버릴 것으로 생각하기 때문이다. 다른 학교로 전근가면 투자에 대한 대가를 얻을 수 없기 때문이다.

이러한 경향은 기업체들에서도 볼 수 있다. 구성원의 높은 이직률을 이유로 구성원에게 투자하기를 꺼린다.[92] 이와 관련하여 스티븐 코비가 소개한 일화가 있다.

한 CEO가 집중적인 직원 훈련 프로그램에 대한 투자 계획을 밝히자 누군가가 말했다. "직원들을 교육시켰는데 모두 떠나가면 어떻게 하죠?" 그러자 그 CEO가 대답했다. "직원들을 교육시키지 않았는데 모두 남아 있으면 어떻게 하죠?"[93]

그럼에도 불구하고 뛰어난 조직들은 떠나는 구성원들을 핑계거리로 삼지 않는다. 투자를 아끼지 않는다. 남아 있는 구성원들을 위해 투자한다. 그들은 높은 수행 기준을 만들어놓고 구성원들이 이를 성공적으로 달성할 수 있도록 여건을 마련해 준다.[94]

교사들의 성공을 위해 투자해야 한다. 설사 우리 학교에서 투자한 대가를 다른 학교에서 거두는 한이 있어도. 교사 개인의 성공이 곧 학교의 성공이 된다는 확신을 가질 필요가 있다. 특히 경험이 없고 준비가 안 된 신임 교사들에 대한 투자에 관심을 가질 필요가 있다. 교육 서비스의 질이 악화되어 신뢰를 떨어뜨리는 주된 요인이 될 가능성이 있다.

### 유형의 자원

서비스는 고객 만족을 목적으로 인간과 설비의 상호작용에 의해 제공되는 활동이다.[95] 교육 서비스도 마찬가지다. 학생들의 학습 욕구를 충족시키려면 교사는 물론 교육 시설, 교구, 교재 등 여러 가지 유형의 자원이 필요하다. 이들 유형의 자원들은 교육목표를 실현하는 데 사용되는 수단을 말한다.

분명한 교육목표를 세우고 그 목표에 맞게끔 자원을 활용하게 되면, 교육성과를 극대화할 수 있다. 실제로 교육 시설 조건을 충실하게 구비한 학교는 보다 높은 교육성과를 올릴 수 있는 것으로 나타나고 있다. 이러한 학교의 구성원들은 높은 긍지를 가지며 행동은 개방적이고 적극적인 것으로 확인되고 있다.[96]

우리가 보거나 만질 수 있는 유형의 재화는 '그게 어떻더라'하는 평가가 쉽게 회자된다. 무형의 서비스 역시 사람들의 입에 오르내릴 좋은 얘깃거리를 만들고자 하는데, 이것은 유형의 재화를 결합시킬 때 가장 쉽게 이루어진다.[97]

교육 서비스가 좋다 나쁘다 평가할 때, 유형의 재화는 매우 중요한 결정 요인이 된다. 교사의 수업은 교실, 책상, 걸상, 교과서나 여러 가지 학습 매체들을 통해 비로소 구체화된다. 학습목표 달성을 위해 활용 가능한 모든 것을 동원해야 한다. 수업 내용과 무관한 내용이 아니라면, 융통성 있게 활용할 수 있다. 이런 수업은 학생들이 새로운 기대를 가지고 수업을 기다리게 만들 수 있다.

교사 역시 자신의 역량을 십분 발휘할 수 있게 된다. 업무에 필요한 것이 충분히 준비되어 있다는 느낌만으로도 생산성 향상에 도움이 되는 것이다. 사람의 감성을 자극하고 동기를 부여한다. 남보다 좋은 결과를 만들고 싶지만 자원이 부족하여 그러지 못했을 때처럼 심한 좌절감에 휩싸일 때도 드물다.[98]

심리적으로 편안하게 일할 수 있는 분위기를 조성하는 일은 매우 중요하다. 구성원들은 업무를 수행하기 좋은 인프라가 갖추어져 있을 때나 사무 환경이 쾌적하고 중압감이 없을 때 스트레스를 덜 받으며 일할 수 있다.[99]

교무실을 비롯한 교사들의 업무 공간은 효율성에 결정적인 영향을 미치는 유형 자원이다. 업무 환경을 조성할 때 거기에서 근무할 교사들의 심리적 욕구를 무시해서는 안 된다.[100]

적합한 공간 구성은 교사들의 과업 동기를 부여할 수 있다. 잘 준비된 공간은 자율적으로 일을 하면서도 성과를 높여준다. 동료 교사들의 지나친 방해를 받지 않고 독립적으로 일할 수 있는 공간도 필요하다. 유형의 자원이 자율성 고양을 통한 성과 창출에 장애가 되는 일이 없어야 한다.

교사들의 창의성은 학교의 귀중한 자산이다. 자신의 과업을 새로운 각도에서 생각해 보고 개선해 나간다. 미래를 준비하는 활동을 뒷받침해 준다. 미래를 위한 프로그램을 창출해 낼 수 있다. 규격화된 사무 공간, 획일적인 배치보다는 인간적인 장소로 만들어야 한다. 잘못된 공간 구성은 이를 방해한다.

아울러 교사들 간의 상호작용이 원활히 이루어질 수 있는 공간을 구비할 필요가 있다. 구성원들과의 교류 증대를 위한 개방된 공간, 사적인 대화가 오갈 수 있는 휴식 공간이 있어야 한다. 이들 공간들에는 학교를 혁신시킬 수 있는 새로운 아이디어가 떠다닌다. 선후배 교사 간에 실천적 경험의 공유가 일어나는 곳이다.

교사들이 최상의 능력을 발휘할 수 있도록 근무 여건들이 조성되어야 한다. 아무리 탁월한 전문성을 가진 교사라도 환경이 제대로 갖춰져 있지 않을 경우에는 자신의 능력을 제대로 발휘할 수 없다. 비용 절감은 중요한 관리 목표다. 그러나 유형의 자원 활용에서 불편함이 느껴지면 생산성은 저하될 수밖에 없다.

로드 와그너*Rodd Wagner*와 제임스 하터*James K. Harter*는 장비와 같은 유형의 자원 때문에 스트레스를 받는 이유가 일을 더 잘하고 싶은 욕구 때문이라고 분석한다. 그들은 "구성원들은 더 열심히, 더 생산적으로 일을 함으로써 보람을 느끼는데 조직에서 필요한 정보와 도구, 장비 등을 지원해 주지 않는다면, 그보다 더 어리석은 일도 있을까?"라고 반문하고 있다.[101]

## 자원의 활용

모든 조직이 그렇듯이 학교 역시 3가지 자원, 즉 인적 자원과 예산, 그리고 물적 자원을 필요로 한다. 이들 3가지 자원들을 가장 효율적으로 활용할 때 최대의 성과를 창출할 수 있다. 피터 드러커*Peter F. Drucker*는 『변화 리더의 조건*The Essential Drucker(Vols. Ⅰ-Ⅲ)*』에서 조직 운영에 필수적인 자원의 공급과 이용 그리고 개발에 관한 목표가 있어야 한다고 지적했다. 그는 "자원들을 생산적으로 투입해야 하고 또한 자원의 생산성을 지속적으로 향상시켜 나가지 않으면 안 된

다."고 역설했다.[102]

한정되어 있는 자원을 가지고 최대한의 성과를 내기 위해서는 분명한 방침이 있어야 한다. 어떻게 확보하고 이용할 것인가와 관련한 별도의 프로세스를 가지고 있어야 한다. 주먹구구식으로 활용해서는 자원의 생산성을 높일 수 없다.

여기서 방침이란 자원을 활용하는 원칙을 말한다. 학교가 전문성이나 예산, 유형의 자원을 가장 효율적으로 운영하려면 분명한 원칙을 가지고 있어야 한다. 이러한 방침을 통해 우리 학교만의 특성을 드러낼 수 있다. 경쟁 우위를 확보할 수도 있다.

이는 잭디시 세스*Jagdish N. Sheth*가 말하는 요리사의 독특한 조리법에 비유할 수 있다. 자신의 임의대로 배합할 수 있는 식재료가 갖추어져 있는 상황에서 각 재료를 어떻게 배합하느냐의 문제인 것이다. 어떤 요리사는 지극히 평범해서 사람들은 그 요리사가 만드는 음식에 특별히 주목하지 않지만 몇몇 요리사들은 다르다. 다양한 식재료를 우아하게 배합하고 독특한 조리법을 가미해 예쁜 접시에 올린다.[103]

자원 운용을 어떻게 하느냐는 학교마다 다르다. 문제는 꼭 필요한 곳에 자원을 투입하기 위한 원칙을 가지고 있느냐다. 그리고 학교가 정해 놓은 원칙대로 이행하고 있는지 따져봐야 한다. 비전을 달성하기 위해 수립한 목표별 우선순위에 맞추어 자원이 활용되고 있는지 자문해 볼 필요가 있다. 이와 함께 자원을 개발하기 위한 방침은 제대로 실행되고 있는지 챙겨야 한다.

의욕적으로 교육 활동을 하는 학교에게 충분한 자원이란 없다. 학교가 활용할 수 있는 자원을 가장 효율적으로 활용하기 위해서는 특별한 체계가 필요하다.

자원이 제대로 활용되었는지 따져보는 프로세스를 가지고 있어야 한다. 투입과 결과가 따로 놀아서는 안 된다. 투입 대비 결과를 따져보면서 자원을 활용해야 한다. 그저 산술적으로 정리하는 것은 자원관리가 아니다. 그 안에는 분명한 우선순위가 담겨있어야 한다. 학교의 고유성을 키우기 위해 집중해야 할 목록을 마련할 수 있어야 한다. 엉뚱한 데 자원이 낭비되지 않도록 할 것이다.

무엇이 부족하고 무엇이 넘치는지 토론해 볼 수 있는 절차가 있어야 한다. 어떤 자원이 더 필요한지 찾아내는 일을 할 수 있다. 개발해야 할 자원을 결정할 수 있다. 별개의 자원들을 연결하거나 통합시켜 새로운 자원을 창출해 낼 수도 있다. 이러한 작업들은 자원 활용의 생산성을 높여 줄 수 있다. 효율적인 목표 달성과 함께 경쟁우위를 보장해 줄 것이다.

더 나아가 다른 학교들을 성공하도록 한 자원의 실체를 파악해 내는 프로세스가 필요하다. 가상의 경쟁 학교들이 왜 성공하는지 파악할 필요가 있다. 무엇이 성공의 원천인지, 어떻게 자원을 활용하여 성공하는지 알아볼 필요가 있다. 여기서 얻어진 정보는 우리 학교의 자원 운용을 더 효율적으로 하는 압력으로 작용하게 된다.

7 Virtues Building High-Trusted School

# 2부. 건강한 학교의 미덕

미덕 3. 성실성

미덕 4. 역동성

미덕 5. 개방성

미덕 6. 정체성

미덕 7. 호혜성

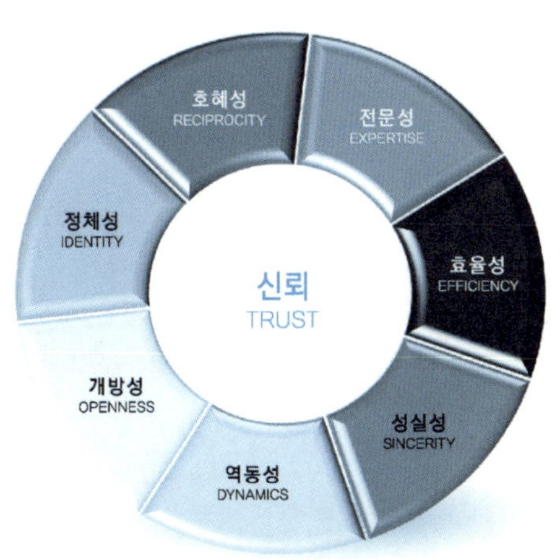

# 미덕 3

# 성실성

# Sincerity

정직의 문화화
공정성의 확보
일관성의 준수

부적절한 행동들은 종종 좀 더 쉬운 길을 알려 주고, 용기를 요구하지도 않으며, 일시적으로는 이롭기까지 하다.

- 존 헌츠먼*John M. Huntsman*이
『정직한 리더의 성공 철학』에서

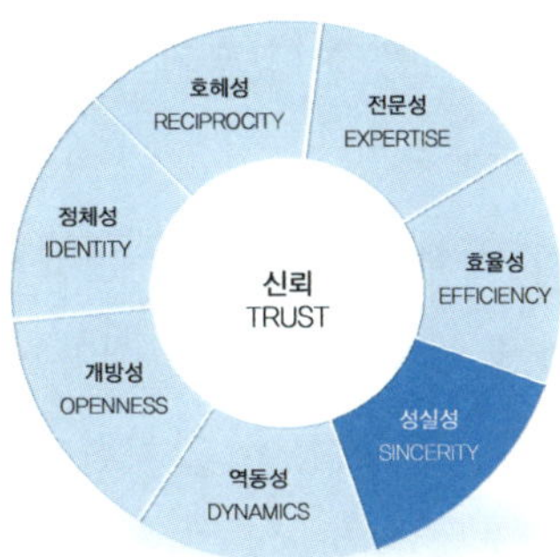


흔히 정직하게 행동하는 것이 곧 성실성이라고 생각한다. 그러나 이는 성실성을 지나치게 좁게 해석하는 것이다. 성실성은 정직성 이상의 의미를 가진다. 스티븐 코비*Stephen M. R. Covey*의 말대로 성실성이란 조화로운 일관성으로 가치관과 말, 행동이 일치하는 것이다. 또한 안팎이 일치하며 자신의 가치관과 소신에 따라 행동할 용기가 있는 것이다.[1]

조직의 경우에도 마찬가지다. 성실한 조직이란 단순히 정직하게 행동하는 조직을 일컫는 것은 아니다. 학교조직의 성실성이란 정직성과 함께 공정성, 일관성의 개념을 포괄하는 복합적인 개념이다.

누구나 성실한 조직에서 일하고 싶어한다. 매사에 공정함이 묻어나기 때문이다. 여느 조직과 마찬가지로 학교 공동체도 다양한 관심과 흥미를 가지고 있는 많은 개인들로 구성되어 있다. 종종 경쟁하는 개인적 요구들이 갈등을 불러일으킬 수 있다. 이러한 논쟁을 중재할 때 가장 우선시되어야 하는 원칙 중의 하나가 바로 성실성이다.[2] 성실하게 행동하는 조직은 보다 쉽게 충직하고 믿을 수 있는 구성원들을 유치할 수 있다.[3]

조직의 이해관계자들 역시 성실한 조직을 선호한다.[4] 진정성과 일관성을 느낄 수 있어서다. 성실한 학교는 해야 할 책임을 다한다. 그 학교가 내세우는 핵심가치와 행동이 일치한다.

성실성으로 구성원들과 이해관계자들을 매료시키는 조직이 장기적으로 성공할 가능성이 높은 것은 당연한 일이다.[5] 학교조직의 성공에 성실성은 필수적인 요소다.

## 정직의 문화화

어느 조직이나 그 존재 목적에 부합하는 모습을 보일 때 아름답다. 정직한 조직이란 충실히 사명을 완수해 가는 조직이다. 정직한 학교는 학생들에게 가치 있는 교육 서비스를 제공한다. 그것도 정직을 담아서.

학교를 학교답게 만드는 것은 교육적인 방식으로 학생들을 지도할 때다. 이런 학교는 모든 일을 교육적인 잣대를 가지고 판단한다. 철저히 약속을 이행한다. 모든 면에서 솔직하다. 정직해야 한다고 생각하는 풍토가 정착되어 있다. 부족함은 물론 실수와 실패까지도 숨김없이 인정하는 문화가 있다. 세상적인 인기만을 추구하다가 교육적인 방식을 멀리하는 일이 일어나지 않는다.

그러나 정직성은 양보해도 당장에 표가 나지 않는 경우가 많다.[6] 상황이 어려워지면 정직성을 포기하고 싶은 유혹까지 받게 된다. '우리 학교만 정직하게 해 본들 우리만 손해만 보는 것이 아닐까?' 라고 회의를 품을 수 있다. 승자가 모든 것을 다 차지하는 사회 분위기도 무시할 수 없다. 성공에 이르는 지름길이 매혹적으로 보이고 거짓말이 이따금 유리하게 작용할 수도 있다.[7]

하지만 몰락은 순식간에 이루어지고 고통스러움은 지속적이다. 신용 사기꾼, 반칙을 일삼는 투수, 겉만 번지르르한 예술가가 오랜 기간 성공할 수 없는 것처럼.[8] 정직하지 않다는 것이 밝혀지는 순간 이해관계자들의 인식이 급격히 나빠질 가능성은 과거보다 더 높아졌다. 바야흐로 회의와 불신의 시대다. 정직하게 처신하지 않는 서비스 제공자에 대한 고객의 인내심이 줄어들고 있기 때문이다.[9]

정직한 학교가 되기 위해 어떻게 해야 하는가는 비교적 명확하다. 그러나 그것을 조직 내에 내재화하기까지는 많은 시간과 노력이 필요하다. 문화가 되지 않으면 정직을 쓸모없는 장식품 정도로 여기거나, 필요한 도구가 아니라 고상한 표준으로 생각한다. 그래서 잠시 벽에 걸어 두었다가 다시 책장에 꽂고는 잊어버린다.[10]

문화가 되는 것은 정직이 일상적인 업무에서 드러난다는 의미다. 학교나 교직원 모두가 습관처럼 정직을 실천하게 되어 교육 활동 전체를 견인하도록 하는 것이다. 학생들에게 정직을 가르치고자 한다면, 정직이 담긴 조직문화는 필수 요소다.

## 정직한 교육 서비스

> 고대에 … 훌륭한 토기는 매우 얇았습니다. 색깔이 선명했으며, 매우 비쌌습니다. 좋은 토기는 불에 굽기 직전과 직후에 매우 깨지기 쉬웠습니다. 이 토기는 가마에서 [종종] 금이 갔습니다. 금이 간 토기는 폐기되었습니다. 그러나 정직하지 않은 장사꾼들은 습관적으로 토기 색깔의 흙과 섞은 진주색의 밀랍으로 메웠습니다. 이렇게 하면 가게에서는 토기에서 실제로 아무런 흠집을 찾아내지 못했습니다. 특별히 색이나 유약을 발랐을 경우에는 더더욱 그랬습니다. 그러나 만일 토기를 빛, 특별히 태양빛에 비추면 그 밀랍은 즉시 발견되었습니다. 그 경우에 밀랍으로 메운 금은 더 어둡게 보였을 것입니다. 이는 인위적인 요소가 '햇빛-시험'으로 쉽게 발견되었다는 말입니다. 정직한 장사꾼은 자기가 파는 토기에 '시네 세라'(sine cera, '밀랍이 없습니다'라는 뜻)라는 표를 붙였습니다.

위의 글은 존 맥아더*John F. MacArthur*가 『순전함*The Power of Integrity*』에서 인용한 제임스 몽고메리 보이스*James Montgomery Boice*의 '진실함' 관련 용어에 대한 설명이다.[11]

우리가 특정 학교의 교육 서비스에 신뢰를 보내는 경우가 있다. 그것은 진정한 학교의 모습을 발견하기 때문이다. 우리가 안심할 수 있는 진짜를 갖고 일하는 것처럼 보이기 때문이다.[12] 정직을 찬미하는 조직문화를 경험하고 정직을 지지하는 교사들을 만날 수 있기 때문이다.

학교의 이해관계자들은 교육 서비스의 품질로 학교의 정직성 여부를 판단한다. 교육 서비스의 정직성은 학교조직의 정직성과 직결

된다. 정직한 교육 서비스는 이해관계자들이 학교를 신뢰하도록 만드는 밑거름이 된다.

겉은 멀쩡한데 조금만 껍질을 벗겨 보면 곧 썩은 부분이 드러나는 과일 같아서는 안 된다. 과일뿐만 아니라 그런 과일을 판 가게에 대한 신뢰까지 무너질 수 있다. 가게에 대해 좋지 않은 소문을 낼지도 모를 일이다. 린 업쇼*Lynn Upshaw*의 말대로, 제품 품질의 하락이 고객으로 하여금 조직 전체의 정직에 대한 의문을 불러일으키게 되는 것이다. 반대로 제품의 우수한 품질은 잘못된 방향으로 가는 조직을 되돌릴 수 있고 제품과 조직 전체가 정직하다는 믿음을 가득 채워 줄 수 있다.[13]

수업을 제대로 하지 않는 학교는 수업만이 아니라 학교의 모든 운영에 문제가 있는 학교라고 생각할 가능성이 있다. 질이 낮은 교육 서비스나 의심스러운 교육 서비스를 제공하는 학교들은 장기적으로 교육성과가 저하될 것이다. 단기적으로는 이익을 올릴 수도 있지만 궁극적으로는 무너지게 될 것이다.[14]

정직한 학교는 교육 서비스를 통해 존재 목적을 표현한다. 학교의 가치가 담겨 있는 교육 서비스를 학교 특유의 강점들을 동원해 제공한다. 왜곡된 기대나 단기적인 이익에 집착하지 않는다. 모든 학교는 추구하는 학교다운 참된 모습이 있기 마련이다. 가장 학교다운 이상형이 있다.

그러나 종종 선택의 기로에 설 때가 있다. '가르쳐야만 하는' 교육과정에 충실한 교육이냐 아니면 '실제로 학생들이 배우기를 원하는' 내용이냐를 결정해야 할 때다. 학교의 교육 방향과 학생이 원하는 방향이 일치한다면 행운이다. 그러나 문제는 학생이 원하는 것이 학교가 생각하는 정직한 교육과 거리가 있을 때 발생한다. 다양한 요구사항을 들고 찾아와 교육 서비스에 반영해 줄 것을 요구하는 학부모들이 있기 마련이다. 정직을 앞세우는 장기적인 관점의 학교정책 때문에 자신의 자녀가 당장 손해를 보는 일은 피하고 싶을 것이다.

한편 세상은 일정한 수준의 교육성과를 보여줄 것을 요구한다. 이 속에서 완전히 정직한 교육을 실행하기에는 많은 노력이 필요하다. 이해관계자들은 눈에 보이는 결과물을 가지고 교육 서비스를 평가할 것이다. 경쟁 학교들과의 비교 순위를 제시할 것이다. 성과에 대한 압력이 학교가 교육 기관으로서 본연의 모습을 갖추어 나가는 것을 방해한다.

사회적 압력이 진정성이 없는 역할놀이로 이끌 수 있다.[15] 장 폴 사르트르*Jean-Paul C. A. Sartre*는 이와 관련한 문제점을 다음과 같이 지적한 적이 있다.[16]

> 대중은 그들에게 [그들의 직업을] 하나의 의식으로 생각할 것을 요구한다. 잡화상 주인의 춤, 경매인의 춤, 재단사의 춤이 있으며, 그들은 그 춤으로 고객들에게 자신은 단지 잡화상 주인, 경매인, 재단사에 지나지 않다고 설득하고자 한다. 구매자에게 꿈꾸는 잡화상 주인은 거슬린다. 그러한 잡화상 주인은 온전한 잡화상 주인이 아니기 때문이다.

학교의 이해관계자들은 종종 학교가 단순해지기를 요구한다. 그들이 원하는 것을 가르쳐주는 기능만을 군말 없이 수행해 줄 것을 요구한다. 외부 세계가 잘 돌아가도록 학교에게 부여한 기능을 아무런 의심이나 불만 없이 수행할 것을 요구한다.[17] 학교가 설정한 참된 모습과 이해관계자들이 생각하는 학교의 모습 사이에 격차가 있을 수 있다. 이 때 이해관계자들이 본래 목적을 추구하는 학교에 대해 거부감을 느낄 수 있다.

사회적 압력 속에서도 학교 본연의 모습을 잃지 않기 위해서 진지한 노력이 필요할 때가 있다. 최선의 방법은 설득이다. 기회가 있을 때마다 정직해지기 위해 노력하고 있음을 확인시켜야 한다. 진짜를 만들기 위해 최선을 다하는 모습을 보여 줄 필요가 있다. 이는 정직한 조직이 되고자 하는 학교에게 부과된 의무다. 이해관계자들에게 학교가 추구하는 진정한 모습을 투명하게 알리지 않으면 의도를 의심할 수 있다. 정확히 무엇이 되려고 하는지 알아내기 위해 쉼 없이 자기 성찰을 하고 있음도 보여주어야 한다. 정직한 교육으로의 이행 과정에서 손해를 보는 학생을 최소화하겠다는 의지를 밝혀야 한다.

학교가 선명한 모습을 가지고 있지 않으면 십중팔구 중간에 길을 잃어버릴 것이다. 혼란만 가중시킬 뿐이다. 혼란으로부터 벗어나게 하는 처방이 아니라 혼란의 원인이 되어 버릴 수 있다. 흔들리지 않고 학교가 지향하는 가치를 분명하게 주장해야 한다. 그러면서 정직함의 수준을 서서히 높여가야 한다.

우리는 처음에는 거부감이 생기는 운영 방식을 가진 조직들을 알고 있다. 그러나 곧 그들의 특유하면서도 정직한 원칙(핵심가치, 철학)에 신뢰를 보내는 경우가 있다. 그들의 진짜에 대한 열정을 보았을 때 가능한 일이다. 우리 학교가 (제공하는 교육 서비스에 있어) 완벽한 정직을 유지하기 위해 가능한 모든 것을 다 하고 있음을 내부와 외부의 관여자들과 학생들에게 명백히 보일 필요가 있다.[18]

다만 진짜 교육 서비스를 제공하기에 역부족이라면, 학교의 확신을 포기하는 것도 한 가지 방법이다. 단기적인 사회적 기대에 굴복하는 것이다. 그래도 신뢰를 잃어버려 문을 닫는 회사처럼 학교가 망하는 일은 벌어지지 않을 테니까. 오히려 일시적으로는 환영받을 것이다.

그러나 신뢰를 보내지는 않을 가능성이 높다. 이러한 학교의 교사들은 진짜 좋은 교육을 하고 있다는 긍지는 일찌감치 포기해야 한다. 자신이 하는 교육 활동에 대해 회의를 품고 있는 교사가 많은 학교는 절대로 좋은 교육을 할 수 없다. 진짜 교육과는 거리가 먼 의미도 없는 활동을 계속한다면, 장기적으로 신뢰받기는 어렵다.

정직한 서비스에 의해 뒷받침되지 않는 특유함은 생명이 길 수 없다. 정직함으로 그럴듯하게 포장된 가짜를 발견하는 순간, 관계는 끝이다. 정직이 과장이 아니었음을 눈으로 확인할 수 있어야 한다. 린 업쇼의 말을 빌린다면, "진정성이 담긴 특별한 브랜드를 내놓음으로써 유서깊은 진품들이 보여주는 멋을 선보이기 때문이다"[19]

정직은 교육 서비스를 통해 학생들에게 제공되는 가치와 결합될 때 더 큰 신뢰를 얻을 수 있게 한다. 학생들이 어떤 형태로든 혜택을 얻을 수 있다고 느낄 때 정직한 교육 서비스는 신뢰의 기반이 되어 준다.

경제학자들은 가치를 '혜택에서 가격을 뺀 것*benefit minus price*'이라

를 빼앗기면 노는 굶어 죽는다. 수를 빼앗지 않겠다고 공약하라'고 요구했다.

환공은 위기를 면하기 위해 조말의 요구에 동의할 수밖에 없었다. 동의를 받아낸 조말은 단에서 내려왔다. 환공은 조말을 잡아들이고 협박에 의한 약속은 무효임을 선언하려고 했다. 그러나 참모 관중(管仲)은 '비록 협박에 의한 약속이라도 그것을 지키면 제후들의 신뢰를 얻게 되고, 신뢰를 얻으면 천하를 얻게 됩니다.'라고 조언했다. 관중의 조언에 따라 환공은 폐기할 수도 있는 약속을 지키기로 했다.

그 후 2년이 지나면서 남쪽에서 초나라가 북진해 올라왔고, 이에 대항하기 위해 북의 제후들은 견(甄)에서 회동했다. 여기서 제후들은 억울하게 당한 약속도 지켜주는 환공을 신뢰하여 그를 중심으로 뭉쳤고, 이로써 환공은 춘추시대 5대 실력자(春秋五覇)의 첫 인물이 되었다.

어떤 행동을 하기로 한 뒤에 행동하지 않는다면 결국에는 거짓말을 한 셈이 된다. 이윽고 신뢰가 떨어진다. 조직이나 구성원 개개인이 한 약속이 지켜질 거라는 믿음이 없다면 조직은 제대로 일을 할 수가 없다.[24] 조직이나 개인이 꿈꾸는 미래를 현실로 만드는 일은 아예 불가능하다.

학교마다 나름대로 존재 목적을 가지고 있다. 실현하려고 하는 비전이 있다. 각 교사 역시 감당해야 할 역할이 있다. 약속이 이행될 것이라는 확신이 있을 때 이를 원만하게 수행할 수 있다.

학생들에게 한 약속이 지켜지고, 지원 기관이나 감독 기관과의 약속이 지켜져야 한다. 약속 지키기는 의무를 이행하는 것이다. 학교가 외부 이해관계자에게 해 주어야 할 의무를 다 하는 일은 성실성을 높일 수 있다. 학교가 몸담고 있는 사회와의 약속 또한 이행되어야 한다. 이 사회를 위해서 우리 학교가 무엇을 해야 할 것인지 명확히 알고 이를 실천해야 한다.

그러나 무엇보다 중요한 일은 학교조직 내 약속을 어기지 않는 일이다. 조직 내 약속 이행은 학교 외부 이해관계자와의 약속 이행의 선행 조건이기 때문이다. 조직 내부적으로 한 약속을 잘 지키지 않는다면 외부적으로 한 약속을 지키기는 어려울 것이다. 교사들이 학교조직을 믿지 않게 되면 조직에 헌신할 수 없다. 외부의 이해관계자와 마찬가지로 교사 역시 자신이 믿지 않는 학교는 버린다. 보다 심각한 것은, 실제로는 조직에 남아 있지만 마음이 완전히 떠난 경우다.[25]

교사 간 약속의 이행은 학교의 성실성을 떠받치는 기반이 된다. 조직의 구성원 모두가 이 원칙을 준수할 때 이 사람에서 저 사람으로, 또는 이 부서에서 저 부서로 핑계를 옮길 필요가 없으니 조직이 제대로 돌아간다.[26] 결국 학교 외부의 이해관계자들에게 더 만족스러운 결과를 제공할 수 있게 된다. 동료와의 약속을 잘 지키지 않으면 다른 약속을 지키는 일도 소홀히 하기 쉽다. 교사들 사이에 형성된 불신의 문화가 학교의 성장 동력을 갉아먹는다. 상호신뢰가 없으면 동반자 관계는 성립될 수 없다.[27]

약속을 지키기 위해서는 학교 차원의 자신감도 필요하다. 갖가지 유혹이나 압력에도 굴복하지 않고 약속을 지켜나가는 자신감이 요구된다. 약속을 지키다 보면 학교가 어려움에 처할지도 모른다는 걱정 때문에 흔들릴 수 있다. 외부의 조언이나 의견의 수집 결과 때문에 약속 이행에 회의가 몰려올 수도 있다. 편법을 동원하려는 유혹이 생길 수 있다. 그러나 현혹되어서는 안 된다. 두려움을 이겨낼 수 있는 자신감이 있어야 한다.

NHN 김상헌 대표가 가장 중요한 덕목으로 '약속'을 제시한 적이 있다. 그는 가장 지키기 힘든 약속이 '자신과의 약속'이라고 단언했다. 이를 지키는 방법으로 "남들의 조언을 맹목적으로 따르지 말고 나에게 옳은 길을 찾기 위해 많이 고민하고 그런 결정을 내린 나 스스로를 믿으라."고 충고했다.[28]

약속을 지키기 위해 모험을 해야 하는 경우가 있다. 대중적인 흐름을 거스르는 일은 커다란 용기를 필요로 한다. 부적절한 흐름에 동조하도록 유도하는 여러 가지 압력이 있을 수 있다. 튀지 말고 함께 묻어가자고 회유한다. 비도덕적인 제안을 받는 경우까지 있다. 때때로 성실하게 행동한다는 것은 원칙을 지키는 데 수반되는 위험을 감수한다는 뜻이기도 하다.[29]

도그 레닉*Doug Lennick*은 약속을 지키려면 몇 가지 감성적인 능력도 필요하다고 지적했다. 의도와 행동 간의 불일치를 인식하는 자각 능력과 함께 약속을 지킬 수 있도록 절도 있게 업무 처리를 하는 자제력 같은 감성적 능력들이 필요하다는 것이다. 그는 "아무도 정의를 편들지 않을 때 갖가지 위험이 닥칠 수 있다."고 경고하면서 몇 가지 예를 들고 있다. 부실 공사로 건물이 무너진 경우도 있고, 부조리한 대출 관행으로 저소득 가정이 파산한 경우도 있으며, 엔지니어들이 결함이 있는 오링(O-ring, O자형 링)에 대해 우려를 나타냈으나 간부들이 그에 귀를 기울이지 않는 바람에 우주왕복선 챌린지호가 폭발한 사건도 있었다.[30]

조직의 성실성을 증대시키려면 조직 내에 약속하고 그것을 지키는 문화를 만들어야 한다.[31] 조직 내에서의 약속의 이행은 특히 관리자들에게 중요하다. 관리자는 작은 약속이라도 소중하게 다뤄야 한다. 관리자가 작은 약속이라고 소홀히 다루면 그런 태도가 조직 전체로 확산되어 모두가 내부의 약속을 가볍게 생각하게 된다.[32]

## 솔직한 조직

신뢰가 높은 조직의 문화적 특징들 가운데 하나는 구성원들이 솔직하다는 것이다. 사람들이 사실을 조작하거나 자신에게 유리하게 진실을 왜곡하지 않는다.[33] 반면에 신뢰가 낮은 조직에서는 사람들이 나쁜 일이 벌어지지 않은 것처럼 행동하거나 그 사실을 부인한다.[34]

덴마크의 작가 안데르센*Hans C. Andersen*이 쓴 우화 가운데 『벌거숭이 임금님*The emperor's new clothes*』이 있다.

두 명의 사기꾼이 허영심 많고 어리석은 임금에게 신비한 옷을 만들어 바치겠다고 제안한다. 새 옷은 너무나 섬세하고 신비한 옷감으로 만들기 때문에 오직 현명한 사람의 눈에만 보인다고 강조한다. 임금은 엄청난 황금을 주고 신비한 옷을 사들인다. 그러나 새 옷은 임금 자신은 물론 주위의 신하들에게도 보이지 않았다. 그렇지만 어리석게 보이기 싫은 임금은 보이지도 않는 옷을 입은 것처럼 행동한다. 신하들도 모두 옷이 멋지다고 칭찬을 하고 만다. 임금은 자랑스럽게 벌거벗은 채로 거리로 나가게 된다. 백성들은 옷은 보이지 않고 벌거벗은 임금의 모습만을 볼 수 있었다. 그러나 바보 소리가 듣기 싫은 사람들은 임금의 새 옷에 대해 칭찬을 아끼지 않았다. 갑자기 군중 속에서 있던 한 꼬마가 "임금님은 벌거숭이다." 라고 외쳤고, 비로소 사람들은 임금님은 벌거숭이라는 사실을 받아들인다.

실제로 어리석기 때문에 이 사실을 감추기 위해서 옷이 보이는 것처럼 행동한 사람이 있었을 것이다. 그런데 문제는 왕의 옷이 보이지 않는다는 것을 알고 있는 현명한 사람들조차도 옷이 보이는 것처럼 행동했다는 사실이다. 다른 사람들이 자신을 어리석게 보는 것이 두려웠거나 이러한 상황을 이용해 개인적인 이익을 얻기 위해서다.[35]

임금에게 꼭 필요했던 정직한 피드백을 제공해준 사람은 솔직하게 말한 꼬마뿐이었다. 만일 관리자가 교사들로부터 정직한 피드백을 받지 못한다면, 벌거숭이 임금님처럼 어리석은 결정을 내리게 될 것이다. 교사들은 보이지도 않는 새 옷이 참 멋지다고 말해서는 안 된다. 자신이 생각하고 느끼는 것을 솔직하게 말할 수 있어야 한다. 정직성이 없는 조직은 벌거벗은 임금님과 마찬가지로 잘못된 정보

에 의해 잘못된 결정을 내리게 된다.[36]

진실을 말하는 조직들은 앞서 나갈 수 있을 뿐만 아니라, 성실한 문화가 조성되는 부수적인 효과까지 누릴 수 있다.[37]

그러나 정직하려면 용기가 필요하다. 관리자나 동료 교사들의 의견과 반대될 때 자신이 믿는 바를 솔직하게 밝히는 일은 쉬운 일이 아니다. 나쁜 결과가 예상되지 않을 때는 진실을 말하는 게 어렵지 않다. 하지만 누군가를 불쾌하게 만들 수 있을 때, 듣기 싫어하는 말을 해야 할 때, 또는 진실을 말했다가 부정적인 결과가 일어날 수 있을 때는 진짜 용기를 시험받는다.[38]

솔직하게 털어놓을 수 있는 용기야 말로 산소 같은 것이다. 학교를 살아 있게 만든다. 공개적으로 진실을 말할 수 없는 분위기는 조직을 시들게 한다. 조직을 위험에 빠뜨릴 수 있다. 진실을 밝히지 않고 덮어 두는 일이 동료와 조직과 자신을 보호하는 길이라고 생각할 수 있다. 그러나 사실은 우리 모두의 평판과 우리의 자산을 위험에 빠뜨리는 일이다.[39]

미국의 비영리 재단 교육경영학재단*NFTE*의 스티브 메리어티*Steve Mariotti*이사장은 아무리 고통스러워도 진실을 말하고 진실하게 행동해야 한다고 강조한다. 그는 "상대방과 충돌하는 것이 싫어서 문제를 해결하지 못하고 넘어가면 그것은 나중에 더 큰 문제가 되어 나 자신과 우리 회사의 뒤통수를 때리게 된다."고 말한다. 진실을 말하는 분위기가 조성되지 못해 구성원들이 진실을 말하지 못하게 되면 조직 자체의 기능이 언젠가 마비되고 만다는 것이다.[40]

진실을 말하는 것을 관행에 대한 저항으로 보는 학교가 있을 수 있다. 보복에 대한 두려움 때문에 감히 진실을 말하지 못하는 학교도 있을 수 있다. 이런 학교들은 래리 존슨*Larry Johnson* 과 밥 필립스*Bob Phillips*의 다음 말을 기억할 필요가 있다. "절대 정직은 다른 사람을 공격하는 것도 아니고, 자신이 남보다 낫다는 걸 증명하려고 대드는 일도 아니다. 그것은 상위에 있는 목적을 달성하기 위해 진실을 밝히는 일이다."[41]

참 모습과 대면할 수 있는 용기도 필요하다. 때때로 현실은 받아들이기 힘들 때가 있다. 학교가 어려운 상황 속에서는 더욱 그렇다. 그러나 견디기 어려운 사실도 인정해야만 한다. 존 더글러스*John Duglas*는 "자신의 잘못된 행동이나 의견을 인정하는 것은 결코 패배를 의미하는 것이 아니다."라고 강조한다. 그는 오히려 잘못된 점을 알고 있으면서도 스스로 인정하지 못하는 것이 진짜 패배라고 말한다.[42] 현실을 인정하는 것으로부터 비로소 발전적인 변화를 시작할 수 있다. 현실을 인정하는 용기에 격려를 보내는 학교는 앞서 나갈 수 있다.

조직 내에서 이루어지는 모든 행동에는 가치 기준이 있기 마련이다. 만일 잘못이 생겼을 때 구성원들이 솔직하게 말해 주길 바란다면 우선 어떤 행동이 잘못인지, 또 그런 상황이 발생했을 때 어떻게 대처해야 하는지 명확히 알려주어야 한다.[43] 래리 존슨과 밥 필립스는 이러한 지침을 '성실성의 플랫폼'이라고 부르기도 했다. 진실을 말할 용기를 지닌 사람에게 자기주장을 뒷받침해 주는 지침을 가리킨다. 이 지침은 논쟁이 될 만한 관점을 제기할 때, 힘을 얻도록 해준다.[44] 지침에 의지해 소신 있게 행동할 수 있다. 자원을 소모하지 않고 진실을 말하는 용기를 활용하고자 한다면 이러한 지침을 세워 나갈 필요도 있다.

학교 내 책임의식을 높이려 하거나, 현 상황에 도전하게 하며, 활력을 주고, 개선을 위한 열정을 불러일으키려 한다면 우선 진실을 그려내는 것이 중요하다는 점을 명심할 필요가 있다.[45]

그러나 정직의 남용은 금물이다. 정직을 무뚝뚝한 태도와 무익한 가혹함, 또는 상처를 가하기 위한 핑계로 삼아서는 안 된다. 절대 정직은 진실에 접근하여 문제를 해결하려는 목적으로만 한정되어야 한다.[46] 진실을 말하는 것은 현실을 인정하고 이를 평가하며 궁극적으로는 변화하기 위한 첫 걸음일 뿐이다.

'진실을 밝혔으므로 의무를 다했다.'고 합리화함으로써 어느 정도 만족을 얻을 수 있었을 것이다.[47] 단순히 자기만족의 수단으로 정직을 남용해서는 안 된다. 이는 자기 이익을 챙기기 위해 조직의 이익을 활용하는 또 다른 부정직한 행위일 뿐이다. 정직은 필요하다. 그러나 섣부른 정직의 남용이 자칫 조직의 이익을 잠식할 수 있다. 자기만족보다 조직을 위한 최선이 무엇인가에 초점이 맞춰져야 한다.

## 리더의 도덕 능력

도널드 맥휴*Donald Mchugh*는 『최고의 인생을 위한 게임*Golf and the Game of Leadership*』에서 장기적으로는 윤리적 행위가 리더와 그를 따르는 사람들을 보호해 준다고 강조했다. 그는 골프 코스 속에서 리더십을 찾고 있다. 골프 선수들이 종종 자신의 잘못을 인정하고 스스로 실격 처리되는 경우가 있다. 조직의 리더에게는 이와 같은 정직함이 요구된다. 리더가 엄격한 자기 절제와 통제, 그리고 솔직함으로 구성원들에게 다가설 때 구성원들은 리더에게 무한한 신뢰를 실어준다.[48]

리더는 그가 이끌겠다고 의도한 사람들에게 솔직할 필요가 있다. 좋은 소식을 나누는 것은 쉽다. 좀 더 귀찮고 부정적인 소식이 있을 때 솔직할 필요가 있다. 그리고 책임을 져야 한다. 솔직한 리더는 불쾌한 가능성들을 미뤄두지 않는다. 나쁜 소식들을 구성원들에게 두루뭉실하게 전하지도 않는다. 적절한 방법으로 구성원들에게 문제에 관해 사실대로 털어놓는다.[49]

존 헌츠먼*John M. Huntsman*은 자신이 정말로 존경하는 CEO들의 특징을 한 마디로 요약했다. 그들은 "재능이 있으며 헌신적이고 정직한 사람들"이라는 것이다.[50] 조직의 리더로 성공하기 위해서는 재능만 가지고는 부족하다. 동시에 도덕 능력을 갖추고 있어야 한다. 그들은 자신들의 의무에 충실하다. 업무 수행에 있어서 건강성을 유지하고, 사회적인 책임을 지면서 가장 프로페셔널한 방식으로 큰 이익을 내고 도덕적으로도 모범을 보인다.[51]

도덕 능력을 갖춘 관리자는 학교를 도덕 능력이 높은 조직으로 만들 수 있다. 신뢰가 넘치는 조직문화를 가꾼다. 도덕 능력이 높은 조직의 주요 특징은 도덕 능력이 높은 직원들이 모여 있다는 것이다. 도덕적인 리더들은 구성원들이 개별적인 행동에 도덕적인 원칙들을 적용하도록 적극적으로 독려한다. 이렇게 함으로써 성과를 향상시키는 한편, 도덕적인 가치관들을 토대로 조직의 전반적인 정책, 관

행 그리고 보상 시스템을 구축한다.[52]

도덕적인 조직에서는 구성원들이 다른 데 정신을 분산시킬 필요가 없이 자기 일에 집중할 수 있다. 어떤 상황에 대해 자신이 알아야 할 것을 솔직하게 듣게 되리라 믿을 수 있으면 작은 일에 안달하지 않아도 일에 집중할 수가 있다. 자기 이익을 보호하려고 시간을 낭비하는 대신에 진짜로 해야 할 일에 온전히 자신의 시간과 조직의 시간을 쓸 수 있을 것이다.[53]

반면에 비도덕적인 리더와 함께 일하는 사람들은 부정적이거나 예상치 못한 반응으로부터 자신을 보호하기 위해 정보를 검열한다. 부정직한 리더는 정치적인 음모가 판을 치는 조직풍토를 조성한다. 부정직한 상관 밑에서 일하는 사람들은 생산적인 일을 하는 대신, 다른 일들에 많은 시간을 허비한다. 이를테면 상관이 제시한 안건을 의심스런 눈초리로 쳐다보고, 정보를 수집하려 들며, 권력을 얻고자 음모를 꾸미고, 위험 부담이 전혀 없는 일들만 하는 데 많은 시간을 투자한다.[54]

교직원들의 눈은 관리자를 주시하고 있다. 관리자의 행동 방식을 따라하게 되어 있다. 관리자가 도덕적이지 못한 행동을 보여주면 교직원들도 똑같이 한다. 비도덕적인 관리자가 이끄는 학교가 정직한 조직이 될 수는 없다. 비도덕적인 학교가 정직한 교육을 할 수는 없는 노릇이다.

일부 경제학자들은 영리 기업은 본능적으로 비도덕적이라고 전제한다. 그들은 사기나 기만(규칙서의 금지 조항들)을 동원하지 않는 한 원하는 어떤 방법으로든 공개적이며 자유롭게 경쟁할 수 있다고 믿고 있다. 이익을 증가시키기 위해 모든 합법적인 수단들을 동원하면 된다는 것이다. 비록 정직하지 못하더라도 규칙의 허점을 찾아 성과를 극대화해야 한다는 것이다. 아니 그렇게 해야 할 의무가 있다고 주장한다.[55]

그러나 존 헌츠먼은 이들이 '환상'을 품고 있다고 꼬집고 있다. "옳고 그른 상황을 알면서도 명백하게 불법적인 행동을 하지 않는 한 무사히 회색지대로 순항할 수 있다."고 결론짓고 만다는 것이다.[56] 때때로 학교의 관리자들도 유혹을 느낄 수 있다. 불법이 아니라면 가능한 한 최상의 결과를 도출해야 한다는 회색빛 논리에 굴복당할 수 있다. 관리자의 도덕 능력이 시험대에 오르는 순간이다. 그러나 학교는 교육을 사명으로 하는 비영리 조직이다. 도덕적이어야 할 의무가 있다. 교육 논리가 제압당하는 부끄러운 타협은 삼가야 한다.

물론 정직한 학교 역시 학교에 유리한 정책을 집행할 수 있다. 그러나 부도덕한 방법이나 부당한 압력에 굴복하여 옳지 않은 일을 하지는 않을 것이다.

## 공정성의 확보

사람은 유난히 공정성에 대해 관심이 많다. 사람의 뇌에는 불공정을 느낄 때 활발히 움직이는 세포가 있다고 한다. 사람에게는 이 세포가 8만 2000개 이상이 있다. 한편 고릴라에게는 1만 6000개, 침팬

지에는 2000개 정도가 있다는 것이다.[57]

사람들은 자기가 소속되어 있는 조직이 공정하고 윤리적일수록 그 조직을 더 신뢰하는 경향을 보인다.[58] 공정함이 문제가 될 때, 개인들은 종종 즉각적이고 격렬하게, 그러면서도 지속적인 방식으로 대응한다. 불공정한 행위 하나가 관계를 영원히 깨뜨릴 수도 있다. 반대로, 공정한 행위는 매우 두드러지고 오랫동안 기억될 수 있으며, 그로 인해 신뢰를 바탕으로 한 관계가 정착될 수 있다.[59]

교직원들에게 편견을 가지고 있지 않는 관리자, 공정하게 이루어지는 업무 절차는 많은 구성원들을 하나로 묶어 줄 수 있다. 학생들을 편애하거나 차별하지 않는 교사가 보여주는 공정성은 학교의 신뢰성을 한층 높일 수 있다.

## 통합의 기반

공정한 규칙을 마련하는 일은 조직의 공정성을 높일 수 있는 확실한 방법이다. 학교의 규칙이란 교직원들에 의해 보편적으로 수용되는 객관적인 기준을 가리킨다. 일의 우선순위를 알려주는 역할도 한다. 그러나 명시적 규칙이 공정성을 결여하고 있을 때 교직원들로부터 외면당하게 된다. 반면에 공정한 규칙은 학교가 그 존재 목적 달성을 위해 필요한 일을 할 수 있도록 힘을 규합해 줄 수 있다.

공정한 규칙은 태생적 공정성을 갖추고 있다. 규칙이 만들어지는 과정에서부터 공정성을 지니고 있는 것이다.

특정한 이해관계에 얽매여 만들어진 규칙은 신뢰를 얻기 어렵다.

학연, 지연, 혈연 등 연고가 작용해서는 안 된다. 관리자의 편견과 감정이 반영되어서도 안 된다. 개인 차원의 규범이어서는 곤란하다. 특정인의 사리사욕을 채우기 위해서 마련된 규범이 최악의 사례다. 건전한 규칙이란 특정인이 결정해 구성원들에게 강요할 수 있는 대상이 아니다.[60]

특히 규칙의 영향을 받는 구성원들의 참여가 전제가 되어야 한다. 폭 넓게 수용되고 공유되기 위해서는 구성원들의 의견수렴 과정은 필수다. 구성원들은 규칙을 만드는 데 기여할 책임이 있다고 느껴야 한다. 참여 기회의 확대는 공정한 규칙을 탄생시킬 수 있다.

관련 정보가 충분히 제공될 경우 공정성 수준을 높일 수 있다. 공정하다고 인정받을 수 있는 최선의 방법은 어떤 식으로 그 결정이 이루어졌는지 구성원들에게 공개하는 것이다. 여기에는 결정의 근거가 무엇이고 찬반 의견이 어떻게 전개되었으며, 왜 그 결정을 선택하게 되었는지 등에 관한 설명이 포함된다. 일방적이고 독단적인 결정이라도 설령 그 결정이 자신에게 불리한 것일지라도, 구성원들이 공정하다고 여긴다면 충분히 그들의 지지와 동의와 협력을 얻어낼 수 있다.[61]

이와 같은 원리는 규칙의 마련에만 한정되는 것이 아니다. 조직 운영과 관련한 중요한 의사결정 역시 공정하게 이루어질 필요가 있다. 의사결정에 직원들을 참여시켜 합의를 봤을 때 그 결정이 공정하다고 느낄 확률은 높아진다. 독재적이고 협의적인 결정도 공정하게 인식될 수 있다. 중요한 것은 커뮤니케이션 통로가 열려 있고 모두가 그 결정이 '무엇'이며 '이유'가 무엇인지 확실하게 이해하는 것

이다.[62]

의사결정을 할 때 여러 가지 방법 중에서 하나를 선택하게 된다. 독재적인 방식, 자문을 구하는 협의적 방식, 구성원들을 참여시키는 참여적 방식, 그리고 만장일치에 이르는 교감적 방식이 그것이다.[63] 그러나 공정하게 한다고 해서 의사결정마다 모든 구성원을 참여시킬 수는 없다. 합리성을 동시에 고려해야 한다. 어떤 상황에서 어떤 의사결정 방식을 택하는 것이 공정성과 합리성을 동시에 얻을 수 있는가?에 대해 고민해 보아야 한다.

관리자가 결정에 필요한 전문 지식을 가지고 있는 경우가 있다. 동시에 그 결정에 따라야 하는 사람들의 찬성이나 반대가 성공을 좌우하지 않는다. 이럴 경우 주로 독재적이거나 협의적인 방식을 택한다. 별도의 팀이 상황을 분석하고 권고안을 내놓는 것은 시간과 에너지를 낭비하는 것이다.

반면, 구성원들의 역할과 업무 범위에 변화를 가하려 할 때는 관련 구성원들로 구성된 특별팀을 활용하는 것이 현명하다. 구성원들의 지지를 받아내느냐 마느냐가 성패를 판가름한다. 따라서 그들의 참여와 합의를 통하여 적절한 방안을 모색하는 것이 합리적이다.[64]

어떤 과정을 거쳐 만들어졌는지와는 별개로 공정성은 규칙의 공정한 적용을 요구한다. 아무리 효율적인 규칙이 마련되어 있어도 이를 공정하게 운영하지 못한다면 규칙은 제 역할을 할 수 없다. 일단 채택이 되면 누구에게나 엄격하게 적용되어야 한다. 그리고 구성원 대다수가 이것을 지켜야 한다. 이러한 조건들이 충족되어야만 명실상부한 규칙으로 자리잡게 된다.[65]

이른바 재현성을 충족시키는 규칙은 조직을 하나로 결집시키는 요소가 될 수 있다. 규칙이 사람에 따라, 그리고 시간과 장소에 따라 달라진다면 재현성이 없는 것이다. 조직 구성원의 동의를 얻어 만들어진 규칙은 언제, 어디서, 그리고 누구에게나 똑같이 적용되어야 한다.[66]

공정하게 만들어지고 적용되는 규칙은 학교가 가장 효율적으로 비전을 달성하도록 도와줄 수 있다. 규칙을 이행함으로써 얻어진 결과는 구성원 모두의 것이다. 그것이 성공이든 실패든 구성원 모두의 책임이다. 일단 합의된 규칙은 지켜야 한다. 규칙을 지켜야 하는 이유는 그것이 지켜지지 않았을 때 발생할 수 있는 결과가 위중하기 때문이다. 신호등을 잘 지켜야 하는 이유가 무엇인가? 신호를 지키지 않았을 때 발생할 수 있는 사고의 결과 위중하기 때문이다. 본인뿐 만 아니라 악의가 없는 다수에게 피해를 입힐 수 있다.

## 윤리적 기준의 실천

모든 학교가 어떤 형태로든 명시적 규칙을 가지고 있다. 제대로 만들고, 공정하게 적용한다면 이 규칙은 학교가 공정성을 지키는 데 큰 힘이 된다. 그러나 일종의 법규라고도 할 수 있는 명시적 규칙의 준수만으로는 부족하다. 규칙에만 의존한다면 학교 규칙에 어긋나지만 않는다면 불공정한 행위를 해도 문제가 없다. 규정에 어긋나지 않으면서 비도덕적인 행동을 해도 문제 삼을 수 없는 경우가 있다. 이 한계를 극복하기 위해서는 묵시적 규범이 뒷받침되어야 한다. 규칙과 함께 교직원 모두가 공유하는 윤리 기준이 있어야 한다.

윤리적 기준의 이행은 이해관계자들이 학교에게 보내는 신뢰의 강도를 배가시킬 수 있다. 이는 서비스의 특성과도 연관된다. 서비스는 무형의 것이기에, 소비자들은 거래가 공정한 것인지에 대해 더 민감하게 반응한다. 서비스는 구매하기 전에 평가해 볼 수가 없다. 먼저 입어볼 수도, 먹어볼 수도 없는 것이다. 툭툭 차볼 바퀴가 달린 것도 아니고, 한번 타볼 수 있는 것도 아니다. 그것을 경험해 보기 위해서는 먼저 돈을 내야 한다. 그래서 소비자들은 서비스를 제공하는 주체가 약속대로 이행하리란 것을 믿지 않으면 안 된다. 어떤 서비스들은 소비자에게 제공된 뒤에도, 소비자가 이를 제대로 평가하기가 쉽지 않다. 이런 이유들 때문에 소비자들은 서비스 제공자들의 은밀한 불공정 행위에 더욱 취약해질 수밖에 없다.[67]

교육 서비스 역시 서비스가 가진 일반적인 특성을 가지고 있다. 학교의 이해관계자들은 학교의 공정함에 더욱 신경이 곤두설 수 밖에 없다. 어쩌다 비도덕적 행위의 피해자가 되지 않도록 최대한 주의를 기울이는 것이다. 하지만 이들에게 공정함을 느끼게 해 준다면 이들은 상대적으로 더 큰 신뢰를 학교에 보낼 것이다. 불공정의 대상이 될지도 모른다는 불안으로부터 벗어나면서 느끼는 안도감이 학교에 대한 신뢰로 변하게 된다.

학교가 신뢰를 얻고자 한다면 윤리적 기준을 실천함에 있어서 엄격할 필요가 있다. 기준이 세워져 있다면 지켜야 한다. 스스로 정한 원칙을 깨서는 안 된다. 래리 존슨과 밥 필립스가 말하는 '비도구적 윤리'를 수행하는 데 힘을 모아야 한다. 이들은 윤리를 도구적 윤리와 비도구적 윤리로 구분하고 있다. 이들은 성형외과 의사 2명을 대조시켜서 설명하고 있다. 이 의사들은 네 번째 주름살 수술을 하고 싶어하는 손님에게 얼굴이 기형적으로 바뀔 수도 있는 위험한 수술을 해줘야 할지 여부를 결정해야 한다.

이 상황에서 도구적 윤리를 지닌 의사는 자신이 바라는 전략적 결과를 얻어내기 위해 윤리를 바꾼다. 도구적 윤리를 지닌 의사는 자신의 결정을 합리화한다. 그는 "내 환자가 진심으로 원하는 일이야. 난 수술하지 않는 편이 낫다고 얘기했고 그래도 하겠다고 고집했을 때 위험할 수 있다는 사실도 알려 주었어 그러니 환자가 선택한 일이야. 내가 하지 않더라도 다른 의사가 수술할 거야." 도구적인 윤리를 지닌 의사는 이런 식으로 수술 결정을 할 수 있다.

반면에 '비도구적 윤리'를 수행하는 의사는 이미 결정된 불변의 윤리적 지침을 바탕으로 결정을 저울질한다. 환자가 바라는 것이 무엇이든, 수술비를 얼마나 받을 수 있든 간에 환자에게 자신의 결정을 알린다.[68]

도구적 윤리를 가진 교사나 학교는 윤리적 기준을 어기면서도 학생들이나 학부모의 요구에 따라준 것일 뿐이니 문제될 것이 없다고 생각할 수도 있다. 소위 명문 대학에 많이 진학시키는 것과 같은 성과를 얻기 위해서라면 비교육적인 방법을 동원할 수도 있다고 타협하고 만다. 윤리는 목적이 아니라 합리화를 위한 수단으로 이용된 것이다.

해결책은 있다. 교직원 개개인의 도덕적 수준을 따지기보다는 그런 유혹을 이겨낼 수 있는 묵시적 규범을 갖추는 것이다. 조직 차원에서 적절한 기준을 세워 놓으면 유혹을 통제할 수 있다. 불공정한 행위와 타협하려는 마음을 잡아주는 규범이 필요하다. 이를 통해 비도덕적 행위를 통해 사익을 추구하려는 유혹을 이겨낼 수 있는 환경을 조성할 수 있다.

일례로, 대형 글로벌 금융회사에는 조직원들이 암묵적으로 동의하는 나름의 내부 규율이 있다. 그게 '헤드라인 룰*Headline Rule*'이다. "당신의 행동이 신문에 나오길 원하느냐?"는 질문에 "아니다."라고 대답한다면 그 행동은 하지 말아야 한다는 원칙이다.[69]

레오나드 베리*Leonard L. Berry*가 초일류 기업으로 선정한 회사인 찰스 슈왑은 '고객에게 가장 유용하고 가장 윤리적인 금융 서비스를 제공한다.'는 것을 모토로 삼고 있다. 또 다나 커머셜 크레디트는 해야 할 일과 해서는 안 될 일 10가지를 적은 윤리 카드를 출근 첫날 모든 신입사원들에게 나눠준다. 그 윤리 카드를 갖고 3시간 동안 토론을 벌임으로써 조직의 윤리를 심어주는 것이다. 이 회사들은 정직하고 공정한 플레이가 경쟁의 가장 바른 길일 뿐 아니라 최선의 길이라고 생각한다.[70]

서울에 위치한 중동고등학교의 윤리 기준은 훌륭한 사례다. 이 학교는 3행과 3무를 실천하고 있는 학교로 이름이 나있다. 올바른 교직문화를 정착시키기 위해 내부적으로 정해 놓은 것이다. 3행은 "연구하기, 칭찬하기, 상담 많이 하기"이며 3무는 "촌지 없고, 편애 없고, 불신 없는 학교"다.[71]

한편 윤리의 기준을 마련하는 방법에 대해 텍사스 대학의 로버트 솔로몬*Robert C. Solomon*은 합의적으로 도출하는 방식을 추천하고 있다.

모두가 이미 행동하고 느끼는 방식을 공표하는 것이 최선이라는 것이다. 최대한 많은 구성원들에게 기준에 포함되어야 한다고 생각하는 항목을 물어봐야 한다. 각각의 팀을 구성하여 윤리의 기준이 무엇이어야 하는지 고민하게 한다. 그런 다음 상의와 삭제, 그리고 수정과정을 거쳐 결론적인 합의를 도출한다.[72]

패트릭 렌시오니*Patrick M. Lencioni*처럼 리더와 창립자와 몇몇 핵심 구성원들로 구성된 소규모 팀에서 만들어져야 한다고 주장하는 사람도 있다. 이 방식을 이용하게 되면 교사들의 감성을 통합시키는 한편 관리자의 가치를 반영할 수 있다.[73]

다양한 의견을 수렴한 다음에 상의하달 방식으로 윤리의 기준을 정할 수도 있다.[74] 관리자가 새로 부임했을 때 학교에 변화가 절실하다고 느낄 수 있다. 학교가 침체되어 있어서 새로운 방향으로 학교를 이끌어 가야 할 필요를 절감할 수 있다. 관리자는 교사들의 의견을 참고로 하여 자신이 학교에 심고 싶은 윤리 기준을 공표할 수 있다.

어떤 방식을 활용해 윤리적 기준을 세우든 학교 구성원 모두의 관여와 헌신은 필수적이다. 단순히 학교의 규정을 지키는 데 그치지 않고 교사로서 의무를 이행하겠다는 의지가 필요하다. 특히 관리자의 솔선수범은 윤리적 기준의 성공 여부를 좌우할 수 있다. 쉽게 표나지 않는 자신과의 약속을 철저히 지키는 학교는 신뢰라는 보답을 받을 것이다.

## 권력의 선용

두 사람만 모여도 권력 관계가 생겨난다.[75] 권력은 타인의 행동과 태도를 변화시킬 수 있는 영향력이다. 관리자는 학교의 목표 달성을 위해 이러한 권력을 동원할 수 있다. 교사들의 노력이 특정한 방향으로 집중될 수 있도록 영향력을 행사한다. 관리자의 요구에 불응하면 고통이 가해지고 순응하면 보상이 있을 거라고 생각하는 교사들로부터 권력을 부여받는다. 교사들이 닮고 싶어 하는 모델에게 부여되는 권력을 가질 수 있다. 때로는 관리자가 지닌 전문 지식이나 특별한 기술이 권력의 기반이 되기도 한다.[76]

동료 교사들 간에도 권력 관계가 형성될 수 있다. 새로운 고급 정보를 지니고 있는 교사는 정보 제공자로서 권력을 가진다. 이를 원하는 교사에게 대가를 지불하도록 요구할 수 있다. 자신의 이익을 대변해 줄 수 있을 것이라고 판단하는 교사들로부터 권력을 부여받기도 한다.

교사는 학생들이 학습목표를 달성하도록 권력을 활용한다. 올바른 행동을 하지 않는 학생들이 긍정적으로 변화하게끔 지도한다. 더 많이 알고 있는 지식이나 수준 높은 기술을 기초로 권력을 행사하기도 한다. 종종 학생들이 어려움에 처해 있을 때 이를 해결해 줄 수 있는 상담 전문가로서 권력을 가진다.

그러나 권력은 공정하게 사용되어야 한다. 종종 권력의 본질을 오해한 데서 문제가 불거진다. 권력이라는 것은 강자들에게 천부적으로 주어져 있는 어떤 권리가 아니다. 권력이라는 것은 언제나 누군가에 의해서 다른 사람에게 부여되는 것이다. 권력을 행사할 수 있는 그 어떤 대상이 존재하고 그 권력을 따르는 사람들이 존재할 때만 강자들은 강자로서 존재할 수 있다.[77]

관리자가 가진 학교 내 합법적인 지위는 가장 분명한 권력이다. 이 권력을 지닌 사람이 지시를 내릴 권리가 있다는 다른 사람들의 판단을 기반으로 한다.[78] 이것을 믿고 교사에게 부당한 압력을 행사하는 관리자를 볼 수 있다. 교사를 평가할 때 차별을 두기도 한다. 편견을 가지고 교사들을 대하는 관리자가 있다. 자신의 미래를 위해 비공식적 연줄을 가진 교사를 특별 대우하는 관리자도 있다.

합법적인 지위가 주는 권력을 남용해 학생들을 편애하는 교사도 있다. 교칙을 위반한 학생들을 지도할 때 차별을 하기도 한다. 공정하지 않은 성적 처리로 학생들이 불만을 제기하는 사례도 있다.

이러한 사례들은 권력 행사자로서 의무를 제대로 이행하지 않는 것이다. 권력을 사회적 관계 속에서 권력의 수용자가 부여하는 것으로 이해하지 못하기 때문이다. 권력을 처음부터 소유하고 있는 것으로 착각하는 데서 문제가 생긴다. 합법적 권력 사용이 권력 수용자의 수용 범위를 벗어난다면 합법적 권력은 약화될 수밖에 없다.[79] 합법적 권력의 약화는 결국 조직의 목표 달성에 차질을 빚게 만들 것이다.

조미옥은 『훌륭한 일터 GWP』에서 권력의 남용이 조직의 비전 달성을 위한 구성원들의 응집력을 약화시킬 수 있다고 경고하고 있다. 관리자의 편애와 편견, 차별대우는 많은 교사들로 하여금 학교의 비전 달성보다는 관리자 개인을 충족시키는 일에 에너지를 쏟도록 만든다. 아부와 험담이 많아질 수밖에 없다. 교사들 간에 파벌이 생기도록 조장한다. 학교 내 정치 행위가 많이 일어나 헛소문과 오해가 많아진다. 학교의 정책이나 방침이 언제나 불공정하다고 느끼게 만든다. 조직은 응집력을 잃어버리게 되고 시너지 효과를 창출하기 어렵게 된다.[80]

시대 변화는 권력의 기반을 바꿔 놓고 있다. 우리 사회가 산업·노동집약적 경제로부터 디지털·지식기반경제로 이동하면서 전문적 권력의 영향력이 강해지는 추세다. 전문적인 능력을 인정하고 보상해 주는 실력 위주의 사회를 형성하고 있다.[81]

이에 발맞춰 관리자는 전문성을 기반으로 한 권력을 강화하는 데 공을 들여야 한다. 교사들이 관리자가 가진 정보나 조언의 가치를 인정하도록 만들어야 한다. 교사들이 관리자의 전문성에 신뢰를 보내게 되면 관리자의 의견은 힘을 얻게 된다. 학교의 비전 달성에 필요한 추진력을 확보할 수 있다. 관리자의 탄탄한 권력 기반은 학교가 성공할 확률을 높일 수 있게 된다.

교사는 학생들과의 민감한 상호작용을 기반으로 한 권력을 지향해야 한다. 학생들의 행동에 예민하게 반응하는 교사가 되어야 한다. 학생들의 욕구와 감정에 관심을 보여주고, 공정하고 사려 깊게 학생들을 대해 주어야 한다. 이를 통해 교사는 학생이 최선을 다 하게끔 하는 영향력을 지니게 된다. 일방적인 가르침이 지닌 힘보다 더 우월한 권력을 지니게 된다. 교과 지식과 함께 학생들과 상호작용하는 능력을 지닌 교사의 권력은 쉽게 흔들리지 않을 것이다.

한편 권력의 수용자가 이중 잣대를 가지고 권력 행사자의 공정성을 따져서는 안 된다. 교사 자신에게 유리하게 하면 공정한 관리자고 불리한 결정을 하면 불공정하다고 평가하는 이중 잣대는 경계 대상이다.[82] 학생들도 공정성에 대한 이중 잣대를 가질 수 있다. 자신에게 잘해 주는 교사만을 공정한 교사로 생각한다. 구성원들이 가진 이중적인 가치 기준은 학교의 공정성 수준을 높이는 데 걸림돌이 된다. 공정성의 기준을 흔들어 놓는다. 권력의 올바른 활용 못지않게 공정성에 대한 성숙한 안목을 키워가는 노력이 요구된다.

## 일관성의 준수

신뢰는 일관성에 의해 강화된다. 신뢰 대상의 일관된 행동이 신뢰 주체에게 믿음을 줄 수 있기 때문이다.[83] '오늘은 이렇게, 내일은 또 저렇게'라는 식의 일관성 없는 태도는 안정적인 신뢰 관계 구축에 있어 치명적이다. 비슷한 상황에서 비슷하게 행동할 것이라는 사실을 학교의 이해관계자들이 확신할 수 있어야 한다.[84]

물론 교육 환경은 빠르게 변하고 있다. 이에 대처하기 위한 의사결정에 있어서 일관성을 유지한다는 것은 쉽지 않다. 일을 진행하다 보면 목표들 사이의 우선순위가 뒤바뀌는 경우를 흔히 만날 수 있다. 관리자가 새로 부임하여 비전을 수정하는 경우도 있다. 학교가 예상했던 교육성과가 기대에 못 미쳐 핵심 전략을 변경해야만 할 때도 있다. 교육정책의 변경으로 불가피하게 경로를 수정해야만 할 수도 있다. 학교 이해관계자들로부터 새로운 요구 사항이 접수되기도 한다.

그러나 일관성을 추구한다면 이러한 예외 상황을 극복하기 위한 틀까지 가지고 있어야 한다. 예측했던 대로 상황이 움직이지 않는다고 해서 일관성을 포기할 수는 없다. 일관성을 지켜내기 위한 별도의 절차나 원칙을 가지고 있어야 한다. 변화하는 환경이나 이해관계자들의 요구에 대한 대응에서조차도 일관성을 연출할 수 있어야 한다.

때때로 외부의 평가에 흔들리거나 비판에 시달릴 수도 있다. 그러나 방어적 태도나 침묵의 함정에 빠져서는 안 된다. 학교의 가치나 신념을 적극적으로 공표하고 특정 이슈에 대한 입장을 과감히 밝혀야 한다. 그리고 나서 일관성을 실천해야 한다. 꿋꿋하게 입장을 견지해야 할 필요도 있다. 자신감에서 비롯된 일관성 있는 태도가 신뢰를 키워줄 수 있다.

## 넓은 의미의 일관성

일관성은 지나치게 복잡해지는 감정들로부터 우리를 방어해 주기 때문에 매력적이다. 우리가 마음을 기댈 수 있는 규칙성과 예측 가능성을 보여주기 때문에 환영받는다.[85] 관리자가 미리 결정된 원칙을 기반으로 행동하고 결정한다는 것을 교사들이 알게 될 때, 그들은 관리자를 더욱 신뢰한다. 관리자의 원칙에 동의하느냐 마느냐는 별개의 문제다. 예측가능한 사람들은 대개 믿을 만하다. 그들이 어떤 일을 할지 예상할 수 있으며 그것이 옳은 일이 될 것이라고 알 수 있다.[86]

반면에 말과 행동의 불일치는 신뢰를 감소시킨다.[87] 학교가 약속을 제대로 이행하지 않거나 애매모호한 이유로 원칙이 바뀌는 경우에도 마찬가지다. 미래를 투명하게 예측할 수 없게 만들기 때문이다. 일관성을 찾을 수 없는 학교의 행동은 신뢰를 갉아먹는다. 로자베스 모스 캔터*Rosabeth Moss Kanter* 하버드대 교수의 말대로, 외부에 일관된 시그널을 주지 못하는 조직은 신뢰를 잃게 된다.[88]

일관성 없는 관리자도 학교를 위험에 빠뜨릴 수 있다. 관리자의 기분이나 상황에 따라 원칙이 바뀐다면 행동 지침이 되는 원칙이나 철학이 없는 것이나 다름없다. 래리 존슨과 밥 필립스는 이와 같은 상황을 "북쪽으로 고정된 나침반을 갖고 있는 것"에 비유했다. 옳은 방향을 가리키고 있는지 믿을 수 없는 나침반은 쓸모가 없어진다.[89]

만일 관리자가 자신의 개인적 욕심이나 편의를 위해 약속을 수시로 바꾼다면 믿음이 가겠는가? 잃어버리고 싶지 않은 외부의 평판 때문에 원칙을 뒤집어버린다면 신뢰를 보내겠는가? 변칙적인 의사결정이 주는 독창성에 대한 유혹에 굴복당해 '튀는' 결정을 하곤 하는 관리자는 어떤가? 말로는 성실을 강조하면서 성실하게 행동하지 않는 관리자들이 있다. 이들은 자신을 따르는 이들의 이익은 물론, 궁극적으로는 자신의 이익마저 손상시킨다.[90] 결과는 뻔하다. 학교 조직 내부에 신뢰가 자취를 감추게 되고 외부로부터도 신뢰가 유입되지 않는다.

그러나 우리는 불규칙적인 세상에 살고 있다.[91] 미래를 예측하기는 나날이 어려워지고 있다. 매사에 유연성이 요구되고 있다. 테오도르 레빗*Theodore Levitt*은 어떤 조직이라도 특정한 일을 수행하기 위해 필요한 질서와 업무의 정형성을 어느 정도 확보해야 한다고 했다. 그러나 동시에 "조직은 가장 긴급한 일을 효과적으로 제때 해낼 정도의 유연성이 있어야 한다."고 강조했다.[92]

이런 상황에서 자칫 일관성의 강조가 낡은 가치나 업무 방식에 대한 집착으로 비춰질 수 있다. 유연성이나 변화 가능성을 부인하는 것처럼 오해받을 수 있다.

그러나 우리가 추구하는 일관성이란 어떤 예외도 인정하지 않는 일사분란함이 주는 느낌과는 전혀 다른 것이다. 주어진 상황에 적절하게 대응하지 못하고 기계처럼 자동화된 일관된 행위는 오히려 신뢰를 감소시킬 수도 있다.[93] 진정한 일관성이란 변화하는 상황까지도 제압할 수 있어야 한다. 유연성을 발휘하면서도 일관성을 지켜가는 것이다. 유연성을 포용하는 폭 넓은 일관성이 목표다.

즉흥적으로 유연성을 드러내다 보면 일관성을 확보할 수 없게 된다. 상황이 급하다는 핑계로 일관성을 훼손해서는 안 된다. 원칙 없이 무질서하게 이루어지는 유연성의 발휘는 학교를 미로에서 구해내는 것이 아니라 더 복잡한 미로 속으로 빠져들게 할 뿐이다. 변화 대응도 일관된 방식에 의거해 이루어져야 한다.

과거에 시행한 변화 대응 방식과 현재의 방식이 동일한 경우에는 일관성을 찾을 수 있다. 동일한 경험의 반복이 주는 지혜를 활용해 미래의 행동까지도 예측할 수 있게 된다.

다음에 제시한 고대 로마 원로원의 변화 대응방법에서는 유연성이 잘 드러난다.

원로원은 외세의 침략이나 반란, 기근에 직면하면 사태를 수습하기 위해 비상사태를 선포하면서 딕타토르dictator를 임명할 수 있었다. 임기가 6개월이었지만 위기가 지나면 권력은 소멸되었다.

딕타토르의 권력은 무제한적이었지만, 그 권력은 체제 변화가 아니라 체제 복구라는 목적에 한정되었다. 한 마디로 규칙을 벗어나기 위한 규칙을 가지고 있었던 것이다.[94]

상황에 따라 원로원이 딕타토르를 임명해야 하는 이유는 다양했을 것이다. 그러나 딕타토르를 임명해 비상사태를 해결하는 방식에는 변함이 없었다. 그래서 사람들은 대체로 어떻게 일이 진행되어 갈 것인지를 예상할 수 있었다. 유연성과 일관성이 결합해 성실성을 다질 수 있는 계기가 되었다.

일관성을 유지하기가 어려운 또 하나의 이유는 단순히 학교의 입장에서 바라보는 일관성이 전부가 아니라는 데 있다. 이와 함께 학교의 이해관계자들이 생각하는 일관성도 있다. 주체에 따라 일관성의 기준이 다른 경우, 일관성의 준수는 더 많은 것을 고려해야 한다. 이해관계자들의 상황을 수시로 관찰해야 한다. 그들의 기대가 어떻게 바뀌고 있는지 살펴야 한다.

데이비드 마이스터David H. Maister 등은 "공급자가 아닌 고객의 편의를 고려한 일관성이어야 한다."고 강조했다. 고객은 자신이 원하는 방식 혹은 익숙한 방식으로 일이 이루어졌으면 한다. 내심 상대방이 자신의 습관과 기대, 일상, 기분 등을 헤아려서 행동하기를 바란다. 학교의 경우에도 이해관계자들의 입장을 배려하고 그들이 원하는

일관성을 추구해야 한다. 그들로 하여금 '기대가 이루어진 경험의 반복'을 체험하도록 해야 한다.[95]

## 입장의 표명

의도와 행동 사이에 괴리가 없을 때, 혹은 완전하고 틈이 없으며 안팎이 같을 때 성실성이 나타난다. 이와 같은 일관성이 궁극적으로 신뢰를 만들어낸다. 일관성이 있는 사람은 가치관과 신념에 어긋나지 않게 행동한다.[96]

일관성을 지향하는 학교는 스스로 표방하거나 공언한 신념, 내세우는 가치체계와 원칙, 기준들과 행동을 일치시키기 위해 항상 노력한다. 이 학교에게 '신뢰'라는 것은 영특함이나 탁월함이 아닌 '일관성'에 기초를 두고 있다.[97] 이해관계자들은 이러한 학교를 강하고 굳건하며 듬직하고 신뢰할 수 있다고 생각한다.[98]

다만 일단 학교의 신념이나 가치를 알리고 나면 실천하기가 어려울지 모른다는 이유로 공표를 보류하기도 한다. 또 입장을 표명하고 나면 책임감이 생기고 상황이 바뀌면 비난받을 수도 있다는 부담 때문에 소극적이 될 수도 있다. 그러나 공표하지 않는 것은 불성실한 것이다. 물어보지 않았기 때문에 말해 주지 않았다는 식의 태도는 자기중심적이다. 학교가 적극적으로 이해관계자들에게 신념과 가치를 알리고 관리자가 의욕적으로 교사들에게 아이디어를 제시하는 것이 신뢰를 얻는 길이다.

라인하르트 슈프렝어는 '적극적인 진실'에 대해 이야기했다. 적극적인 진실이란 확실한 질문을 받지 않고서도 이야기를 하고, 요청받지 않았음에도 불구하고 일정한 입장을 표명하는 것을 말한다. 왜냐하면 사람들은 그렇게 행동하는 것이 자신과 상대방의 관계에 있어 중요한 역할을 한다고 생각하기 때문이다. 무언가를 말해 주어야만 한다고 느끼면서도 아무 말도 하지 않는 것은 거짓말을 하는 것과 다름없다. 또한 다른 사람에게 도움을 줄 수 있음에도 불구하고, 아무 말도 하지 않는 경우도 마찬가지다.[99]

적극적으로 학교의 가치나 신념을 알리고 특정 이슈에 대한 입장을 표명하기 위해서는 자신감이 필요하다. 학교 외부의 비판에 신경쓰지 않을 필요가 있다. 혹시 비난을 받더라도 꿋꿋하게 자신을 정당화시키고, 자신의 견해에 대해 설명해 주고, 비난 자체를 무시할 필요도 있는 것이다.[100] 때로는 이해관계자들이 '아마 이런 걸 바랄 거야'라고 짐작되는 그것을 꼭 해야 한다는 강박관념에서 벗어날 필요도 있다.[101]

오히려 매사에 학교가 공표한 신념이나 가치를 흔들림 없이 추구하는 것이 더 중요하다. 학교가 수립한 비전을 향해 전심전력을 기울일 필요가 있다. 그러면 이해관계자들은 학교가 믿을 만하다고 생각할 것이다. 우리 학교가 설정한 이상적인 모습을 구현하기 위해 애쓰고 있다는 사실을 인정할 것이다.

그러나 지나친 자신감은 금물이다. 가치나 신념을 견지하는 것이 융통성 없는 고집불통의 행동이 되지 않도록 해야 한다. 우리의 생각이 절대적으로 옳을 뿐 아니라 우리만은 절대로 실패할 수 없다고 믿는 자기파괴적인 외고집이 되어서는 곤란하다. 아울러 유능한 관

리자라면 우유부단한 모습을 보여서는 안 된다는 근거 없는 결론에 얽매여서도 안 된다.[102]

경우에 따라 잘못된 것이 발견되거나 신념을 바꿔야 할 상황에 직면할 수 있다. 최선의 대안은 우리 학교가 틀렸음을 분명하고 신속하게 인정하는 겸손이다. 겸손이야말로 타인의 존경과 협조를 얻을 수 있는 확실한 방법이다.[103]

물론 어떤 입장을 취했다가 나중에 이를 번복하면 오히려 신뢰가 떨어진다. 그러나 새로운 정보나 생각 앞에서 잘못된 입장을 고수하는 것이야말로 신뢰를 잃어버리는 지름길이다. '신뢰'를 잃지 않으려고 잘못된 입장을 고수하는 행동은 자기중심성의 극치라 할 수 있다.[104] 누가 봐도 틀린 것이 분명한 데도 끝까지 맞다고 우기는 것은 독선일 뿐이며 일관성이 아니다.

결국 거부를 당하거나 틀릴 수 있어도 입장을 분명히 밝히면 이해관계자에게 매우 유익하다. 이유는 두 가지다. 반응을 촉진하고 이슈를 구체화한다는 점에서 그러하다. 요컨대 입장 표명은 이해관계자의 사고를 돕는 촉매제와 같다.[105] 데이비드 마이스터*David H. Maister* 등은 "입장을 취하는 것은 위험하지 않다. 입장을 취하지 않는 것이 더 위험하다."고 했다.[106]

리스크를 감수하지 않으면 깊은 신뢰 관계를 맺을 수 없다.[107] 가치나 신뢰를 공표하지 않으면 일관성을 지키기는 더 수월할지 모른다. 그만큼 책임감이 줄어들기 때문이다. 그러나 이는 두려움에서 비롯된 자기중심적 일관성일 뿐이다. 차라리 가치나 신념을 널리 알리고, 여러 가지 이슈들에 대해 적극적으로 입장을 표명할 필요가 있다. 그리고 겸손을 기반으로 일관성을 일궈가는 것이다.

# 미덕 4

# 역동성
## Dynamics

잠재 능력의 발휘
혁신 지향
활력의 기반

신뢰가 높은 조직에서는 생기와 활력이 느껴지며, 생산적인 긴장감을 느낄 수 있다.

– 스티븐 코비*Stephen M. R. Covey*가 『신뢰의 속도』에서

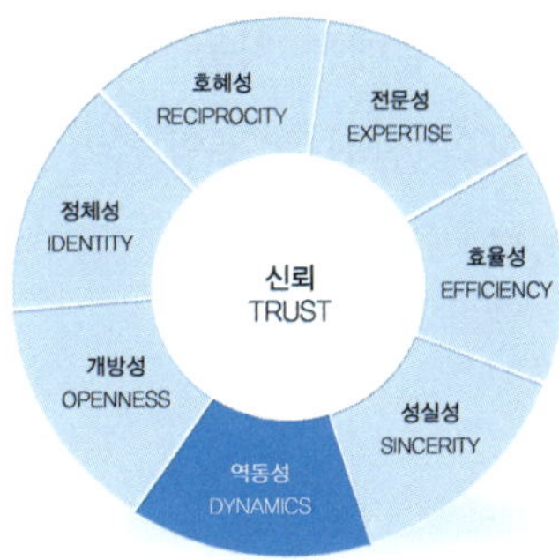


역동성이란 힘차고 활발하게 움직이는 성질을 말한다. 역동적인 학교는 움직이려는 갈망을 가지고 있다. 쉬지 않고 앞으로 나아가려고 한다. 현상 유지를 하는 것에 만족하지 못하는 학교를 의미한다. 더 이상 현상 유지 상태에 머물러 있으려고 하지 않는다.

이런 학교에서는 활력을 느낄 수 있다. 유쾌함이 느껴진다. 분위기가 살아있다. 항상 새로움을 추구하며 매사에 적절한 탄성을 유지하고 있다. 한계를 뛰어넘기 위한 무수한 노력들이 시도된다. 이들 학교의 에너지는 이리저리 분산되어 자취를 감추어 버리지 않는다. 에너지가 몰두의 대상에 집중된다.

역동성을 가진 학교에서 교사들은 자신들의 능력을 끊임없이 실험하는 기회를 갖게 된다. 이들은 최고에 도전하고 싶은 강한 욕구를 충족시킬 수 있다.[1] 학생 개개인에게 배움에 대한 간절한 열망을 샘솟게 한다. 미래 사회에 대한 도전정신을 갖도록 한다.[2]

이런 학교는 변화에 쉽게 적응할 수 있다. 변화하는 상황을 반긴다. 그 안에서 기회를 발견할 수 있음을 알기 때문이다. 과거와 같은 접근으로는 새로운 시대의 열매를 거둘 수 없다는 점을 항상 염두에 두고 있다.[3] 변화가 학교의 신뢰를 높일 수 있는 절호의 기회가 될 수 있음을 잘 알고 있다.

## 잠재 능력의 발휘

나이스 비트*John Nasbitt*와 패트리샤 애버덴스*Patricia Aburdence*가 잠재 능력의 위력에 대해 강조한 적이 있다. 그들은 이제 조직은 물론 국가나 넓게는 인류도 그 발전과 번영이 개인이 가진 잠재적 능력을 얼마나 발휘하느냐에 달려 있다고 역설했다.[4] 구성원 개개인이 가진 영향력이 확대되면서 개인의 잠재적 역량이 모든 사회의 변화를 주도하게 되었다는 것이다.

학교가 쉬지 않고 변화를 추구하기 위해서는 많은 자원이 필요하다. 변화를 위해서는 조직을 움직이도록 하는 동력이 필요한 법이다. 자원에 대한 기존의 수요에 변화를 위한 자원이 추가로 공급되어야 한다. 새로운 도전 역시 새로운 자원을 요구하게 된다.

학교가 가진 잠재 능력은 변화를 위한 훌륭한 자원이 될 수 있다. 교사들의 잠재 능력을 발굴하고 이를 활용하는 것이 본인은 물론 조직 차원에서도 커다란 혜택이 될 수 있다. 우리 학교 안에는 아직 활용하지 않은 엄청난 잠재 능력이 꼭꼭 숨겨져 있을지 모른다. 이 잠재 능력은 학교의 경쟁력 향상에 굉장한 기여를 할 수도 있다.

잠재 능력을 찾는 노력을 멈추어서는 안 된다. 끊임없이 새로운 자원을 찾아가야 한다. 이는 새로운 에너지원을 개발하는 것과 같다. 만일 교사들이 가진 가능성이 충분히 활용되지 않는다면, 압 아이게누스*Ap Eigenhuis*와 롭 반 다이크*Rob van Djik*의 말처럼 새로운 기회는 간과될 것이다. 또한 교사 개개인의 역량은 상대적으로 감소될 것이다.[5]

## 환경의 조성

교사들이 지닌 잠재 능력은 가장 강력한 미래 자원 가운데 하나가 될 수 있다. 이 잠재 능력이란 과거보다는 미래를 위한 자본임에 틀림없다. 아직 활용되지 않고 있는 새로운 자원이다. 곁에 있지만 아무도 그 가치를 모르고 지나쳐 버린다. 찾아내기 어렵다. 그러나 이러한 능력은 대체로 희귀하고 모방하기 어려운 경우가 많다. 일단 확보하게 되면 우리 학교의 능력을 한 차원 높이는 데 활용할 수 있다. 지속적으로 효율성을 높여 신뢰를 얻는 데 도움을 주게 된다.

잠재 능력은 적합한 환경이 조성되기 전까지는 감추어져 있다가 어느 순간 갑자기 나타나는 경우가 많다. 우연한 사건 하나가 이 능력이 폭발적으로 발휘되도록 하는 계기가 될 수도 있다. 바로 '잠재 능력'이 발굴되는 순간이다. 잠재 능력을 발굴하기 위해서는 조직 차원에서 환경을 조성하는 노력이 필요가 있다.

어렵게 발굴된 잠재 역량이 관리가 제대로 되지 않아서 분실되는 경우도 있다. 존 맥스웰*John C. Maxwell*은 저서 『생각의 법칙*Thinking for* *a Change*』에서 부정적인 환경이 위대한 아이디어를 사장시킬 수 있다고 강조했다. 이와 관련해서 그는 찰리 브라우어*Charlie Brower*의 말을 인용하고 있다. "새로운 아이디어는 허약하다. 그것은 한 번의 냉소나 하품만으로도 사라질 수 있다. 신랄한 말 한마디에 찔려 죽을 수도 있고, 중요한 사람의 눈살 찌푸림에 괴로워 죽을 수도 있다."[6]

환경은 잠재 능력 발휘에 결정적인 역할을 하게 된다. 게리 해멀*Gary Hame*과 빌 브린*Bill Breen*은 역사상 극소수의 인간만이 창조적 열정을 추구할 수 있는 경제적 수단을 확보했을 것으로 분석했다. 재능을 꽃피우지 못하고 무덤까지 끌고 간 창조적 자본이 많았을 것이라는 것이다. 19세기 이전까지 물감과 캔버스, 양피지와 펜, 대리석과 조각칼, 악기, 교본과 작업실은 값비싼 사치품이었다. 재능을 타고난 몇 명의 예술가들이 운 좋게도 후원자를 발견했지만 대다수는 그렇지 못했다.[7] 환경의 미비로 인해 잃어버린 창조적 자본은 예술가 개인은 물론 사회적으로도 커다란 손실이다.

물론 이제는 상황이 달라졌다. 기술의 발달과 함께 창조적 열정을 표현하기 위한 수단을 어렵지 않게 확보할 수 있게 되었다. 그러나 적합한 환경이 제대로 갖추어지지 않아서 귀중한 자원을 잃어버릴 가능성은 여전히 존재하고 있다. 창조적 열정이나 특유한 아이디어 같은 잠재 능력이 발휘되지 못하고 사라져 버릴 수 있다.

피터 드러커*Peter F. Drucker*는 사람들이 능력을 최대한 발휘하도록 자극하는 작업 환경을 제공하고 있는지 묻고 있다.[8] 과연 우리 학교는 어떤가? 교사들이 가진 잠재 능력을 발휘하도록 격려하는 환경이 조성되어 있는가? 혹시 환경의 미비로 이를 방해하고 있는 것은 아닌지, 의욕을 잃게 만들어 귀중한 자원이 사장되고 있는 것은 아닌지 자문해 볼 필요가 있다.

환경이 조직이 가진 능력의 수준을 결정지을 수 있다. 동기가 부여되지 않는 환경은 구성원이 가진 능력이 제대로 발휘될 수 없도록 한다. 학교가 수준 높은 능력을 갖출 수가 없다. 제 아무리 훌륭한 업무 프로세스도 쓸모없게 된다. 마이클 해머Michael Hammer의 말대로, "동기가 부여되지 않은 사람은 그저 움직일 뿐이다. 동기 부여 없는 프로세스 설계는 종이 조각이 될 것이며, 사람의 능력은 이력서 상의 자격에 불과할 것이다."[9]

동기가 부여될 때 비로소 잠재력을 발휘할 수 있다. 짜여진 일상 속에서 부여된 업무를 기계적으로 수행하도록 하는 환경이라면 절대로 잠재 능력이 드러날 수 없다. 잠재 능력은 교사들을 격려하고 동기를 부여하는 기름진 토양에서 잘 자랄 수 있다. 학교는 조직 차원에서 잠재 능력이라는 어린 싹이 잘 자라도록 수분과 양분을 공급해야 한다. 지금은 미약하지만 나중에 학교를 먹여 살리는 귀중한 양식이 될 수 있기 때문이다.

동기 부여가 제대로 효과를 보려면 한 가지를 더 짚고 넘어가야 한다. 교사들이 자신들의 잠재 능력을 발휘할 수 범위에 대해 명확히 알고 있어야 한다. 능력 발휘의 한계를 정하지 않고 '무한한 가능성'을 부여하는 것은 비현실적이다. 오히려 나아갈 수 있는 항해 범위나 방향이 설정된 상태에서 최대한 능력을 발휘하도록 것이 더 합리적이다. 더 퍼포먼스 대표 컨설턴트 류랑도의 지적처럼, 그 기준이 애매하다면 자신의 역량을 마음껏 펼쳐 보이기를 꺼려할 것이다.

되도록 자신에게 피해가 가지 않는 범위에서 업무를 수행하고 말 것이다.[10]

교사들이 열정을 발휘할 수 있는 환경이 조성될 때 그들의 잠재력은 꽃을 피울 것이다. 요셉 케셀*Joseph W. M. Kessels* 네덜란드 트웬테대 교수가 말하는 이른바 '열정경영*Passion Management*'이 필요하다. 그는 관료주의를 버리고 구성원들이 갖고 있는 지식을 열정적으로 쏟아낼 수 있게끔 조직의 문화를 바꿀 것을 권하고 있다. 그래야만 잠자고 있는 지식이 가치로 연결되어 지식의 생산성이 늘어나게 된다는 것이다.[11]

학교의 업무 수행은 대부분 지식에 기반하고 있다. 지식을 관리하는 능력을 학교가 가진 가장 중요한 자원으로 볼 수 있다. 학교에게 새로이 확보된 지식은 귀중한 능력이 된다. 얼마나 열정적인 환경을 가지고 있느냐에 따라 학교의 지식 관리 성과는 달라질 수밖에 없다.

그러나 열정은 뜨겁다. 과열되면 재난을 불러올 수 있다. 열정이 지나치지 않도록 적절한 개입이 함께 있어야 한다. 주로 관리자의 몫이 될 것이다. 유능한 관리자는 교사들이 가진 잠재 능력을 알아보고 이들이 자신의 능력과 열정을 발휘할 기회를 준다. 어떻게 그리고 언제 자신이 한발 물러서서 지켜봐야 할지 잘 안다. 그러나 언제 개입해야 하는지도 확실히 알고 있다.[12]

지나치게 핵심 역량에 의지하는 조직 환경은 잠재 능력 개발에는 장애물이 될 수 있다. 잭디시 세스*Jagdish N. Sheth*는 '핵심 역량 의존*Competency dependence*' 경향에서 벗어날 것을 주문한다. 핵심 역량이란 성공적으로 일이 진행되도록 하는 경쟁력의 원천이다. 이를 가지고 있다는 사실만으로도 기분 좋은 일이다. 잘 나가고 있는 조직들은 대부분 그들이 의존하는 핵심적인 능력이 있기 마련이다. 그러나 이 핵심 역량이 조직의 시야를 제한하고 다른 기회를 보지 못하도록 한다. 가능성을 보는 시각이 좁은 개념 안에 한정되어 버린다.[13]

그의 우려대로, 핵심 역량에만 의존하는 학교는 우물 안 개구리가 되어 버리고 말 것이다. 우리 학교가 가지고 있는 자원을 다시 돌아보아야 한다. 잠재력이 있는 새로운 자원을 찾는 일에도 관심을 기울여야 한다.[14] 핵심 역량을 키우는 데 투입했던 노력을 잠재 능력을 찾는 데도 투입할 필요가 있다.

변화는 필연적이다. 갑작스런 변화가 기존의 룰을 뒤흔들어 놓을 수 있다. 이에 대처하기 위해서도 새로운 역량을 찾아내는 일은 긴요하다. 우리 학교가 그렇게 믿고 의지했던 핵심 역량이 갑자기 별 볼일 없는 능력이 되어 버릴 수 있기 때문이다. 우리가 잊고 있던 감춰진 보물을 찾아내야 한다.

### 자기 발현

환경의 조성은 교사들의 자발적인 노력과 합쳐질 때 비로소 효력을 발휘할 수 있다. 자신이 알고 있는 현현된 재능에 만족해서는 안 된다. 스스로의 잠재 역량을 찾아내고 이를 개발하기 위한 노력을 게을리해서는 안 된다.

자신이 내세울 만한 재능에 의지하려는 경향은 개인에게서도 나타난다. 자신을 가장 잘 보여줄 수 있는 능력에 의존하려는 경향은 일반적이다. 자신의 강점을 살려 나가는 것만이 생존의 비결이라고 믿는 사람들이 있다. 자신의 강점을 발휘할 수 있는 분야나 업무만을 고집하는 경우가 있다. 조직에 따라서는 이를 조직 경영의 기초로 삼기도 한다. 즉, 각 구성원이 가진 장점을 활용하여 높은 성과를 달성한다.

강점을 활용하고 키워 나가는 것이 필요한 것임은 재삼 강조할 필요가 없다. 다만 이에 지나치게 빠져 버리는 것은 경계할 만하다. 자칫 전체를 보지 못하는 우를 범할 수 있다. 중심만을 바라보다가 주변부를 아예 무시하게 될까 우려된다.

특히 학교가 정해 놓은 과업 표준을 제대로 실행할 수 있는 능력만 갖추면 된다고 생각할 수 있다. 그러다 보면 필요한 것 이외에는 하지 않게 된다. 다른 능력들에는 별다른 관심을 쏟지 않게 된다. 때로는 자신이 경쟁 대상으로 설정한 동료 교사를 이기는 자신의 핵심적인 능력에 매료될 수 있다. 자신의 믿음직스런 핵심 능력에만 집중하게 된다. 경쟁 대상에 초점을 맞추느라 큰 그림을 보지 못하게 된다. 귀중한 잠재 능력이 서서히 자취를 감춰 버릴 수 있다.

과업 표준이나 경쟁 대상은 자신의 능력을 평가하는 중요한 잣대다. 그러나 이것이 다가 아니다. 표준이나 경쟁 대상은 언제 어떻게 바뀔지 모른다. 이러한 잣대를 뛰어넘기 위해 강점을 키우는 만큼 혹은 그 이상으로 자신의 잠재 능력을 키워야 한다. 자신이 인위적으로 설정해 놓은 한계에서 벗어날 수 있는 비결이다.

마이클 린버그Michael Lynberg가 저서 『너만의 명작을 그려라Make Each

*Day Your Masterpiece*』에서 말했듯이 "우리의 탁월한 잠재력은 일을 하면서 재능을 개발하고, 또 꿈을 추구하는 가운데 개발된다." 자신의 재능을 발견하고 발휘하는 사람들은 자신이 현재보다 더 많은 일을 할 수 있다는 사실을 알고 있다. 그들은 행동하면서 자신의 내부에 있는 용기를 발견하며, 능력이 점점 더해지고 꿈과 이상을 실현하기까지 되는 것이다.[15]

심지어 동료 교사가 알아챌까 두려워 자신의 역량을 애써 감추는 사람들까지 있다. 튀고 싶지 않아서다. 새로운 업무가 자신에게 부여될지 모른다는 우려 때문일 수도 있다. 그러나 이는 더 높은 곳으로 오를 수 있는 기회를 쓰레기 취급하고 있는 것이다. 이들은 이미 일궈놓은 사소한 만족감마저도 놓치고 말 것이다. 그들의 삶은 정체되어 있으며, 어둡고, 또 지루하다. 그러면서 점차 목적과 만족감을 상실해 갈 것이다.[16]

자신의 잠재 능력을 어떻게 찾아낼 것인가? 잠재 능력을 발굴하기 위해서는 새로운 시각이 필요하다. 우리는 때때로 사고방식을 바꾸는 순간 기존의 주변 환경이 새롭게 느껴지는 순간을 경험하기도 한다. 마찬가지로 과거의 방식에서 탈피할 때 주변에서 새로운 능력의 존재를 갑자기 깨닫게 될 수 있다. 이전까지는 생각지도 못했던 독특한 아이디어들과 만나기도 한다.

찰스 핸디*Charles Handy*는 '뒤집어 생각하기*Upside-down thinking*'를 권한다. 태양계의 운행을 뒤집어 생각했던 코페르니쿠스처럼 세상을 바라보는 방식을 바꾸는 것이다. 기존에 존재했으나 관심을 끌지 못하고 무시되었던 것들을 다시 생각하게 한다. 터무니없지는 않지만 좀

체 생각하지 않았던 것들을 고려하게 만든다. 그는 "익숙한 것을 새롭게 바라보는 뒤집어 생각하기는 새로운 에너지로 연결되고 많은 것들을 가능하게 해준다."고 말했다.[17]

찰스 핸디의 뒤집어 생각하기를 좀 더 소개할 필요가 있다. 그는 일상적이고 익숙한 형태로도 나타나는 뒤집어 생각하기의 예를 제시했다. 사소한 일까지도 배움의 기회로 삼자고 마음먹은 사람은 요리도 창조적인 예술이 될 수 있고, 장작을 패는 일에서도 특별한 기교를 발휘할 수 있으며, 육아는 교육 경험이, 쇼핑은 사회 경험이 될 수 있다는 것을 알게 된다고 했다.[18] 통념을 의심 가득한 눈으로 바라볼 필요가 있다. 상상력을 동원해 꼭꼭 숨겨져 있던 잠재 역량들을 찾아내야 한다.

또 하나의 방법은 모든 경험을 긍정적으로 지각하는 것이다. 한 번의 중요한 경험이 갑작스럽고 강렬한 깨달음을 선사하는 경우도 있다. 우리는 가능성에 문을 활짝 열어 놓고 민감하게 반응함으로써 숨겨진 열정을 깨달을 수 있다.[19]

이는 의미 있는 전환의 계기가 되기도 한다. 어느 순간 '아하, 바로 이것이었구나!'하면서 깨달음을 원한다면 매사에 열린 마음을 갖도록 애쓸 필요가 있다. 긍정적으로 생각하는 것이다. 아울러 민감함을 연마해야 한다. 이를 통해 교사 개인은 물론 학교가 새로운 가능성으로 무장할 수 있다.

존 맥스웰은 생각의 질이 결과의 질을 좌우한다고 강조했다. 그는 생각이 잠재력의 수준을 결정한다고 믿고 있다. 즉, 생각이 뛰어나다면 잠재력 또한 뛰어나다. 하지만 생각이 형편없다면 잠재력의 수준 또한 낮을 것이라고 본다. 잠재력을 키우려면 생각의 수준을 높이기 위해 노력해야 한다. 뛰어난 생각을 하면 할수록 뛰어난 생각이 더욱 많이 찾아온다. 이는 거의 모든 것을 성취할 수 있는 무한한 아이디어 군단을 만드는 것과 같다.[20]

많은 사람들에게 내일의 성공을 가져오는 주된 원인은 그들이 오늘 어떤 생각을 하느냐다. 그들의 생각이 제한적이라면 그들의 잠재력에도 한계가 있다. 하지만 사람들이 생각을 계속 키워갈 수 있다면 그들의 행동도 계속 커질 것이다. 뿐만 아니라 그들의 잠재력은 언제나 한계를 넘어설 것이다.[21] 상위 수준의 생각 갖기를 습관화해야 한다. 가능한 한 수준 높은 사고를 하려는 교사가 많아질수록 신뢰 수준은 올라갈 것이다.

## 확장과 심화

발굴된 잠재 능력은 충분히 활용되어야 한다. 잠재 능력을 가지고 있는 것만으로는 부족하다. 활용해야 한다. 발굴된 잠재 능력은 실제 업무에 응용할 때 비로소 가치를 발휘한다. 잠재 능력을 학교의 교육적 성과로 연결시켜야 한다. 학교가 가진 잠재 능력은 학교의 성장 잠재력을 키우는 데 활용되어야 한다. 잠재 능력이 장기적인 목표인 비전을 달성하는 데 기여하도록 해야 한다.

이를 위해서는 확장과 심화가 필요하다. 교사들이 기존의 틀 안에서 벗어서 목적과 목표를 향해 나아가도록 독려하는 것이다. 그들이 가진 최고의 능력을 발휘하도록 끌어내는 원동력이 된다. 잠재되어

있던 능력을 발휘하도록 유인하고 새로운 방법을 모색하도록 부추긴다.[22]

교사 개개인의 잠재 능력은 확장과 심화 노력을 통해 학교조직의 중요한 역량으로 진화한다. 그 가치를 높여 간다. 영역이나 범위, 수준 의식을 타파하는 일이 확장과 심화의 첫 단계다. 한계에 대한 의식을 떨쳐버리는 일이 급선무다. 성공적으로 운영되는 학교들은 부단히 그들의 역량을 넓혀간다. 깊이 있는 역량을 추구한다.

이 가운데 수평적 확장이란 새로운 과업을 추가해 영역을 넓혀 가는 것을 말한다. 이미 성공한 프로그램이나 잘 굴러가고 있는 교육서비스에 의존하기보다는 새로운 프로그램을 만들어내는 데 꾸준히 투자해야 한다. 무엇보다도 성장성이 높은 분야에 투자해야 한다. 안정성을 추구하는 학교보다는 역동적인 학교로 보이려면 다양한 프로그램을 계속 선보일 필요가 있다.

이를 실행하려면, 우리 학교의 경쟁우위를 지켜줄 역량이 무엇인지 파악하고 있어야 한다. 파악된 것이 적절하다고 판단되면 이 고유의 잠재 능력을 어떻게 활용할 것인지 서로 의견을 교환할 수 있다.

미래의 학교교육을 위해서 새로운 역할이 필요하다는 데 모두가 공감하는 경우가 있을 수 있다. 예를 들어, 교과 지식 전달뿐만 아니라 인간의 성장을 총체적으로 관리해 주는 일이 교사의 역할이 될 것이라는 데 동의할 수 있다.[23] 이어서 이 새로운 역할을 위해 새로운 프로그램을 추가해 나가야 한다. 새로운 프로그램 결정시에는 활용할 수 있는 잠재 능력을 고려하여 결정한다. 운이 좋은 경우에는 이를 수행하는 과정에서 부수적으로 찾아낼 수도 있다.

한편 수직적 심화란 특정 과업의 수행 수준을 높여가는 것이다. 교사들이 지닌 잠재 능력은 교과 수업은 물론 생활지도나 진로지도와 같은 비교과지도에서도 발휘될 수 있다. 학생 생활지도의 경우, 우리 학교는 학생들을 지도하기 위한 구체적인 매뉴얼이 준비된 것이 있는지 살펴볼 필요가 있다. 아예 없거나 지나치게 단순하게 기술되어 있는 경우가 있다.

이때 각 교사는 자신의 능력과 취향에 의존해 주먹구구식으로 학생들을 지도할 수밖에 없다. 절차까지 상세히 기술된 보다 상세한 내용으로 매뉴얼을 준비한다면 체계적인 지도가 가능해 진다. 민감한 사안이나, 향후 계속 문제가 될 수 있는 것은 장기적으로 대비할 필요가 있다.

이와 같은 확장과 심화는 교육의 질을 높이는 직접 효과가 있다. 동시에 조직을 더 활력적으로 만들 수 있는 간접 효과도 기대할 수 있다. 당장 실행해야 할 기존 프로그램도 많은데 무슨 소리라며 볼멘소리를 할지도 모른다. 그러나 확장이란 기존의 프로그램을 지속적으로 새로운 것으로 대체해 나가는 과정이다. 새로운 프로그램이 추가되면, 기존의 프로그램 중 사라지는 것도 있어야 한다. 기존의 프로그램과 합쳐서 우선 순위를 정해야 한다.

확장과 심화가 제대로 이루어지기 위해서는 교사 혼자의 노력만으로는 역부족인 경우가 많다. 동료들의 격려와 권유, 진심어린 협력이 있어야 한다. 동료 교사의 잠재력을 활용할 수 있어야 한다. 마찬가지로 나의 잠재 능력이 다른 사람의 잠재 능력 개발에도 기여할 수 있도록 해야 한다. 때로는 조직 차원의 과감한 지원이 있어야 한다. 잠재 능력 키우기가 가져온 결과물을 모두가 공유할 수 있어야 한다.

신디 로린Cyndi Laurin과 크레이그 모닝스타Craig Morningstar는 저서『루돌프 이펙트The Rudolph Factor』에서 조직 내에 루돌프가 가진 잠재력을 활용할 것을 권하고 있다. 그들이 말하는 루돌프란 엄청난 잠재력이 있는데도 조직 내에서 인정받지 못하는 소수의 사람들을 일컫는다. 창의적·혁신적인 아이디어와 실행력을 갖추고 있지만 능력을 발휘할 기회를 갖지 못하는 존재다. 뿐만 아니라 동료나 관리자로부터 무능력자·불평분자·독불장군·아웃사이더로 낙인찍혀 소외되고 고립된다. 그러나 적절한 동기를 부여하고 기회만 주면 이들의 잠재력은 활활 타오르고 조직을 환골탈태시킬 힘이 된다. 그들은 이렇게 강조한다. "조직 안의 잠자는 루돌프를 깨우라."고.[24]

잠재 능력이 제대로 발휘되지 않는다면 그것은 기회가 부족하기 때문이다. 기회를 창출하고, 교사들이 잠자고 있는 재능을 일깨워 그 기회를 잡도록 격려할 필요가 있다. 그들이 가진 열정과 재능을 풀어놓을 명분을 제공해야 한다.[25] 그들이 가지고 있는 잠재 능력을 의욕적으로 행동으로 옮길 수 있는 기회를 잡도록 해야 한다. 잠재 능력을 발휘하고 학교의 수준을 높여 가는 여정에 동참할 수 있는 기회를 제공해야 한다.

## 혁신 지향

경제학에는 합리적 기대*rational expectation* 가설과 이에 상응하는 적응적 기대*adaptive expectation* 가설이 있다. 미래를 전망할 때 합리적 기대를 따르는 사람들은 모든 정보를 분석하고 나서 경제적 결정을 내린다. 자신들이 가지고 있는 모형에 대한 정보를 꾸준히 업데이트함으로써 새로운 결정을 내린다. 어떤 일을 예상하는 데 있어서 주변의 모든 제반 조건을 고려하여 예상을 하게 된다.

한편 적응적 기대를 가진 사람들은 과거의 경험에 크게 의존하기 때문에 새로운 정보를 쉽사리 받아들이지 않는다. 새로운 정보를 받아들이지 않다보니 기대를 새롭게 변경하지도 않는다. 이전에 있었던 현상이 현재에 '평균적으로' 다시 발생할 것이라고 본다. 과거에 있었던 일에 대해 적응하면서 기대가 형성된다.[26]

환경이 변하지 않는 한 적응적 기대는 매우 훌륭한 의사결정을 가져다 줄 수 있다. 그러나 점점 거세지는 변화의 물결을 고려할 때 적응적 기대 가설은 설득력이 없어 보인다. 새로움을 추구하는 합리적 기대가 더 탁월한 선택일 것이다.

이는 잭디시 세스가 말하는 '선도 경영'과도 연결지을 수 있다. '현상 유지 경영'의 반대말이다. 지금 하고 있는 일이 미래에는 통하지 않을 것임을 인식하는 것이다. 변화를 받아들이고 미래의 세계를 예견하고 준비할 필요가 있다.[27]

우리 학교는 과연 어떤 일에 모험을 걸고 있을까? 교사 모두가 그 결말을 보고 싶어 관심을 쏟고 있는 사업은 있는가? 이런 사업을 가진 학교는 생동감이 있다. 지루하게 되풀이 되는 업무에만 매달리는 학교에서는 찾아볼 수 없는 그런 생동감이다. 기존에 해 오던 업무들 가운데 상당 부분은 조직에 안정감을 줄 수 있다. 그러나 새로운 사업이나 변화된 업무 방식을 시도하는 일은 조직을 살아 있게 한다. 이 활력은 이해당사자들에게 전염되어 신뢰를 불러올 것이다.

### 변화에 대한 사랑

> 내 그림이 내가 원하는 것에서 얼마나 뒤처져 있는지를 생각하면 늘 가슴이 미어진다.

네덜란드 화가 빈센트 반 고흐*Vincent van Gogh*가 동생 테오*Theodorus (Theo)*에게 남긴 칠백 통이 넘는 편지들 가운데 한 문장이다. 이 글에서 느껴지듯 그는 광기에 가까운 노력과 열정으로 자신만의 세계를 열어 보였던 화가다.[28] 열정은 앞으로 나아가고 싶은 욕구다. 자신이 부족하다고 느끼고 더 발전하도록 견인하는 힘이다.

혹시 우리 학교의 현재 모습과 우리 학교의 이상적인 모습 사이의 격차가 너무 벌어져 있는 것은 아닌가? 이 격차에 대해 생각해 보고 가슴이 미어진 적이 있는 교사가 많다면 그것은 매우 긍정적인 신호다. 학교의 미래에 대한 열정적인 사랑이 있을 때나 가능한 것이다.

톰 피터스*Tom Peters*는 톰 페인*Tom Paine*의 사랑에 대한 정의를 인용한 적이 있다. 그것은 "정열. 삶에 대한 욕구. 참여. 헌신. 커다란 명분과 세상을 바꾸겠다는 결단력. 함께 떠나는 모험. 기괴한 실패. 성장. 변화에 대한 만족할 줄 모르는 욕망."이었다.[29]

변화에 대한 사랑은 많은 것을 내포하고 있다. 그 가운데서도 "변화에 대한 만족할 줄 모르는 욕망"은 정말 적절한 표현이다. 변화에 대한 진정한 사랑이란 지칠 줄 모르고 샘솟는 열정이다. 끝없는 변화를 추구한다. 변화가 유행처럼 한번 거세게 타올랐다가 이내 사그라지고 마는 불꽃이 되어서는 안 된다. 브래드 블랜튼*Brad Blanton*의 말처럼 순간적인 변화에 그치고 말도록 해서는 안 된다.[30]

조직이 끊임없이 변화해야 하는 이유는 간단하다. 외부 환경이 변화하는 상황 속에서 변화하지 않으면 도태되어 버리기 때문이다. 그대로 있는 것은 현상 유지가 아니라 퇴보를 의미하기 때문이다. 변화를 중단하는 순간 곧 뒤쳐져 버리게 된다. 학교에게도 마찬가지다. 외부 환경의 변화 속도와 학교 내부의 변화 속도 사이의 틈새를 없애거나 최소한으로 유지하기 위한 노력은 필수적이다.

그러나 외부의 변화가 워낙 빠르다 보니 검증된 지식을 신중하게 전달하는 데 힘써 온 학교가 감당하기에 힘겨워 보인다. 학교는 한때 사회가 가진 지식의 핵이었다. 사회에서 요구하는 지식을 공급하던 싱크탱크였다. 그러나 학교 밖의 빠른 변화는 상대적으로 학교의 역할을 축소시켰다. 더 이상 변화를 주도하거나 변화를 추구하는 동력을 보유한 기관이기보다는 변화의 결과를 정리하는 기관으로 보인다. 변화와 관련한 개인과 사회의 요구를 파악하기에도 바쁜 형국이다.

학교가 제공하는 교육 서비스에 대한 이해관계자들의 요구는 놀라울 정도로 빠르게 변화하고 있다. 그들이 접하는 숱한 정보들이 그 변화 요구를 지원하고 있다. 학교 밖에서는 학교의 교육 서비스를 대체할 수 있는 교육 서비스들이 많이 등장하고 있다. 일부 교육 서비스는 대단히 위협적이어서 학교의 교육적 기반을 흔들어 놓는 것도 있다. 학생들은 더 넓은 선택의 여지를 갖게 되었고 학교의 협상력은 상대적으로 줄어들 수밖에 없다.

문제는 학교조직의 변화 적응 능력이 그다지 뛰어나지 않다는 데 있다. 학교가 앞서 말한 '합리적 기대'보다는 '적응적 기대'에 더 의존해 온 것도 사실이다. 신중함을 요구하는 풍토도 장애물이다. 학교가 부가가치를 창출하기 위해 활용한 주요 자원은 과거의 검증된 지식이었다. 흔들리지 않는 진리나 확립된 가치관을 활용해왔다. 가장 이상적인 사회의 모습을 중심에 세워 놓고 학생들을 가르쳐왔다.

그러나 변화는 피할 수 없다. 변화의 물결을 타야만 한다면, 적극적으로 대비할 필요가 있다. 새로운 세상으로 여행을 떠나기 위해 기존의 도구 상자에 중요한 도구 몇 가지를 추가해야 한다.[31] 진리나 원칙만이 아니라 변칙과 엉뚱함, 상상력을 함께 존중해야 한다. '완벽한' 사회보다 오히려 '현실적인' 사회를 교육의 중심에 놓아야 한다. 이상적인 가치 기준을 가르치는 데 그치지 말고 실제 사회의 모습을 알려 주어야 한다.

이제 이반 일리치*Ivan Illich*가 말한 "학교는 그 사회의 기존 질서를 재생산하도록 만들어진 기관이다."[32]라는 역할론은 수정될 필요가 있다. 이제 "학교는 그 사회의 기존 질서를 재생산하고, 이를 바탕으로 미래를 창조하는 기관이다."로 바뀌어야 한다.

물론 과거의 가치관이나 방법론을 무시해서는 안 된다. 이들은 빌딩의 기초와 같은 역할을 한다. 높은 빌딩을 지으려면 그만큼 더 깊은 기초가 필요한 법이다. 그러나 선조들의 유품 속에 매몰되어 있어서도 안 된다. 현재의 역할이란 미래로 날아오르기 위해 과거의 유산을 활용하는 일이다. 과거를 가르치는 것으로 끝나는 일은 제대로 된 교육 서비스가 아니다. 과거가 목표가 아니다. 급속한 변화가 만들어 내는 미래가 목표다.

이를 감당하려면 학교는 새로움에 더욱 민감해져야 한다. 학교의 모든 과업 실행에서 새로움에 대한 열정이 느껴져야 한다. 앞서가고 있는 학교들은 이런 일을 잘한다. 새로운 아이디어나 정보에 대한 갈증이 있다. 이를 찾아내고 활용하기 위해 재빨리 움직인다. 새로운 것을 찾는 작업과 함께 학교 내에 구체화하는 작업을 꾸준히 한다. 교사 각자가 새롭게 확보한 전문성을 조직 차원으로 전이되도록 한다. 타 학교의 성공 요인을 활용해 학교의 결점을 보완해 간다.

변화를 사랑하는 학교만이 성공할 수 있다. 늘 부족함을 느끼면서 더 나아지기 위해 지독하게 노력하는 학교가 필요하다. 새로운 것에서 눈을 떼지 못하고, 더 나아지기 위한 방안이라면 정신없이 빠져드는 그런 학교가 되어야 한다.

아울러 낡은 방식으로부터 벗어나려는 강한 의지를 보여주어야 한다. 브래드 블랜튼은 "끊임없는 성장은 뱀이 때때로 껍질을 벗어야 자랄 수 있듯, 경직된 마음을 벗어 버리고 낡은 문화의 옷을 벗어 던져야만 가능하다."고 했다.[33] 학교 주변에 높은 담을 둘러치고 과거를 답습하는 학교의 미래는 불 보듯 뻔하다. 안주하던 과거가 자신을 해치는 덫이 되어 버리고 말 것이다.

빌 게이츠Bill Gates가 현실에 안주하려는 조직은 곧 죽은 조직이나 다름없다고 강조한 적이 있다. 그는 "오늘날 성공은 지속적으로 다시 생각하고 활기를 띠고 반응하고 재창조할 수 있는 기민함과 추진력을 요구한다."고 했다.[34] 아직 준비가 미흡하다는 궁색한 변명으로 시간을 끌다가는 사태는 더욱 악화되고 말 것이다. 서둘러야 한다.

다행히 변화된 미래를 꿈꾸는 학교들이 늘고 있다. 앞서가는 학교들 간에 경쟁이 벌어지고 있다. 과거와는 다른 독특한 형태의 학교들이 새로 진입하고 있다. 기존 학교들은 특징적인 교육 서비스를 개발하느라 부산하다.

그러나 이러한 움직임은 외부 사회의 압력에서 비롯된 것이다. 소위 '추종적 변화'다. 외부의 변화에 떠밀려서 어쩔 수 없이 변해 가는 모습을 보이고 있다. 모든 학교가 변화의 선구자로 거듭나야 한다. 사회를 변화시키는 동력을 제공하는 계몽 기관의 위상을 탈환해야 한다.

## 도전

교육을 포함하여 사회의 모든 영역에는 불문율과 같은 고정관념이 있다. 학교의 경우 오랜 시간 동안 교육 활동을 영위하면서 쌓은 지혜가 있기 마련이다. 그러나 이러한 지혜가 환경이 바뀌었을 경우에는 더 이상 지혜가 아니라 변화를 저지하는 방해물이 되곤 한다.[35]

어제 빛나고 자유로웠던 통찰력이 내일은 개똥철학이 되어 버린다.[36]

도전은 당연시 여기던 고정관념에 의문을 제기하는 일에서 시작된다. 고정관념에서 벗어나야만 비로소 도전의 대상이 눈에 들어온다. 파괴해야 할 고정관념이 무엇이고, 지속적으로 받아들여야 할 고정관념이 무엇인지를 구분하는 것이 도전의 첫 걸음이다.[37]

도전의 대상을 찾아낸 후에 실제로 감행하기 위해서는 몇 가지 환경이 갖추어져야 한다. 높이뛰기 선수였던 딕 포스베리*Dick Fosbury*의 일화[38]는 이를 파악하는 데 도움을 준다.

포스베리는 1968년 제19회 멕시코올림픽에서 완전히 새로운 높이뛰기 기술을 선보인 선수다. 당시 미국 오리건주립대 학생이었던 그는 가로로 달려가서 몸을 비틀어서 머리부터 바*bar*를 뛰어넘었다. 많은 관중들의 놀라움과 비웃음 속에 그는 이 새로운 방식을 이용하여 2.24미터를 뛰어넘으며 금메달을 차지했다. 그 후 이 방식은 '포스베리식 배면뛰기*Fosbury Flop*'로 불리게 되었다.

포스베리도 처음에는 전통적인 높이뛰기 방식인 가위뛰기*scissors jump*와 엎드려뛰기*belly rollover*를 연습했다. 그러나 자신은 이 두 가지 방식으로는 좋은 기록을 낼 수 없다는 것을 깨닫고 새로운 방식에 대해 고민했다.

그가 배면뛰기를 할 수 있었던 데는 몇 가지 조건이 필요했다. 무엇보다도 지도자의 격려였다. 기록 갱신을 위해 그가 새로운 방법을 시도했을 때 지도자는 반대했다. 기존 방식에 익숙해 있던 지도자로서는 황당하기 이를 데 없는 방식이었기 때문이었다. 그러나 기록이 점차 나아지는 것을 본 지도자는 이 방식을 인정했고 격려하기에 이르렀다.

그에게는 불굴의 실험정신이 있었다. 실험정신은 신념만으로 되는 것이 아니다. 진정한 실험정신은 실행력이 뒷받침되어야 한다. 숱한 실패와 주위의 반대에도 굴하지 않고 새로운 방식에 대한 확신을 실행에 옮겼기 때문에 그는 금메달을 목에 걸 수 있었다.

스폰지 매트도 중요한 요인이었다. 스폰지 매트라는 안전 장치가 새로운 방법을 시도할 수 있게 했다. 이 매트는 착지할 때 선수에게 가해지는 충격을 줄여 준다. 매트 덕분에 자신이 다치지 않을 것이라는 것을 알기 때문에 창의적인 방법을 시도할 수 있었다.

학교조직의 경우에도 마찬가지다. 도전을 통해 의미 있는 방향 전환을 꾀하고자 한다면 위의 조건들을 갖출 필요가 있다. 우선 격려하는 조직문화가 필요하다. 스탠 데이비스Stan Davis 표현대로, "위험을 무릅쓰는 문화"가 조성되어야 한다.[39] 새로운 것을 시도해 보도록 고무하는 학교 분위기는 도전이 잘 자라도록 하는 기름진 토양이다. 새로운 시도에 따른 긍정적인 결과가 아니라 변화하려는 시도 자체를 칭찬하는 학교를 만들어야 한다. 단순히 결과로 말할 것이 아니라 혁신적인 과정에 의미를 부여해야 한다.[40]

타성의 덫에 사로잡혀 변화를 무시하는 학교는 거꾸로 간다. 교사들의 새로운 시도에 대해 강한 거부 반응을 보인다. 특히 관리자의 부정적인 반응은 도전 의지를 파괴할 수 있다. 관리자가 '하던 일이나 잘하시오'라고 한 마디 툭 던지면 새로운 시도는 물 건너간다.[41]

새로운 것에 대한 확신을 실행에 옮기는 일 역시 중요하다. <월스트리트 저널>이 사설에서 애플의 CEO였던 스티브 잡스Steve Jobs를 지난 40년 동안의 미국 역사상 가장 중요한 인물로 꼽았던 적이 있다. 왜 대학을 중도에 그만두고 창고에서 처음으로 개인용 컴퓨터를 만든 잡스를 선택한 것일까?

잡스는 그가 제품을 만들기 전까지 사람들이 그것이 필요한지조차도 몰랐던 것을 만들어냈다. 애플이 아이팟을 개발하기 전까지는 미국인들은 그들에게 필요한 것을 몰랐고 원하는 것은 더더욱 몰랐다. 잡스는 그가 창조적인 무엇인가를 만들면 사람들이 원할 것이라고 생각했다. 애플의 아이튠즈 · 아이팟 · 아이폰 · 아이패드는 시대의 변화를 이끌었다.

그러나 더 중요한 이유는 잡스의 회복력이다. 여러 차례의 실패에도 굴하지 않고 자신의 새로운 생각을 구현해 애플의 위대한 르네상스를 이끌었다. 큰 성공을 거둔 선구자는 크고 작은 실패를 경험하지만 그들은 성공보다 실패에서 보다 많은 것을 배운다. 또 그들은 위험을 무릅쓰고 미래를 위해 도전해 기회를 잡았다.[42]

여러 가지 난관에도 불구하고 새로움에 대한 자신의 확신을 지키기는 쉽지 않다. 실패를 거듭하면서도 조금씩 조금씩 성공에 다가가고, 비협조와 비아냥거림에도 꿋꿋하게 신념을 실행하는 사람들은 칭송받아야 한다. 그리고 그 실행은 어떤 식으로든 보상을 받을 것이다. 그것이 금메달의 명예가 되었든, 엄청난 부가 따라오든, 아니면 동료 교사들의 환호와 이해관계자들의 신뢰가 되었든지 간에.

실패의 충격을 걱정하지 않게 하는 장치도 필요하다. 새로운 시도를 부추기기만 하고 실패를 감싸주지 않으면 도전을 일어나지 않는다. 실패해도 손해보지 않을 것이라는 믿음이 있어야 마음껏 새로운 시도를 해 볼 수 있다.

차를 빨리 몰 수 있는 것은 브레이크가 있기 때문이다. 브레이크가 없다면 아무리 능숙한 운전자라도 심각한 사고를 낼까 두려워 속도를 충분히 내지 못할 것이다. 안전판이 있고 재기할 수 있는 기회가 주어진다면 사람들이 진취적으로 행동할 수 있을 것이다.[43]

끊임없이 도전이 계속되는 학교가 있다. 실수가 혁신과 성장의 정상적인 부산물로 간주된다. 실수를 저지른 교사는 잘못을 바로잡을 기회를 얻을 수 있다. 실수를 반복하지 않도록 도와주는 시스템을 가지고 있다. 성공에 필요한 지혜를 얻을 수 있도록 지원한다. 실수로 인해 부정적인 꼬리표를 다는 일은 절대 일어나지 않는다.[44]

이와는 대조적으로 징벌문화가 형성되어 있는 학교도 있을 수 있다. 여기서는 실패할 경우 값비싼 대가를 치러야 한다. 교사들은 실수를 했다는 것을 깨달았어도 그러한 사실을 쉽게 인정하려 하지 않는다.[45] 이런 학교는 성공하기가 어렵다. 새로운 것이라면 모두가 몸을 사릴 수밖에 없다. 도전에 따르는 리스크를 감수하려 하지 않는다.

도우 레닉은 이렇게 충고하고 있다.[46] "만약 당신이 실수를 용서하지 않는 조직에서 일하고 있다면, 우리가 당신에게 해줄 수 있는 유일한 충고는 하루 빨리 그곳을 그만두라는 것이다. 강한 조직일수록 실수를 너그러이 봐주는 경향이 있다. 비록 실수를 환영하지는 않는다고 해도 말이다."

우리 학교는 어떤지 자문해 볼 필요가 있다. 혹시 새로운 것에 대한 거부감이 도전정신을 가로막고 있는 것은 아닌가? 그저 이미 가지고 있는 것들을 적당히 조합하여 새로운 것이라고 위로하며 활용하고 있는 것은 아닌가? 크고 작은 실패와 성공은 무관하다고 생각하는 분위기는 아닌가? 굳이 새로운 것을 향해 달려갈 필요를 느끼지 못하는 조직 분위기는 아닌가? 실패의 위험을 무릅쓸 하등의 이유가 없다고 생각하고 있는 것은 아닌가?

## 우아한 혁신

대부분의 변화가 긍정적인 목적을 갖고 있다 해도 고통스럽고 어렵기 마련이다.[47] 그렇기 때문에 우아하게 변화를 감당하는 조직은 존경심마저 자아낸다. 알랭 드 보통*Alain de Botton*은 우아함이란 자신이 넘어선 난관을 강조하지 않는 겸손함을 보여줄 때 드러난다고 했다. 그의 지적처럼 대단히 유연하게, 힘 하나 안 드는 것처럼 자기 의무를 이행하는 대상물을 보면 아름다움을 느끼게 된다.[48] 변화는 이제 학교가 해결해야 할 당연한 과제가 되었다. 이 변화를 세련되게 감당해 내는 학교는 감동을 준다.

고통과 어려움의 원인은 속도 차이에 있다. 조직 내부의 변화 속도가 외부의 속도를 따라가지 못해서 생기는 것이다. 두 가지 속도가 일치할 경우 변화는 가뿐하게 이루어질 수 있다. 비록 이것이 현실적으로 불가능할지라도 이를 목표로 삼을 가치는 충분하다.

만일 두 가지 속도가 일치한 균형 상태에서 별도의 추진력이 가해질 경우 외부 변화를 오히려 앞질러 갈 수도 있다. 그러나 추진력과 반대 방향으로 작용하는 저항력이 더 세지면 변화는 느려질 수밖에 없다. 이 상태를 그대로 둘 경우 나중에는 추락하거나 침몰할 수 있다.

현실적으로 외부 변화의 속도를 늦출 수 없다면, 학교 내부의 속도를 높여 속도를 따라 잡아야 한다. 고통을 감내하면서 추락하기를 기다리는 대안은 우리의 고려 대상이 아니다. 그렇다면 어떻게 학교 내부의 속도를 높일 것인가? 변화하려는 추진력을 강화시키거나 변화하지 않으려는 저항을 최소화하는 것이다. 아니면 두 가지가 동시에 일어나도록 하는 것이다.

이를 위한 하나의 방법은 긴장의 조성이다. 조직에는 현실에 안주하고 싶은 관성이라는 힘이 작용한다. 어느 누구도 현실의 안정을 깨고 싶어 하지 않는다. 만약 다른 영향을 미치지 않는다면 이 힘은 한 조직을 현실의 성공에 주저앉게 만들 것이다.[49] 학교가 현실에 안주하려는 관성을 깨뜨리기 위한 새로운 추진력을 가해 두 개의 힘 사이에 긴장이 생기도록 하는 것이다. 기존의 안정 상태를 깨고 계속적으로 혁신을 하기 위해 조직을 불안정한 상태로 몰고 가는 전략이다. 예를 들어, 조직과 개인에게 지속적으로 새로운 목표를 부여해 조직을 계속적으로 미래로 달려가게끔 만드는 것이다.[50]

또 하나의 방법은 '변화에 수반되는 고통'이 '변화하지 않기 때문에 감내해야 할 고통'보다 적도록 하는 것이다. 새 옷을 갈아입는 고통이 낡은 옷을 그대로 입고 있는 고통보다 크지 않도록 만드는 것이다.

보다 구체적인 설명을 위해 래리 존슨*Larry Johnson*과 밥 필립스*Bob Phillips*의 변화공식을 참고할 수 있다.

'$P_1 + P_2 > P_3$'일 때 변화가 일어난다.

$P_1$ : '낡은 방식'을 계속 할 때의 고통
$P_2$ : '새로운 방식'에 대한 열망을 충족시키지 못하는 고통
$P_3$ : '새로운 방식'으로 변화하는 고통

즉, $P_1$과 $P_2$가 더해진 것이 $P_3$보다 커질 때 사람들은 변화를 받아들인다. 현 상태를 유지하면서 필요하거나 원하는 것을 갖지 못하는 고통이 실제로 변화해 나가는 고통을 초과해야만 한다.[51]

예를 들어, 교사들에게 변화에 필요한 새로운 규칙을 제시하고, 이를 실천하지 않는 교사들에게는 불편이 따르도록 조치를 취함으로써 학교 내의 $P_1$(예전 방식을 계속하는 고통)을 증가시킨다. 그 다음 단계로 새 규칙이 올바른 방향임을 강조하고, 이를 실천할 때 불이익을 당하지 않는 환경을 조성하며, 관리자가 직접 실천해 보임으로써 $P_2$(새로운 방식을 수용하려는 열망의 고통)를 높여 나간다. 마지막으로 새 규칙 이행을 위한 인프라를 형성하고 연수를 실시하여 $P_3$(새로운 방식을 감당하는 고통)를 완화시킨다.[52]

사고의 전환도 학교가 변화에 속도를 내도록 하는 데 도움이 된다. 여기서 '전환'이란 교사들이 '해야만 하는 일'을 '스스로 선택하는 일'로 바꾸는 것이다.[53] 변화가 의무 사항이라는 부정적인 관념에서 벗어나도록 하는 것이다. 아무리 힘겨운 일이라도 자신이 선택한

일이라고 생각하면 고통을 줄일 수 있다. 거부감을 줄여주는 긍정적인 사고의 힘이다.

신화 속의 시시포스*Sisyphos*의 형벌은 그가 커다란 바위를 산 위로 밀어 올려놓으면, 바위가 다시 땅바닥으로 굴러 떨어지는 상황이 영원히 반복되는 것이다. 하지만 그는 자신에게 '주어진' 이 형벌을 자진해서 '선택'하는 일로 바꾸어 인식함으로써 지옥을 정복할 수 있었다. 시시포스는 말한다. '이것이 내가 할 일이고, 지금 난 그것을 하고 있어. 이 일을 하게 되어 정말 다행이야.'라고.[54]

변화를 우아하게 하기 위해서는 변화 속도를 관리할 필요도 있다. 변화란 지구력을 요하는 반복 작업이기 때문이다. 변화는 한 번으로 끝낼 수 있는 것이 아니다. 멈추지 않고 나아가기 위해 변화가 반복되어야 한다. 마치 자동차가 한 번 가속한 후에 그 속도가 유지되지 않는 것과 같다. 반복적으로 속도를 높여 주지 않으면 차의 속도는 점차 줄어든다.

이에 대비해서 변화 속도의 조절이 필요하다. 빨리 나아가기 위해 무작정 속도를 낼 수는 없다. 특히 낡은 엔진의 경우에는 지나치게 뜨겁게 달구어서는 안 된다. 엔진이 파손되어 복구할 수 없는 상태가 될 수도 있다. 그렇다고 안전이 최고라면서 무조건 천천히 간다면 뒤쳐져 버리고 말 것이다. 목적지 도착이 너무 늦어질 수 있다. 『고통 없는 변화*Change Without Pain*』의 저자 에릭 에이브럼슨*Eric Abrahamson*은 '페이싱*pacing*'을 권하고 있다. 즉, 변화와 안정(변화가 거의 없거나 전혀 없는 시기)을 번갈아 실행하면서 행복한 변화를 달성하는 것이다. 페이스를 잘 조절하는 조직은 안정과 변화의 균형을 맞추면서 두 가지 장점을 모두 활용할 수 있다. 그가 말하는 페이싱의 핵심 공식은 변화의 시기에 조직이 과도한 변화를 억제함으로써 안정의 시기에 발생하는 조직의 타성을 통제하는 것이다.[55]

너무 속도를 높여 변화를 추진함으로써 오히려 역효과가 발생할 수 있다. 변화와 관련된 혼란이 극단으로 치닫지 않도록 조절할 필요가 있다. 자칫 변화를 지속하는 데 필요한 학교의 변화 능력이 아예 고갈되어 버리지 않도록 배려할 필요도 있다. 마찬가지로 잠시 변화를 늦추는 시기에도 변화를 유지하는 일을 게을리 해서는 안 된다. 그동안 공들여 진행해 온 변화가 물거품이 되도록 해서는 안 된다. 오히려 변화 능력을 강화하면서 다시 달리기 위한 재충전의 시간으로 활용되어야 한다.

변화에 대한 조급증은 학교가 기품있게 변화하는 데 도움이 되지 않는다. 변화가 일어나려면 시간이 걸린다. 존 코터*John Kotter*는 저서 『변화를 이끌어라*Leading Change*』에서 변화가 절실한 어떤 기업이 조직 체계나 문화의 개선 작업에 착수할 때 변혁을 완수할 때까지 최소한 18개월이 걸렸다고 말한 적이 있다.[56]

학교조직은 대체로 기업 조직에 비해 더 보수적이다. 변화에 대한 절실함도 떨어진다. 학교조직을 변화시키는 데는 더 긴 시간이 걸릴 수밖에 없을 것이다. 얼마나 오랜 시간이 필요할까? 혹시 새로운 관리자가 부임하고 변화시키느라고 시간을 다 보내는 것은 아닐까? 우아한 혁신이란 장기적인 계획 속에서 속도를 조절하면서 진행되어야 한다.

## 활력의 기반

도구적 관점에서, 구성원을 하나의 생산 요소로 바라보던 시대가 있었다. 구성원은 생산을 위한 원부자재와 비슷한 개념으로 생각했던 것이다.[57] 이 시대에 조직이 구성원에게 요구했던 것은 기계적인 순종뿐이었다. 헌신이나 자발적 행동은 없어도 그만이었다. 구성원의 열정에 호소할 필요가 없었으며 심지어 구성원의 사고력도 중요하지 않았다.[58] 임금이나 상여금, 승진과 같은 외형적 보상이 동기를 불러일으킨다고 생각하던 시절이었다.

그러나 이제는 시대가 바뀌었다. 정서적 요인이 갖는 중요성이 부각되고 있다. 더 이상 외형적 보상만 가지고는 충분하지 않다. 정서적 보상이 있어야 한다. 조직이 성공하고자 한다면 일 자체에 활력을 불어 넣어 구성원들로 하여금 계속 일하고 싶게 만들어야 한다.[59]

구성원들도 맹목적인 헌신이나 기계적인 순종만 가지고는 버티기 어렵다. 자신의 일에 대해 얼마나 의욕적인지를 보여줄 필요가 생겼다. 게리 해멀과 빌 브린은 이 시대를 가리켜 '창조경제의 시대'로 불렀다. 오늘날 복종, 근면함, 전문적 기술은 거의 공짜로 살 수 있다고 강조한다. 이미 이런 지식들은 세계적인 저부가가치 상품이 되었다는 것이다. 그들은 이제는 "단순히 순종적이고 세심하며 눈치가 빠른 구성원보다는 상위 능력을 가진 구성원"이 필요하다고도 했다. 바로 일에 흥미를 갖고 열정적인 사람들을 가리킨다.[60]

성공을 일궈나가고자 하는 학교는 교사들이 만족감과 자랑스러움, 즐거움을 느낄 수 있도록 투자해야 한다. 그렇게 함으로써 그들이 다시 학생에게 만족과 기쁨을 전할 수 있도록 해야 한다.[61] 이러한 학교에서 교사들은 자신의 열정을 쏟아낼 것이며 학교는 활력으로 가득 채워질 것이다. 이는 결국 학교에 대한 신뢰를 높이는 데 기여하게 된다.

### 즐거운 일터

최적의 근무 환경은 구성원들이 월급을 받거나 승진을 위해 마지못해 일에 매달리는 조직이 아니다. 일 자체를 즐기고 재능을 충분히 발휘할 수 있는 조직을 말한다.[62] 즐거운 일터란 모두가 재미있고 행복하게 일하는 곳을 가리킨다. 즐겁게 일하는 조직문화 속에서 자신의 잠재력을 최대한 발휘할 수 있는 일터를 말한다.

한 발 앞서가는 조직들은 즐거움을 강조해왔다. 소위 '펀*Fun* 경영'으로 알려진 '즐거운 일터 만들기'가 생산성이 생명인 기업 조직을 중심으로 인기를 얻고 있다. 이들은 즐거움이 생산성의 향상에 커다란 기여를 한다는 사실을 알고 있다. 구성원들이 자발적, 창의적으로 일할 수 있게 함으로써 업무 몰입도를 높여 주며 실적에도 긍정적인 영향을 미친다는 것을 알고 있다.[63]

미국 메릴랜드주립대 심리학과 로버트 프로빈*Robert Provine* 교수는 웃음이 많은 기업이 웃지 않는 기업에 비해 평균 40%에서 300%까지 생산성이 증대되었다고 연구 결과를 발표한 바 있다.[64] 웃음과 유머는 구성원들의 생각과 행동을 유연하게 만들어 어렵고 힘든 일을 재미있게 할 수 있도록 에너지를 충전시킨다.[65] 이는 결국 조직의 성과 개선에 기여하게 된다.

즐거운 일터로 널리 알려진 조직들 가운데는 사우스웨스트 항공사가 있다. 창업주인 허브 켈러*Herb Kelleher* 전 회장은 사랑과 유머가 넘치는 업무 환경을 만들었다. 그는 다량의 업무에 시달리는 구성원들에게 기쁨의 샘물을 주는 일은 유머가 넘치는 조직을 만드는 것이라고 생각했다. 실제로 이러한 업무 환경은 지속적으로 높은 성과를 내도록 하는 원동력이 되고 있다.[66]

조미옥은 저서 『훌륭한 일터 GWP』에서 사우스웨스트 항공사를 방문하고 느낀 점을 아래와 같이 적고 있다.[67]

> 그 곳의 사람들은 마치 소풍을 온 것처럼 일터 곳곳에서 잡담을 즐겼다. 그러한 분위기는 본사 어느 부서를 방문하든 별반 다르지 않았다. 그들은 가족처럼 편안하고 자연스럽게 서로를 대하며 일을 하고 있었다.

탁월한 조직들의 가치 체계 속에 뿌리내려 있는 인간미는 진정 그들을 위대하게 만드는 주요 요인이다. 레오나드 베리*Leonard L. Berry*는 저서 『초일류 서비스 기업의 조건*Discovering the Soul of Service*』에서 즐거운 직장의 사례로 커스텀 리서치를 들고 있다.[68]

> 1년에 한 번씩 커스텀 리서치의 직원들은 애완동물을 회사에 데려오는 '애완동물의 날*Pet Day*' 행사를 갖는다. 이날에는 애완동물

퍼레이드가 벌어지고, 모든 동물들이 상을 받는다. 이 회사는 또 해마다 겨울이 되면, 회사 건물 안에서 실내 골프 시합을 개최한다. 각 부서는 하나씩 홀을 만들고, 주변에 장애물까지 설치한다. 매달 3번째 목요일은 '희소식의 날*Good News Day*'이다. 서부 연안에서 동부 연안까지의 모든 사무실이 전화로 연결돼, 회사와 종업원들의 기쁜 일을 나누고 포상도 행해진다.

놀이터 같은 환경을 조성해 사람들의 잠재력을 최고도로 발휘하도록 하기도 한다. 이런 환경에서는 획기적인 아이디어들이 갑자기 뿜어져 나올 수 있고 이는 조직의 성과로 연결된다.

매사추세츠 공과대학교 미디어랩*MIT Media Lab*이 그 예다. 석·박사 학위를 수여하는 교육 기관이지만 교과서는 따로 없다. 짜여진 연구 스케줄도 없다. 연구 주제도 자유롭다. 자유롭게 상상력을 발휘해 새로운 미래를 디자인하는 곳이다. 아래 모습은 이곳 사람들이 "미래 디자이너들의 놀이터"라고 표현하는 '큐브 Cube'를 묘사한 것이다.[69]

마치 사이키를 연상시키는 반짝거리는 조명과 그 아래 어지럽게 널브러져 있는 탁자들, 한쪽 벽면에 산처럼 쌓여 있는 장난감 레고 조각들, 그 안에 소파에 몸을 파묻은 채 희희낙락하는 젊은이들이 있다. 여느 카페의 풍경이 아니다. 매사추세츠 공과대학교 미디어랩 지하 1층 연구실인 '큐브 Cube'의 모습이다.

유명한 고어텍스를 비롯한 첨단 직물을 생산하는 기업인 고어*Gore*도 즐거운 일터다. 구성원들은 누구나 고어의 혁신적인 제품들 대부분이 아래와 같은 장난스런 프로젝트에서 출발했다는 사실을 알고 있다.[70]

> 혁신의 주된 원료는 직원들이 임의로 쓸 수 있는 시간이다. 모든 직원들에게는 1주일에 반나절의 '장난시간'이 허용된다. 그들은 나름대로 선택한 창의적인 주제를 연구하기 위해 온전히 그 시간을 쓸 수 있다. 그들이 주요업무를 완수하기만 하면 된다.

이러한 사례들 이외에도 즐거운 일터를 만들기 위해 다양한 시도들이 이루어지고 있다. 소통을 위한 여러 가지 기발한 행사들을 벌이고 복지 혜택을 늘리기도 한다. 일하는 데 유머를 접목할 뿐 아니라 구성원들의 만족도를 높이기 위한 아이디어를 낼 별도 조직을 운영하기도 하고 놀이공간이나 안마방 등을 갖추는 등 다양한 방법을 동원하고 있다.[71]

'즐거운 일터'라는 조직문화는 학교에게도 중요한 활력의 기반이 될 수 있다. 생동감 넘치는 학교를 만들려면 교사가 즐거워야 한다. 교사가 즐거운 학교는 학생들을 즐겁게 해 줄 수 있다. 교사가 행복해야 학생들이 행복해진다.

즐거움을 추구하는 문화는 학교조직이 더 물렁물렁해지는 데도 많은 기여할 수 있다. 학교조직이 서서히 물렁물렁해지고는 있다. 그러나 여전히 굳어진 조직의 대표 주자 가운데 하나다. 더 유연해지고 더 효율적으로 운영하도록 요구받고 있다. 재미와 즐거움의 추구는 이러한 상황을 개선하는 데 실질적인 도움이 될 것이다.

그럼에도 불구하고 아직도 재미있고 즐겁게 일하는 조직문화에 선뜻 마음이 열리지 않는 학교들이 있을 것이다. 일부 관리자들은 교사들이 마음이 편하고 긴장감이 없으면 교육성과를 내지 못하고 나태해진다고 걱정할 수도 있다.[72] '긴장을 조성하는 것이 학교를 더 활기차게 하는 것은 아닐까?' 라고 생각하는 교사들도 있을 수 있다.

물론 자유로움이나 즐거움에만 치우치다 보면 너무 물렁물렁해질 수 있다. 그러나 반대로 긴장감 조성에만 의존해 조직을 운영하다 보면 학교의 분위기는 너무 경직되어 버린다. 즐거움의 추구는 긴장감과 상호보강작용을 할 때만 제대로 효과를 발휘할 수 있다. 즐거움과 긴장이라는 두 가지 요소가 균형을 이루며 상승작용을 하는 일터를 만드는 일이 관건이다.

이와 관련해 한겨레 신문이 소개했던 프로그램 테스트 전문 기업인 '버그테스트'의 사례로부터 교훈을 얻을 수 있다.[73]

> 이 회사는 2006년 말 펀 경영을 위한 '뻔뻔 프로그램'을 가동했다. 그러나 몇 달 뒤에 예상치 못했던 장애물에 부닥쳤다. 고객들로부터 '사원들이 너무 노는 데 정신이 팔려 근무태도가 좋지 않다'는 불평이 늘어나기 시작한 것이다. 노성운 대표는 고민 끝에 결함 검출력, 재검증 누락률 등에서 일정한 수치를 정해 여기에 미달하는 사원은 강하게 질책하는 등 목표 관리를 철저하게 하기 시작했다. 지금은 '뻔뻔한' 문화와 엄격한 목표 관리가 결합되어 시너지 효과를 내고 있다.

즐거움만을 지향하는 즐거운 일터란 처음부터 존재하지 않는다. 즐거움만으로는 조직이 수행해야 할 과업을 다 할 수 없다. 즐거움은 그 이면에 자리 잡고 있는 규율이나 통제 때문에 더 빛날 수 있다. 아무리 풀어져도 조직을 흔들리지 않게 지탱해 주는 방어망이 있다는 인식이 뒷받침될 때 진정으로 즐겁게 일할 수 있다.

## 자부심의 고취

사람들은 누구나 의미 있는 존재가 되고 싶어 한다.[74] 자신이 가치 있는 일을 하고 있음을 알리려 애쓴다. 남이 해결하지 못하는 문제를 해결하고는 기뻐한다. 남을 도와주고는 자랑스러워한다. 자신만이 발휘할 수 있는 전문적인 능력을 보여주고 싶어 한다. 자신이 좋게 생각하는 조직에서 일하고 싶어 한다. 이와 같은 행동들은 자신이 의미 있는 사람임을 확인하기 위한 것이다.

그렇기 때문에 자신이 가치가 있다고 생각하는 일을 찾게 되면 열정적으로 몰두하게 된다. 일에서 자부심을 느끼기 때문이다. 마찬가지로 자신이 속해 있는 조직에 대해 자부심을 갖고 있으면 조직을 위해 헌신하고픈 동기가 유발된다.

일이나 조직에 대한 자부심은 헌신을 불러온다. 누가 시키지 않아도 늦게까지 남아서 일을 한다. 잘 풀리지 않는 일을 해결하기 위해 개인적인 자원을 투자하기도 한다. 특별한 보상이 없어도 자발적으로 나서서 힘든 일을 감당하려 한다. 이는 기대 이상의 성과를 창출하기도 하고 때로는 혁신적인 제품이나 서비스를 만들어내기도 한다.

자부심 고취를 위해 대부분의 조직이 물질적인 인센티브를 빈번히 사용해왔다. 급여인상이나 복리후생, 승진 등과 같은 물질적인 인센티브가 자부심의 중요한 원천이 될 수 있다. 이는 자신의 업무를 보다 잘 파악하게 하고 업무 수행 방법을 장기적으로 개선하게 만드는 이점이 있다. 금전적 보상은 성과를 즉시 측정할 수 있다는 이점을 가지고 있다. 금전적 보상은 평균보다 높은 실적을 올린 사람을 구별해내고, 이들을 차별하여 대우하기 위한 방법으로 널리 채택되고 있다.[75]

그러나 이러한 물질적인 인센티브와 같은 외적 보상은 조직에 대한 감정적인 헌신을 이끌어내기에는 한계가 있다. 존 카젠바흐*Jon R. Katzenbach*는 물질적인 인센티브를 "위험한 동기부여의 원천"이라고 했다. 그는 금전적 보상과 물질주의 같은 이기적인 원인에서 비롯한 자부심이 조직의 장기적인 발전에 기여할 수 있는 본질적인 자부심의 원천을 갉아먹는다고 지적했다.[76]

존 카젠바흐는 물질적인 인센티브의 결함을 다음과 같이 지적한다. 즉, 개인별 성과 보상 시스템은 개인의 동기를 유발할 수는 있지만 부서나 조직 단위의 동기를 유발하는 데는 한계가 있다. 조직 전체의 이익보다는 개인의 이익을 우선시하는 이기심만 자극할 뿐이다. 조직의 장기적인 성공을 위한 가치 향상 노력이 등한시 되고 단기적인 목표 달성에 치중하게 된다. 자칫 탐욕이나 이기적인 행동으로 변질되기 쉽다.[77]

그렇다면 조직에 대한 헌신을 촉발하는 진정한 자부심의 원천은 어떤 것일까? 자신의 일이나 조직 자체로부터 나온다. 다시 말해서 자신이 담당하고 있는 일이나 자신이 소속된 조직의 특성이 진정한 자부심의 수준을 결정한다.

사람들에게는 일종의 진취심리가 있다. 자신이 더 발전할 수 있고 자신이 남들이 생각하는 것보다 더 괜찮은 사람이라고 생각한다. 한결같이 중요하고 목표가 있는 도전을 즐긴다. 무언가 새로운 것을 만들기를 원한다.[78]

따라서 자신의 능력 가운데 극히 일부분만을 사용하게 되는 과업은 곧 싫증이 나며 부담이 될 뿐이다. 이런 상황에 놓인 교사들은 자신의 능력을 대부분 활용도 하지 못하면서 낭비하고 있다는 생각을 품게 된다.[79]

하지만 자신의 일이 자신의 능력을 시험해 볼 수 있는 기회이며, 자아를 성취할 수 있는 기회라고 생각하는 교사들은 자부심을 갖는다.[80]

아울러 사람들은 자신이 하는 일이 진정으로 도움이 된다는 것을 이야기로 남겨지기를 바란다. 특히 다른 사람들의 생활 속에서.[81] 다른 사람들의 생활에 긍정적인 영향을 미치는 일을 한다고 생각할 때 그 일에 몰입한다. 마찬가지로 자신의 일이 조직의 성장에 기여하고 있다고 느낄 때 일에 대한 자부심이 높아진다.[82]

자신이 단지 학생들을 가르치는 것이 아니라 미래 사회를 짊어지고 나갈 인재를 키우는 중차대한 사명을 수행하는 것이라고 생각하는 교사는 감정적으로 헌신할 수 있다. 자신이 있기 때문에 학교가 제대로 움직인다고 생각하는 교사는 자신의 일을 열심히 하게 된다.

이를 알고 있는 학교들은 교사들이 끊임없이 자부심을 고취시켜 나갈 수 있도록 한다. 자신이 일을 수행하는 과정이나 그 결과를 통해 스스로 자부심을 느끼도록 한다. 교사들이 전문가라는 자부심을 가질 수 있도록 일을 분담하며 각자의 잠재력을 최대한 발휘하도록 한다. 새로운 일에 도전해 보도록 자신감을 불어넣기도 한다. 이러한 노력들은 학교의 모든 교육 활동이 활기차게 진행되도록 한다.

사람들은 의미 있는 조직의 구성원이 되고 싶어한다. 조직에 대한 자부심이야말로 장기적인 동기부여를 위한 가장 강력한 원천이다. 구성원이 조직에 감정적으로 헌신하는 일은 틀림없이 조직에 대한 자부심의 결과다.[83]

교사들은 스스로 가치를 부여하는 학교의 구성원이 되고자 한다. 좋은 학교의 구성원이라는 소속감을 갖게 되면 학교는 몰입의 대상이 된다. 그러나 별 볼일 없는 학교에 소속되어 있다는 감정은 자부심을 갉아먹는다. 소속감을 느끼지 못하거나 외톨이가 될 때의 느낌은 단순히 조직을 이탈하는 것보다 훨씬 더 큰 해를 끼칠 수도 있다. 열정이 냉소와 무관심으로 변한다.[84] 침체된 분위기가 학교의 활력을 떨어뜨린다.

학교에 대한 자부심을 유인하는 요소들은 매우 다양하다. 높은 교육성과를 비롯하여 독특한 조직문화나 학습 능력이 뛰어난 학생들, 통찰력 있는 관리자나 훌륭한 동료 교사들이 학교에 대해 자부심을 느끼게 해 준다. 때때로 학교의 소재지나 입지 여건, 수준 높은 물리적 환경과 같은 외형적 요소들이 자부심의 원천이 되기도 한다.

그러나 자부심을 갖게 만드는 가장 중요한 원천은 동료에게 자부심을 불어넣는 모범적인 교사들이다. 자신의 과업을 놀라우리만큼 성공적으로 수행하는 교사들이다. 이들은 스스로 자부심이 고취되어 있을 뿐만 아니라 동료 교사들에게 자부심을 갖도록 만든다. 끊임없이 감정적 헌신을 만들어낸다. 이들은 자부심이 구체적인 성과로 연결되도록 하는 방법까지 알고 있다. 이러한 교사들이 늘어날수록 학교는 점점 헌신적인 교사들로 채워질 것이다. 더 활력적이 되어 갈 것이다.

존 카젠바흐는 이러한 구성원을 가리켜 '자부심 고취자'라고 부른다. 이들의 수를 늘려 가려면 먼저 모든 구성원들이 무엇에 자부심을 가지는지 알아내야 한다. 이를 기초로 하여 구성원들 가운데 역할 모델이 되는 자부심 고취자들을 찾는 일이 중요하다. 하지만 더 중요한 일은 이들이 어떻게 성공적으로 자신의 과업을 수행하는 지 알아내는 일이다. 이어서 그들의 성공적인 기술이나 방법을 모든 구성원들이 습득하도록 만드는 일이 뒤따라야 한다.[85]

자부심이란 다양한 원천들로부터 나오는 감정이다. 원천은 다양할수록 좋다. 또 한 번 자부심을 고취하는 것으로 끝나는 것이 아니다. 성공하는 학교, 신뢰받는 학교에 한 발짝 더 다가가기 위해서는 자부심의 다양한 원천들을 파악하고 이들을 잘 관리하는 길을 확보해야 한다.

# 미덕 5

# 개방성
## Openness

원활한 정보 유통
뛰어난 소통 능력
비평의 격려
다양성의 추구

신뢰가 있는 팀은 조직의 성패가 달린 안건이나 결정사항들에 대해 열띤 논쟁을 벌이는 것을 꺼리지 않는다. 주저 없이 이견을 제시하고, 문제점을 지적하고, 질문한다. 최선의 해답을 찾고 사실 관계를 확인하여 훌륭한 결정을 내리겠다는 마음으로 똘똘 뭉쳐 있는 것이다.

- 패트릭 렌시오니*Patrick M. Lencioni*가
『탁월한 조직이 빠지기 쉬운 5가지 함정 탈출법』에서

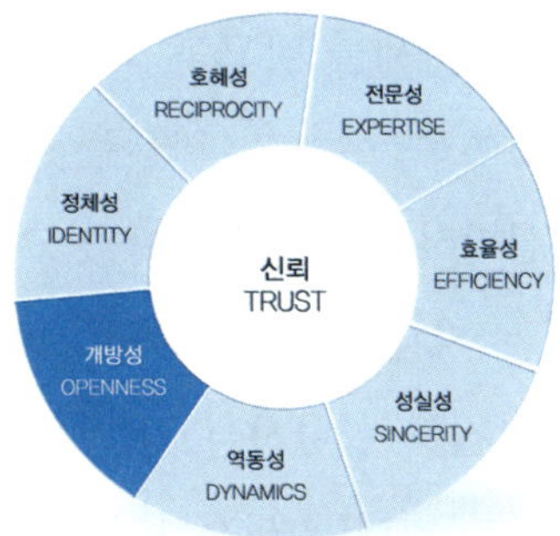


델*Dell*은 개방적인 조직문화로 이름이 나있다. 마이클 델*Michael Dell* 회장과 케빈 롤린스*Kevin Rollins* 사장의 사무실은 투명 유리벽 하나를 두고 나뉘어져 있다. 책상은 서로 마주보는 방향으로 놓여 있다. 심지어 그들은 언제라도 자유롭게 대화할 수 있도록 문의 경첩을 떼어 놓았다. 이것은 델의 신뢰 문화의 상징이 되었다. 두 리더가 서로에게 완전히 열려 있고 상대방의 등 뒤에서 이야기하지 않는다는 것을 보여주는 상징 말이다.[1]

성공적으로 운영되는 조직들은 이와 유사한 방식으로 개방성을 추구한다. 조직 내 모든 구성원들이 충분하고 진실한 정보를 타인과 기꺼이 공유하려 한다. 상호 비밀을 소유하지 않고 대화하려는 태도를 가지고 있다.[2] 조직 차원에서 새로운 생각에 마음을 열도록 고취하는 것이다. 다양한 견해에 대해 수용적인 자세를 갖도록 격려하는 것이다. 이러한 열린 자세가 조직을 성공으로 이끈다는 것을 잘 알기 때문이다.

교사들로 하여금 열린 자세를 갖도록 고무하는 학교가 필요하다. 핵심은 유진 제닝스*Eugene E. Jennings*가 말하는 '접근 가능성*accessibility*'을 높여가는 일이다. 심리적으로 개방되어 있고 생각의 수용과 발산을 잘 받아들일 수 있는 자세를 갖도록 해야 한다.[3] 자신이 얻은 경험과 사고방식에만 사로잡혀 판단하는 경향에서 빠져나오도록 부추겨야 한다. 자신의 이상과 기대만 생각하면서 사물을 바라보지 않도록 서로 도와주어야 한다. 소통이 원활히 일어나도록 여건을 조성해야 한다. 비평과 논쟁을 격려하고 다양성을 떠받드는 조직 분위기를 조성해 가야 한다.

개방성이 낮은 학교는 신뢰받을 가능성이 적다. 학교조직 내 커뮤니케이션이 단절되면 성공의 기반을 갉아먹는다. 구성원 간에 불안감이 발생하여 적극적인 업무 추진이 어렵게 된다. 업무 수행에 필요한 정보가 공유되지 못하고 결과에 대한 주인의식이 결여된다. 기존의 사고에 얽매여 변화 가능성을 받아들이지 않으려는 폐쇄적인 문화가 주된 흐름이 되어 버린다. 수준 높은 교육성과를 기대할 수 없게 된다.[4]

## 원활한 정보 유통

오늘날에는 '공유'라는 가치를 신앙 이상으로 중요하게 생각하는 사람들이 많다. 또한 조직 안팎의 사람들은 조직이 결정을 내리고

작동하는 방식에 대해 점점 더 개방할 것을 요구하고 있다.[5]

커뮤니케이션이 원활하고 정보 공유가 많을수록 신뢰 수준은 높아진다. 정보의 공유는 신뢰를 전달하고, 개인의 책임감을 강화하며, 헌신을 유도한다. 신뢰, 책임감, 헌신은 모두 지식과 정보에서 나온다.[6] 실제로 크고 작은 정보를 현장에 있는 구성원들과 공유하는 조직일수록 조직이 어려움에 처할 때, 구성원들이 발 벗고 나서는 경우가 많다.[7]

학교도 모든 정보를 공개할 책임이 있다. 조직의 현황을 투명하게 공개할 필요가 있다. 일이 어떻게 진척되고 있는지에 대한 모든 정보를 제공해야 한다. 의사결정 내용과 방향 또는 전략을 제공할 필요가 있다. 이러한 모든 노력은 이해관계자들이 학교의 성공을 위해 참여하도록 유인할 수 있다. 모두가 같은 목표를 향해 일하도록 만들고 매사에 주인의식을 갖도록 한다. 헌신적인 파트너로 만들 수 있다.[8]

우리는 1978년 노벨 경제학상을 수상한 허버트 사이몬*Herbert Simon* 교수의 말에 주의를 기울일 필요가 있다. 커뮤니케이션이 한정되어 있고, 다른 사람들과도 단절된 채, 자신이 알고, 믿고, 기대하고, 중요하게 생각하고 제안하는 것에 대해 스스로 아무런 영향을 미치지 못한다고 생각하면, 사람들은 그 자리에 오래 머물러야 하는 의미를 찾지 못한다.[9]

## 정보의 선순환

날마다 새로움으로 넘쳐나는 세상이다. 하루하루 엄청난 양의 정보가 쏟아져 나오고 또 사라진다. 개인이나 조직이 혼자만의 정보 수집 능력에 의존하다 보면 세상의 변화를 따라잡기가 힘든 세상이다. 이에 맞물려 정보 공유의 중요성이 부각되고 있고 이를 도와줄 수 있는 효율적인 매체도 등장하고 있다.

한 개인이 알고 있는 정보를 다른 사람과 나눔으로써 정보의 질은 확실히 더 높아질 수 있다. 사람마다 관심 분야가 다를 수 있기 때문이다. 세상을 바라보는 관점이 다르고 해석을 달리할 수 있기 때문이다. 참여자가 많을수록 정보 교류를 통해 가치 있는 정보를 얻을 확률은 높아진다.

첨단의 네트워크의 도움으로 첨단 정보조차도 전 세계가 동시에 접할 수 있는 시대다. 학교 정보에 대한 접근성도 눈에 띄게 향상되었다. 이제 학교에 관한 많은 정보가 이해관계자들에게 제공되고 있다. 학교의 현황에 대한 정보는 우리 학교에 대한 냉정하리만큼 정확한 평가를 받을 수 있는 기회를 제공할 수 있다.

문제는 그 다음이다. 학교의 정보를 제공받은 개개인이 가진 성찰 능력을 활용하는 일이 남아 있다. 학교 외부의 이해관계자들로부터 피드백을 받는 일이다. 학교가 그들의 생각을 파악하지 못한다면 이는 또 다른 의미의 정보 불균형을 가져온다. 정보 불균형을 완화시키고자 한다면 진심으로 그들의 영향력에 마음을 열어 두고 있어야 한다.[10] 그들이 세상을 다르게 볼 수도 있고, 그들이 옳을 수도 있다고 생각해야 한다.[11]

이해관계자들이 보내주는 피드백은 학교의 자산이다. 학교에게는 고단위 영양제와 같다. 학교가 새로운 교육적 부가가치를 창출해내는 데 활용할 수 있는 귀중한 자원이다.

마찬가지로 교사들로부터 얻게 되는 솔직한 의견은 관리자가 현실을 정확하게 볼 수 있도록 한다. 관리자라고 해서 모든 해답을 갖고 있는 것은 아니며 잘못된 정보에 빠져 있을 수도 있다. 이 점을 잘 알고 있는 관리자는 구성원들의 정직한 피드백에 의존한다.[12] 진정한 관리자는 교사들로부터 최고 수준의 정보를 이끌어낼 줄 안다.[13] 이는 수준 높은 결정으로 이어진다.

그러나 교사들로부터 수준 높은 정보를 얻고자 한다면 관리자가 먼저 신뢰를 보내야 한다. 교사들을 진심으로 믿지 않는다면, 그들이 사소한 것까지 관리자를 믿고 말하기를 기대할 수 없다.[14]

교사들을 믿는 관리자라면 자신이 갖고 있는 정보를 교사들에게 먼저 알려야 한다. 자신의 정보는 누설될까 두려워 움켜쥐고 있으면서 교사들로부터 훌륭한 정보가 나오기를 기대할 수는 없다. 기회가 있을 때마다 교사들의 의견을 존중하고 있음을 확인시켜 줄 필요도 있다. 그들이 제안하거나 질문한 것에 대한 명백한 피드백이 있어야 한다. 그리고 그들의 제안이 단순히 포상으로만 이어지는 것이 아니라 업무에 적용되어야 한다.[15]

아울러 단위 부서 구성원 간의 상호작용이 원활이 일어나도록 해야 한다. 교사들이 자신의 의견을 펼칠 수 있는 장을 마련하는 것이다. 숨겨져 있던 잘못이나 잘 모르고 있던 새로운 기회들에 대해 이야기를 나눌 수 있는 기회를 제공할 필요가 있다.[16] 서로 의견을 주고받으면서 부서 스스로 아이디어를 발전시킬 수 있다. 처음에는 다소 부족했던 창조적 아이디어라도 열린 상호작용을 거치는 동안 수준 높은 모델로 발전할 수 있다.

우리 학교가 어떤 정보를 갖고 있느냐가 결국 어떤 학교인가를 결정한다. 상대적으로 좋은 정보를 가진 학교는 그만큼 더 좋은 교육 성과를 낼 가능성이 높다. 신뢰받을 가능성이 높아진다.

## 정보 편식의 부작용

정보가 흘러넘치고 있다. 정보에 파묻혀 산다고 해도 과언이 아니다. 다만 사용할 수 있는 시간이 제한되어 있다 보니 개인이든 조직이든 정보를 선별할 수밖에 없다. 상대적으로 중요하다고 판단되는 정보를 선택하는 것이다.

여기서 편식이 일어날 가능성이 높다. 편식이 지속되다 보면 정보 불균형으로 인한 부작용이 발생하게 된다. 세상을 자기가 보고 싶은 대로 보려는 고정관념이 뿌리내린다. 자신의 의견과 다른 의견을 잘 받아들이지 못하게 된다. 점점 더 자신의 본 모습은 물론 세상을 제대로 볼 수 없게 되고 의사결정의 질은 형편없이 추락한다.

NHN 김상헌 대표가 정보 소비의 편식 추세에 대해 우려를 표한 적이 있다. 그는 "과연 보고 싶은 것만 봐도 괜찮은 걸까?"라고 질문한다. 대답은 물론 '아니다'다. 이제 인터넷 서비스의 개인화 *personalization* 경향은 거스를 수 없는 시대적 대세가 되었다. 이에 따라 사람들은 하루가 다르게 자신이 보고 싶고, 알고 싶은 정보만을 골라서 취할 수 있게 될 것이다. 정보 소비에 관해 극단적인 상황을 가정하면 아침에 일어나 자신이 알고 싶은 분야에 관한 뉴스로만 구성된 맞춤 신문을 보게 될 것이다. 딜레마는 여기서 시작된다. 자신의 성향에 맞는 것만 보는 상황이 계속 가속된다면, 사람들은 점점 더 다른 관점을 보고 들을 수 없게 된다.[17]

정보의 편식이 가져오는 폐해는 조직의 경우에 더 심각한 결과를 낳을 수 있다. 조직의 의사결정은 조직 안팎의 정보를 근거로 이루어진다. 학교가 합리적인 의사결정을 하기 위해서는 균형 잡힌 정보가 필요하다. 다양한 관점이 녹아들어 있는 수준 높은 정보를 가지고 있어야 한다. 누가 보아도 질이 떨어지는 정보를 근거로 의사결정을 한다면 사람들은 어리석다고 손가락질할 것이다.

조직이 필요로 하는 정보를 누가 선별하느냐에 따라 의사결정의 질이 달라질 수 있다. 관리자가 정보를 선별하는 입장은 학교 전체에 상대적으로 커다란 영향을 미칠 수밖에 없다. 개인적인 취향에 따라 정보를 모으는 것은 위험하다. 정보를 해석하는 과정에서 자신의 유익을 따져 과장하거나 축소하는 일이 일어나서는 안 된다. 이러한 유혹을 뛰어넘지 못한 정보는 영양 불균형 상태의 음식일 가능성이 높다.

사회과학 전문 용어 가운데 '선택적 편견*selection bias*'이라는 개념이 있다. 그것은 쉽게 말해서 어떤 사람이 자신의 논지에 부합되는 사례들은 선택하고 그렇지 못한 사례들은 무시하여 자신의 논지를 '증명'하는 방식을 의미한다.[18] 자신에게 유리한 정보만을 선택해서 활용하는 것이다. 사물을 볼 때 자신이 보고 싶은 부분만을 보고 나서 그것이 전부라고 판단하는 것과 같다. 오류를 불러 올 수 있다.

이러한 오류를 피하려면 정보 선택의 범위를 가능한 한 넓혀야 한다. 나쁜 소식과 반대 의견, 부정적인 피드백은 그 자체가 유쾌하지 않지만 피해서는 안 된다. 학교 구성원들이 서로 유쾌하지 않은 대화도 즐길 수 있는 분위기가 필요하다.[19] 그래야만 현실을 직시할 수 있게 된다.

다양한 정보원을 갖는 노력도 병행되어야 한다. 듣기 싫은 소리를 할수록 더 필요한 존재다. 류지성 삼성경제연구소 교육혁신센터장은 "반대 의견을 내는 사람에게 보상해야 한다."고 말한다. 기존 가치와 전제를 넘어서는 데 도움이 될 만한 의견을 내는 사람들을 제대로 평가하고 감사의 뜻을 전해야 한다. 만일 관리자가 자기 마음에 맞는 사람, 자기에게 좋은 소리만 하는 사람만을 주변에 두다 보면 언젠가는 왜곡된 정보에 둘러싸이게 된다.[20] 래리 존슨*Larry Johnson*과 밥 필립스*Bob Phillips*는 "진실을 알고 싶다면, 듣고 싶지 않은 진실도 찾아서 들을 자세가 되어야 한다."고 말했다.[21]

학교 경영과 관련된 여러 가지 정보를 모든 교사들에게 전파하는 일을 소홀히 해서는 안 된다. 단순히 '알아야 할 것' 위주로 정보가 전달되어서는 곤란하다. 만약 교사들이 자신이 맡은 일과 관련이 있는 정보만 받는다면, 학교 전체가 무엇을 목표로 하고 있는지 충분히 이해할 수 없다. 교사들은 학교의 전략적 방향을 알지 못하고, 개인적인 차원의 일에만 신경을 쓰게 되고 만다.[22].

반면에 교사들이 학교를 전체적으로 볼 수 있는 시각이 생긴다면, 업무를 더 잘 수행할 수 있게 된다. 자신에게 주어진 일이 학교의

전략이나 우선 순위와 어떠한 연관성이 있는지 알 수 있기 때문이다.[23]

## 투명성의 가치

투명하다는 의미는 무엇일까? 모든 정보가 한눈에 보이도록 공개하는 것이다. 문을 활짝 열어젖히는 것이다. 쉘린 리*Charlence Li*는 '투명성*transparency*'을 정보나 과정을 '가시적*visible*'으로 만드는 것이라고 설명하고 있다. 목표들을 가시화하고, 동시에 도전과 위협 및 기회 등을 모두 보여준다. 주어진 전략에 대해 사람들에게 업데이트된 정보를 제공하고, 고려하고 있는 다양한 옵션들과 도전들 그리고 의사결정의 결과들을 공유한다.[24]

패트릭 렌시오니*Patrick M. Lencioni* 테이블그룹 회장도 '네이키드 전략'을 이야기한다. 이해관계자 앞에서 벌거벗는 것을 가리킨다. 모든 위장막을 걷어내고 솔직하게 이해관계자와 만날 것을 주문하고 있다.[25]

이러한 노력들은 건강한 조직을 만드는 데 기여하게 된다. 이해관계자와 신뢰 관계를 쌓을 수 있다.[26] 최대한 많은 구성원들이 조직의 상황을 파악하게 됨으로써 솔직하고 정직한 문화를 조성하는 데 큰 역할을 하게 된다.[27]

투명한 조직문화가 정착되도록 하려면 관리자의 태도가 특히 중요하다. 관리자가 정보를 독점하려 들지 않고 교사들과 공유하는 학교에서는 투명성은 쉽게 뿌리를 내릴 수 있다. 그러나 교사들에게 무언가를 감추기 시작하면, 학교조직 내에는 온갖 기만행위가 퍼져 나갈 것이다. 투명성이 발붙일 수 없게 된다.

흔히 어려운 상황에 직면하게 되면 관리자들은 교사들과의 정보를 공유하려 하지 않으려고 한다. 나쁜 소식을 알리는 것이 두렵기 때문이다. 하지만 커뮤니케이션을 줄여서 정보의 흐름을 막게 되면, 오히려 문제를 악화시키는 결과를 초래한다. 매일 새로운 루머가 떠돌게 된다. 조금씩 더 불안해진다. 나쁜 상상을 하게 된다. 그리고 구성원들은 현실보다 훨씬 더 암울한 시나리오를 만들어내기 마련이다.[28] 관련 정보의 시원스런 공개로 이런 악순환은 얼마든지 차단할 수 있다.

워렌 베니스*Warren Bennis* 등이 말하는 '아지랑이 효과*shimmer factor*'도 커다란 장애물이다. 관리자의 기세에 눌려 교사들이 꼭 필요하지만 전달하기 불편하고 거북한 일을 보고하기를 꺼리는 것과 같은 것이다. 정보가 공식적으로 전달된다 해도 관리자의 입맛에 맞게 요리되는 과정을 거치게 된다. 그 바람에 관리자는 가공되기 전의 생생한 정보를 얻지 못한다. 관리자들이 모든 구성원들이 제공하는 정보에 대해 귀를 활짝 열어놓아야 하는 절대적인 이유다. 달콤한 소식만이 아니라 언짢은 소식도 듣는 열린 자세로 모든 정보를 받아들일 수 있어야 한다.[29]

투명한 정보 공유 문화는 조직이 예기치 못한 상황에 직면할 때 이에 대응할 수 있는 능력도 향상시킨다. 리더십 이론의 대가인 로버트 블레이크*Robert Blake*와 제인 머튼*Jane Mouton*은 NASA(미국 항공우주국)에서 흥미로운 실험을 했다. 사람의 실수로 인한 비행기 사고를 분석하는 것이었다. 평소 같은 팀으로 일하는 조종사 부조종사 항법사 등 조종실 탑승자들을 모의 비행 장치에 들어가게 했다. 그리고 사고가 나는 순간 어떻게 행동하는지 관찰했다. 이들의 결론은 위기상황에 대한 대처 방식은 평소의 의사소통 방식과 깊은 관계가 있다는 것이었다. 올바른 의사결정을 한 조종사들은 짧은 순간에도 상황을 다른 팀원들에게 알리고 대응방법에 대한 의견을 구했다. 이런 리더들은 평소에도 '열린 태도'로 팀을 운영했다. 반면 잘못된 대처를 한 조종사들은 문제가 생긴 순간 본능이 이끄는 대로 행동했다. 이들은 평소에도 독단적으로 행동하고, 명령을 전달하는 형태의 의사소통 방식에 익숙했다.[30]

학교가 새로운 변화를 시도를 하고자할 때도 투명성은 큰 도움이 된다. 교사들의 진심어린 참여를 이끌어낼 수 있다. 교사들과 자주 그리고 정직하게 커뮤니케이션하는 관리자들은 현재 상황이 어떻고, 어떠한 노력을 기울이고 있는지를 전달할 수 있다. 그리고 어떤 노력이 필요한 지 전달하고 교사들이 동참하도록 유도할 수 있다.[31] 외부의 이해관계자들도 학교의 상황이 어떤지를 정확히 알 수 있기 때문에 학교에 더 많은 보탬이 될 수 있다.[32]

투명해지기 위해서는 많은 비용이 수반된다. 시간과 정성을 요구한다. 그러나 비용은 조직의 발전으로 보상받을 수 있다. 래리 존슨과 밥 필립스는 투명해지는 것을 "유리로 만든 집에 사는 것"에 비유하기도 한다. 남들에게 흐트러진 침대와 지저분한 그릇을 보이고 싶지 않을 테니 집을 항상 깨끗하게 유지할 것이다. 항상 청소하고 정돈하는 습관이 들 것이고, 조직의 다른 사람들에게도 똑같이 하라

고 요구할 것이다. 결과적으로 매우 깨끗한 조직체가 이루어진다.[33]

패트릭 렌시오니 회장도 모든 것을 껍질을 벗어 버리고 솔직해지려면 잠재적인 비용을 감안해야 한다고 했다. 그는 "비판이나 거절에 노출될 수도 있고, 심할 때는 고객을 잃게 될지도 모른다."고 지적했다. 하지만 실제로는 생각보다는 비판이 적고, 충성스러운 이해관계자를 유지하거나 끌어들이는 데 더 도움이 될 것이라고 결론짓고 있다.[34]

그럼에도 불구하고 이러한 개방성이 적정 수준을 넘게 되면 신뢰를 증진시키기보다는 오히려 신뢰를 감소시키게 되므로 상대로부터 신뢰받지 못하게 될 수 있다.[35] 특히 솔직해져야 한다고 해서 결정적인 영향력까지 훼손해서는 안 된다. 학교로서 제 역할을 다 하기 위해 필요한 핵심적인 능력에 문제가 있음을 시인하는 일은 매우 신중히 행해야 한다.[36]

## 뛰어난 소통 능력

일본 중부 해안의 이시카와현 가나자와시에는 가나자와 21세기 현대미술관이 있다. '소통'을 주제로 한 열린 공간으로 유명하다. '정원처럼 편안하게 주민들과 어울리는 미술관'이라는 지향점처럼 다가가기 쉽고 재미있다. 미술관 안팎에 있는 그 누구에게도 야박하게 대하지 않고 "어서 들어와서 마음 편하게 보라"고 손짓하는 미술관이다. 잔디밭으로 둘러싸인 원형 건물의 외벽은 전체가 총 120장의 투명한 유리로 되어 있다. 미술관 안에서 밖을 내다볼 수 있고, 밖에서도 안을 훤히 들여다볼 수 있다. 출입구도 동서남북으로 4개나 있어서 어느 방향에서도 편하게 드나들 수 있게 되어 있다. 1층 높이의 원형 건물은 외부 땅과 미술관 내부의 높이도 거의 같아, 계단을 오르거나 문턱을 넘는 자그마한 물리적 장벽조차 없다. 이뿐만 아니다. 미술관 내부는 중심부 쪽의 유료 존과 바깥쪽의 무료 존으로 구분되어 있는데 무료존과 유료존의 벽도 투명한 유리로 되어 있다. 무료 존에 있는 사람은 유료 존에 있는 작품도 일부 볼 수 있다.[37]

위에 소개한 사례는 우리가 지향해야 할 학교 조직문화의 전형을 잘 보여주고 있다. 벽은 최대한 낮아야 한다. 어떤 장벽도 소통을 가로막아서는 안 된다. 혼잡한 소통 채널이 정보의 원활한 공유를 방해하지 않도록 해야 한다.

모든 이해관계자가 학교를 훤히 들여다볼 수 있어야 한다. 학교는 이해관계자에 대해 충분히 이해하고 있어야 한다. 상대방이 일부 밖에 보이지 않는 작은 창문을 통해 상대방을 보면서 그것이 상대방의 전부라고 믿는 경우가 있다. 서로 왜곡된 상대방을 보게 되는 것이다.

정보는 한 순간도 한 자리에 머물러 있어서는 안 된다. 바삐 돌아다니며 구성원들 사이를 돌아다니도록 해야 한다. 부서별로 세워 놓은 보이지 않는 벽을 극복하고 교사 각자에게 부여된 역할의 경계선을 뛰어넘어야 한다. 비로소 정보는 자유를 만끽한다.

중요한 정보는 오히려 아무런 격식 없이 소통할 때 얻을 수 있는 경우가 더 많다. 서로를 편안한 상대라고 느낄 때 솔직한 의견을 내놓을 수 있다. 관리자와 구성원 간에도 편안한 상대라고 느낄 때 관계의 질은 점점 높아진다. 심리적인 거리감과 벽이 적을수록 조직의 정책이나 방침이 일터로 빠르게 스며든다. 그리고 자연스럽게 신뢰감이 축적된다.[38]

## 벽 허물기

> 영화 《트로이의 목마*Helen of Troy*》 에는 트로이의 성벽이 등장한다. 트로이가 엄청난 투자를 해서 해안가에 세운 성벽은 강력했다. 그야말로 난공불락의 요새였다. 어느 경쟁자들로 감히 넘보지 못하는 위용을 자랑하고 있었다. 그러나 파리스 왕자는 많은 투자를 해서 세운 성벽 때문에 좋지 않은 현상이 일어나고 있다고 걱정한다. 외부의 공격으로부터 방어하는 성벽이 오히려 트로이를 소외시키고 있다는 것이다. 성안에서는 서로 비난하는 현상까지 일어나고 있다고 걱정한다.

트로이의 성벽처럼 벽은 자신을 지켜주기도 하지만 때로는 자신을 고립시키기도 한다. 변화가 이처럼 빠른 세상에 외부와의 단절은 곧 도태를 의미한다. 그럼에도 불구하고 온갖 종류의 벽을 세우는 조직들이 있다. 그리고 이렇게 함으로써 구성원들과 외부 환경 사이의 정보의 흐름을 제한하고 궁극적으로는 모든 기회들을 제한한다.[39]

외부 환경과 학교를 갈라놓는 정보의 장벽이 견고할수록 학교는 더 위험해진다. 정보가 들어온다 해도 제대로 된 정보가 들어오지 않을 수 있다. 이런 학교들은 스탠 데이비스*Stan Davis*의 다음 말을 새겨들어야 한다. "바깥 세상을 안으로 들여놓을수록 조직의 생존 가능성이 더욱 높아진다."[40]

소통의 목적은 시야의 확장이다. 벽 허물기는 모든 일에는 다양한 관점과 해석이 존재한다는 사실을 자각하는 것으로부터 시작된다. 다른 사람들이 어떻게 생각하는지, 이웃 학교들은 무엇을 알고 싶어 하는지에 대해 관심을 기울일 필요가 있다. 여기에 그 다양성을 효과적으로 획득하고 활용하기 위한 방안이 구비되어 한다. 그 다양성에 대한 접근성을 끊임없이 고민하는 노력이 뒤따라야 한다. 이러한 노력은 세상을 바라보는 우리 시야를 확장시켜줄 것이다.[41]

학교는 이해관계자들의 목소리를 두루두루 들어야 한다. 학생들과 직접 대면하는 교사들로부터 학생들의 불만 사항에 대해서 들을 수 있다. 학교운영위원회와 같은 기구를 통해 학부모나 지역사회 인사들의 요구 사항을 청취할 수 있다.

사립학교의 경우 재단 이사회도 활용할 수 있다. 이사회를 '관리해야 할 대상'으로 보기보다는 '전략적 자산'으로 보아야 한다. 이사회가 학교 현안을 이해해 진정으로 가치 있는 조언을 하도록 할 필요가 있다. 이사회를 지속적으로 학교 경영에 참여시킴으로써 지난 과거로부터 배우고, 지나쳐버릴 수 있는 최신 트렌드를 놓치지 말아야 한다.[42]

소통을 통해 이해관계자들의 지지를 얻어낼 수 있다. 그들에게 의사결정 내용과 학교가 나아가고자 하는 방향을 알려줄 수 있다. 필

요한 전략을 제공한다. 그 결과로 모두가 같은 목표를 향해 힘을 모으도록 하는 것이다.[43]

조직이란 2명 이상의 개인이 모여 형성하는 것이다. 이들 간에 원활한 소통이 이루어지지 않으면 조직은 목표를 달성할 수 없다. 조직은 결국은 사라지고 만다. 구성원들이 서로 만나 상호작용하면서 일에 대한 공통의 의미를 만들어 나가는 것이다. 소통은 조직의 일부가 아니다. 소통이 곧 조직이다.[44]

학교 내부 구성원들 사이에 높은 벽이 존재하는 학교들이 있다. 정보를 기꺼이 공유하려 하지 않는다. 비밀이 많다. 불신의 감정이 실린 뒷말만이 떠다닌다. 상호작용이 원활히 일어나지 않는다. 이런 학교의 교육성과는 기대이하일 수밖에 없다. 구성원 간의 소통이란 조직의 혈액과도 같아서 그 수준이 곧 성과의 질을 결정하게 된다. 소통의 질이 낮은 학교의 교육성과가 떨어지는 것은 당연하다.

부서 간 벽 허물기는 학교의 전문성 수준을 한층 높여줄 수 있다. 영화 《아바타*AVATAR*》의 제작과정은 전문성 간의 장벽 허물기가 가져오는 이점을 잘 보여준 사례다. 제임스 카메론*James Cameron* 감독은 세계 일류 예술가들로 팀을 구성해 영화 속 등장인물과 생물체, 의상, 무기, 운송수단, 환경 등을 디자인하게 했다. 이뿐 아니라 언어학 전문가의 도움을 받아 판도라의 토착 종족만을 위한 언어를 만들었다. 또한 과학자들로 하여금 판도라 식물들이 밤이 되면 왜 형광빛을 띠는지, 어떤 원리로 하늘 위에 산이 떠 있는지 등에 대한 근거들을 만들게 해 판도라 생리에 설득력을 더했다. 그러나 여기서 그치지 않고 각 분야의 전문가들은 서로 장벽 없이 토론해 시너지 효

과를 극대화했다.[45]

정보 기술의 발달로 조직 간의 물리적인 경계선을 더 이상 의미를 갖지 못한다. 학교 내부 통신망 덕분에 단위 부서 간, 교사 개인 간의 경계선도 활짝 열려 있다. 문제는 물리적 환경의 개방 수준이 아니다. 심리적인 벽을 허물어 나가는 노력이 중요하다. 네트워크가 반드시 알아야 할 정보만을 주고받는 매체로 그쳐서는 안 된다. 특정 주제에 대해 관심을 유도하고 이에 대해 의견을 주고받는 '광장'을 구축해 가는 노력이 요구된다. 이는 이해관계자들의 참여를 확대시킬 수 있다. 내부 구성원들 간의 유대를 강화시킬 수 있다. 이를 통해 축적되는 눈에 보이지 않는 자산은 학교를 지탱해 주는 굳건한 반석이 되어줄 것이다.

### 교감

마크 알비온*Mark Albion*은 "의사소통이 잘 되게 하려면 감수성을 발달시켜라"라고 주문한다.[46] 소통을 잘하기 위해서는 진정성을 가지고 상대방을 인정하고 배려해야 한다. 진심으로 상대방의 의사를 수용하려는 마음의 자세가 필요하다.[47]

캐서린 한*Katherine Hahn* 한국비폭력대화센터 대표는 '기린형 소통'을 제안하고 있다. 기린은 육상 동물 가운데 가장 큰 심장을 갖고 있다. 목이 길어 머리끝까지 피를 보내려면 크고 강력한 심장이 필요하기 때문이다. 기린의 심장이 따뜻한 피를 멀리까지 보내듯이 인간도 따뜻한 인내심과 상호이해의 감정을 서로에게 실어 보내면서 소통해야 한다.

이해나 인정을 받고 싶고 존중받고 사랑받고 삶의 보람이나 의미 같은 욕구를 찾아 연결하고 부탁하는 소통 방식이 바로 기린형 소통이다. 기린형 소통을 위해서는 상황을 있는 그대로 보고, 서로의 느낌이나 감정을 알아차리는 데 신경을 써야 한다.

이와 반대로 '자칼형 소통'은 서로 비난하고 판단하고 평가하고 강요하는 소통 방식이다. 자칼형 소통은 '시키면 시키는 대로 해!', '그것밖에 못해?'와 같이 우리를 외롭고 힘들게 만드는 말을 한다. 반면 기린형 소통은 '내가 어떻게 도와주면 좋겠어?'라고 애정어린 질문을 던진다.[40]

상대방에 대한 관심은 의사소통의 필수적인 요소다. 상대의 말에 귀 기울이고 상대가 무엇을 필요로 하는지 관심을 갖는 것, 이것이 바로 의사소통을 잘하는 데 가장 필요한 기술이다.[49] 시간을 쪼개 대화를 하려고 노력하는 자세, 상대방이 무엇을 좋아하고 무엇을 꺼리는지 알려고 노력하는 자세는 원만한 의사소통을 위하여 꼭 갖추어야 할 자세다.[50]

이제 다양하고 효율적인 통신망 덕분에 구성원들은 직접 만나지 않고도 얼마든지 정보를 주고받을 수 있게 되었다. 대화 기회가 더 늘어날 수도 있다. 그러나 정작 인간적인 교감을 할 수 있는 기회는 점점 줄어들고 있다. 가슴으로 하는 소통보다는 머리로 하는 소통이 주를 이루고 있다. 하지만 진정한 소통은 인간적인 관계가 뒷받침되어야 한다. 인간적인 교감이 있어야만 성공할 수 있다.

마리사 메이어*Marissa Mayer* 구글 부사장은 매일 오후 1시간 30분 동안 사무실을 완전 개방한다. 대기표에 서명하기만 하면 누구라도 그를 만날 수 있다. e메일, 전화가 아무리 편리해도 대인 접촉만큼 조직 신뢰를 높일 수 없다는 믿음 때문이다. 앨런 라플리*Alan G. Lafley* P&G 회장의 업무 방식도 독특하다. 그는 1시간 열심히 일한 뒤 15분 동안 사무실을 돌며 직원들과 잡담하는 원칙을 지킨다. 집무실이 주는 위압감을 없애고 직원들이 편하게 들를 수 있도록 하기 위한 배려다.[51]

중요한 정보는 오히려 아무런 격식 없이 소통할 때 얻을 수 있는 경우가 더 많다. 관리자가 교장실에 앉아 격식이 갖추어져 전달되는 정보를 들을 때보다 학교를 이리저리 배회하다가 듣게 되는 정보가 더 중요한 것일 가능성이 높다. 신임 교사는 선배 교사와의 자연스런 대화 속에서 귀중한 정보를 얻을 가능성이 크다. 그 정보는 학생들과 대면하는 현장에서 그 진가를 발휘할 수 있는 보물 같은 실천적 지식일지도 모른다.

교감이란 한쪽 방향으로 흐르는 것이 아니다. 쌍방향성을 가진다. 개방적인 학교는 일방적으로 메시지를 전달하지 않는다. 다양한 조사방법을 동원해 구성원의 요구를 분석하고, 메시지에 대해 답변을 한다. 학교의 제반 조직 운영에 교사들의 의견을 반영한다. 의사결정 참여할 수 있는 기회를 부여한다. 이러한 노력을 통해 적극적으로 감정을 공유하려 한다.

다만 말뿐인 생색내기는 금물이다. 예를 들어 불만이 없는 조직을 만들겠다고 홍보한다. '고충 나눔'의 시간을 만든다. 그러나 이 시간을 통해 문제점을 말한다 하더라도 정작 바뀌는 것은 아무것도 없다. 그러면 그 시간은 '침묵 나눔' 시간으로 바뀌어 갈 것이다.[52] 학교 운영에 학부모의 의견을 최우선적으로 반영하겠다고 홍보하는 학교가 있다. 홈페이지에 별도의 사이트도 만들어놓았다. 그러나 실제로는 학부모의 질문에 대해 한 번도 답장을 하지 않을 만큼 무성의하다면 신뢰를 주기는커녕, 불신만 키울 것이다.

## 겸손한 소통

> 미국 뉴욕에 있는 오르페우스 체임버 오케스트라에는 지휘자가 없다. 이 오케스트라는 지휘자 없이도 적절한 순간에 악장을 바꾸고, 리듬의 변화와 소리의 톤을 조절한다. 그들은 자신들을 이렇게 소개한다. "오르페우스 연주자들은 강한 신호로 이끌기보다는 미묘하게 신호하려고 노력한다. 이런 미묘한 의사소통을 위해서는 집중과 자각, 맥락에 대한 이해, 그리고 다른 모든 연주자들의 연주를 듣는 태도가 중요하다."[53]

무엇보다도 다른 연주자들의 연주를 경청하지 않으면 소통을 할 수가 없다. 소통이 이루어지지 않으면 제대로 된 연주는 불가능하다.

경청이란 겸손함의 표현이다. 겸손을 가진 사람은 자신의 의견과 다른 의견의 가치를 알고 있다. 서로 다른 생각이 쌓여서 더 새로운 가치를 만들어낸다는 사실을 알고 있다. 자연스럽게 다른 사람의 의

견을 끝까지 듣는다.[54]

이러한 겸손함은 과학적 사고와도 연결된다. 과학적 사고란 자신이 갖고 있는 지식에는 한계가 있으므로 자신이 항상 옳을 수는 없다는 사실을 인식하는 것으로부터 시작된다. 어느 누구도 모든 것을 다 알지 못하므로 어느 누구도 절대적인 진리를 주장할 수 없다는 소박한 사실을 인정하는 것이다.[55]

한편 겸손의 반대말은 거만함과 자만이다. 거만한 사람은 원칙과 타인보다 자기 자신을 우선시한다.[56] 자신이 주변 사람들보다 더 현명하다고 믿는다. 이러한 독선은 사각지대를 인지하지 못하게 만들고 다른 사람의 충고에 거부반응을 일으키게 한다.[57] 자신의 입장이 매우 확고한 상태에서 반대 의견을 듣게 될 때는 제대로 경청하기가 대단히 힘들어진다. 자기 입장이 옳다는 생각에 빠져 있으므로 상대방의 견해에 어떤 장점이 있으리라는 가능성은 생각지 못한다.[58]

경청은 관리자에게 더욱 특별한 의미를 갖는다. 조미옥은 "경청은 리더의 커뮤니케이션 역량의 결정체라고 할 수 있다."고 강조하고 있다. 경청은 리더가 겸허한 자세, 열린 생각, 수용과 인정의 태도를 가질 때에만 가능하다. 조직 내에 아무리 많은 커뮤니케이션 채널과 다양한 소통 방법이 있다 하더라도 관리자가 진심으로 들으려 하지 않는다면 커뮤니케이션 채널은 제대로 효과를 발휘하지 못한다.[59]

양병무 인간개발연구원장도 '잘 듣는 것'이 부드러운 리더십의 핵심이라고 했다. 잘 듣기 위해 필요한 게 바로 질문이다. 그의 견해를 따른다면 교사들에게 다음 세 마디만 물어보면 관리자의 리더십의 절반은 발휘된다고 해도 과언이 아니다. 바로 "요즈음 애로 사항은

없는가?" "내가 뭐 도와줄 건 없는가?" "이 문제에 대해 어떻게 생각하는가?"다.[60]

상대의 말을 잘 듣는다는 것은 정보를 얻는 것만이 아니다. 어느 세미나에서 경청하는 기술을 배우는 것만도 아니다. 반론을 제기하려고 상대의 말에 있는 허점을 찾는 일도 물론 아니다. 상대가 하는 말을 이해하고, 그 다음에 당신이 이해했다는 것과 그 의견을 존중한다는 점을 증명해 보이는 일이다.[61]

존 더글러스*John Duglas*가 인용한 소크라테스*Socrates*의 대화 자세에 대한 가르침도 같은 내용을 강조하고 있다.[62] 즉, "대화를 하는 상대를 편하게 해주어라. 말하는 사람이 부담 없이 편하고 자유롭게 자신의 의사를 표현할 수 있도록 부드러운 표정으로 진심으로 상대의 의견을 경청하고 있음을 보여주어야 한다. 또한 상대방이 하고 싶은 말이 무엇인지 정확히 이해할 수 있어야 대화의 목적이 이루어지는 것이므로 가끔 질문을 해서 말하는 사람의 의견을 잘 듣고 있다는 것을 보여주어야 한다."

그렇다면 경청에 따른 대가는 무엇일까? 구성원들 간의 관계가 몰라보게 개선될 것이다. 아울러 학교 경쟁력의 비약적인 신장이 보상으로 주어질 것이다. 관리자가 교사들의 모든 얘기를 경청할 경우 소통 장애가 야기하는 많은 문제를 해결할 수 있다. 자신의 의견이 진지하게 받아들여진다는 것을 알면 더 많은 의견이 제기될 것이다. 학교 발전에 기여할 수 있는 제안들이 수면 위로 떠오를 것이다. 이전에는 교사 개인의 생각 속에 묻혀 버렸던 상당수의 아이디어들이 제시될 것이다.

교사들 간에 솔직하게 의사를 표현하는 분위기가 조성될 경우 협력 수준을 높일 수 있다. 정보 공유가 활성화되어 교육성과를 높일 수 있다. 궁극적으로는 신뢰로 연결된다.

교사들은 수업할 때 항상 "잘 들으세요"라고 학생들에게 말한다. 대개 수업을 열심히 듣는 학생들이 대개 더 좋은 성적을 낸다. 더 많은 사실을 듣고, 더 많은 정보를 알게 되고, 시험 성적도 우수하다. 친구들에게도 인기가 있다.[63] 이 사실을 교사들도 잘 알고 있다. 그러면 교사 본인은 학생들이 하는 말을 경청하는가? 과연 동료 교사의 말을 잘 듣고 있는가? 진심으로 상대방의 말을 경청하고 있는지 한번 쯤 자문해 보아야 한다. 혹시 자신의 입장을 설명하는 데만 초점을 두고 있는 것은 아닌지 따져볼 일이다.

## 비평의 격려

건설적인 비평을 중시하는 조직문화를 갖춘 학교는 강하다. 누구라도 틀릴 수 있다는 믿음이 조직을 지배하는 학교는 발전할 수 있다. 다양한 형태의 권위에 눌려서 새로운 생각을 내놓지 못하는 학교는 항상 제자리걸음만 할 뿐이다. '맞다'라고 하면 괜찮아도 '틀리다', '잘못됐다'라고 하면 서로 원수지간이 되어 버린다면, 비평은 없다. 비평이 없으면 발전은 없다. 편견과 오류에 빠져 새로운 관점이나 의견을 수용하지 못하고 서서히 도태될 가능성이 높다.

비평의 대상이 되기를 좋아하는 사람이나 조직은 없다. 그래서인지 정당한 근거를 원하는 타인을 몰아세우는 경향이 있다. 타인이 쉽게 의심을 풀지 않으려고 할 경우에 도덕적 에티켓이 없다는 이유로 타인을 꾸짖으며 그의 신뢰 결여를 탓한다.[64] 이렇게 되면 비평받기는 힘들다. 다른 의견을 내려는 사람은 몸을 사리게 된다. 열린 사고 없이는 비평 문화는 살아남기 어렵다.

구성원들이 저마다 가지고 있는 지식을 내놓을 수 있는 분위기를 조성해야 한다. 그렇지 않으면, 조직의 발전은 더딜 수밖에 없다. 부족한 점을 스스로 인정할 수 있어야 한다. 필요할 때는 설득도 하고, 설득당하기도 하는 그런 풍토가 조성되어야 한다. 인정하거나 설득당하는 것이 부끄러운 분위기여서는 안 된다.

학교의 신뢰가 지향하는 최고의 경지는 패트릭 렌시오니가 말하는 '숨김없이 드러낼 수 있는 신뢰*Vulnerability-based Trust*'다. 이는 서로 자기 자신에 대해 드러내는 것에 거리낌이 없는 구성원들 사이에 형성되는 신뢰 상태를 가리킨다. 이들에게는 그것 때문에 혹시 나중에 동료들에게 공격당하는 일이 생기지 않을까 하는 의심이나 두려움 따위는 없다. 서로에게 자신의 실패나 약점, 심지어 그런 이야기를 꺼내기가 두렵다는 사실까지도 거리낌 없이 드러낸다.[65]

## 건전한 의심

의심은 성공적인 미래로 가는 출발점이다. 한 단계 더 발전하기 위한 선행 조건이다. 기존 가정에 대해 의심하는 증상은 분명 학교 발전에 도움을 준다. 그러나 이를 충성심의 약화나 불신의 징조로 받아들인다면 발전에 악영향을 미치게 될 것이다. 새로움을 받아들이기 어렵게 하고 성장이 더딘 학교로 전락하게 만든다.

변화는 의심으로부터 시작된다. 변화는 기존의 신념에 대해 의문을 제기하면서 일어난다. 이런 의심이 없다면 학교는 미래로 나아갈 수 없다. 과거의 신화 속에서 화석처럼 굳어져 갈 것이다.

건전한 의심이 활개치도록 할 필요가 있다. 의심을 조장해야 한다. 매우 근본적인 부분에 대해 의심하는 문화를 조성할 필요가 있다. 변화하는 교육 환경에 대해 다시 한 번 평가하고 어떻게 적응할 것인지 생각해 보도록 고무해야 한다.[66]

짐 호던*Jim Haudan*은 "변화는 기존에 한 일들이 잘못되었다는 것을 의미하는 것이 아니다."라고 했다. 변화가 필요한 근본 이유는 기존의 관행이 과거에는 잘 작동되어 왔지만, 앞으로는 제대로 작동하지 않을 것이라는 점이다.[67] 기존의 사고에 얽매이지 말고 변화 가능성을 받아들이도록 교사들을 독려할 필요가 있다. 새로운 방식으로 사물을 보도록 권장해야 한다.

가장 의심이 많은 교사들의 말에 귀를 기울여야 한다. 질문이 많고 제안이 많다는 것은 조직을 사랑하고 있다는 증거다. 무관심한 사람은 의심조차 하지 않는다. 기존의 사고에 얽매여 변화 가능성을 받아들이지 않으려는 폐쇄적인 조직은 비난을 받을 것이다. 조직은 구성원들의 제안이나 질문, 불만 사항 등에 대해 성실하게 답변할 의무가 있다.[68]

한편 교사 각자가 자신의 관점이 적절한지 여부를 검토하도록 해야 한다. 기존의 업무 수행 방식을 의심의 눈초리로 바라보도록 고무할 필요가 있다. 자기 업무에 대해 점검하고 검토해 볼 기회를 갖도록 하는 것이다. 미래의 성공을 위해 필요한 것이 무엇인지 스스로 결론에 도달하도록 하는 훌륭한 방법이다. 다른 사람이 찾아낸 결론은 쉽게 받아들이지 못한다. 동료가 대신해 주는 비평에는 쉽게 마음이 열리지 않는 법이다. 스스로 찾아내도록 해야 한다. 자기가 스스로 찾아낸 문제점을 고치기는 훨씬 수월하다.

그러나 의심하는 환경을 조성하기는 쉽지 않다. 장애물 가운데 하나는 권위에 복종하는 경향이다. 사람은 높은 권위를 가진 사람이 더 많은 정보와 분명한 관점을 가지고 있다고 생각해 그 권위에 복종하는 경향이 있다. 하지만 권위 있는 사람도 잘못된 결정을 내릴 수 있다. 건전한 의심을 받아들이지 않는 조직문화라면, 관리자의 잘못된 결정이 학교를 어려움에 빠뜨릴 수 있다.[69]

그룹사고는 또 다른 장애물이다. 특히 이상이 비슷한 사람들이 공동의 목표를 위해 압박을 받으며 일하는 잘 뭉치는 집단은 그룹사고의 영향을 가장 쉽게 받는다. 그룹의 공동 목표 때문에 사람들은 비판적으로 사고하지 않고 다른 사고방식을 무시하며 그들이 틀렸을지 모른다는 증거들을 인정하지 않는 경향이 있다.[70]

영국 워윅 대학교의 응용인지과학연구소 소장인 닉 차터*Nick Chater* 교수는 경고한다. "하나 되기를 원하는 모든 조직은 조직원들에게 '우리 아니면 적'이라는 태도를 보이기 쉽다. 그러면 다른 의견이나 조직이 틀렸을지 모른다는 생각을 받아들이지 못한다."라고.[71]

어리석은 관리자가 열린 문화 조성에 방해가 되기도 한다. 반대 의견은 곧 자신의 집중력을 분산시키고 짜증나게 만드는 반항의 신호라고 받아들이는 관리자가 있다.[72] 극단적인 경우 자아도취에 빠진 관리자는 다른 사람의 말을 듣는 것 자체를 거부하기도 한다. 관리자들은 특정 의견에만 귀를 기울이지는 않는지, 다른 의견도 충분히 듣고 있는지 항상 자신에 대해 의구심을 가져야 한다. 반감이 드는 정보뿐만 아니라 특별한 호감이 드는 정보에 대해서도 의심하고 비판하는 습관을 들여야 한다. 그 둘 모두가 결정을 내리는 과정에서 판단력을 흐려놓을 수 있기 때문이다.[73]

교사들이 좋은 아이디어를 낼 때마다 문제점부터 지적하는 관리자도 있다. 자신이 우위에 있다는 것을 확인받고 싶은 것이다. 반면 품격 있는 관리자는 환영부터 해준다. 그것이 막힌 물꼬를 터놓는 길임을 알기 때문이다.[74]

『신뢰의 속도*The Speed of Trust*』에서 스티븐 코비*Stephen M. R. Covey*는 "열린 자세를 갖기 위해서는 겸손과 용기가 수반되어야 한다."고 강조했다. 구성원들이 아직 모르는 원칙이 있을 수 있음을 인정하는 겸손이 요구된다. 아울러 그런 원칙을 발견했을 때 기꺼이 그것을 따르는 용기가 필요한 것이다.[75] 그런 겸손과 용기에 격려와 지원을 보내는 학교만이 신뢰를 얻을 수 있다.

## 생산적인 대립

학교의 회의 분위기를 보면 소통의 수준을 알 수 있다. 회의 참석자 간에 매너를 갖추고 외교적인 행동을 보여주는 학교가 있을 수 있다. 뒤에서는 매우 비열하게 행동할지라도 공식적인 장소에서는 예의바르게 행동한다. 공식적인 장소에서 예의바른 이러한 행동은 의견 차이와 갈등을 회피하는 편리한 버팀목이 될 수 있다. 더욱 위험스러운 상황은 관리자가 정치적인 분위기를 만들어 교사들이 무엇을 생각하는 것조차 모르게 하는 것이다. 그러나 이러한 관행이 학교 운영 전반에 퍼져있을 경우, 합리적인 의사결정은 불가능하다. 비평은 살아 숨 쉴 수 없다. 변화는 더더욱 기대할 수 없다.[76]

<월 스트리트 저널>이 투석 치료 전문병원 다비타의 사례를 아래와 같이 보도한 적이 있다.[77]

> 이 회사의 CEO인 켄트 서리*Kent Thiry*는 직원들과 정기 회의를 갖는다. 회사가 '엉망이 되는 것'을 피하기 위한 정직한 제안들을 묻기 위해서다. 서리는 실제로 나쁜 소식을 기대하고 찾는다. 그리고 그런 소식을 전해 주는 사람들에게 보상한다. 점검하지 않고 내버려둘 경우 언제든 그의 조직을 괴롭힐 수 있는 문제들을 포착하려는 시도인 것이다. 직원들이 모든 일이 잘 되어가고 있다고 말했을 때 그는 그들이 전해주는 좋은 소식들을 물리치면서 이렇게 대답한다. "여러분 모두가 약에 취했거나 아니면 나보다 더 잘 지낸다는 뜻이군요. 의견이 모두 같은 것은 정말 끔직한 악몽입니다."라고. 그가 이끄는 경영진은 구성원들이 고칠 필요가 있다고 말한 다양한 문제들을 체계적으로 보완하는 작업에 착수한다.

위의 글에서처럼 생산적인 대립을 장려하는 분위기가 필요하다. 그리고 대립을 학교 발전의 수단으로 삼을 수 있어야 한다. 학교가 어려움에 처하지 않도록 미리 예방주사를 맞는 것과 같다. 잠시 고통스러울지는 몰라도 장기적으로는 학교를 지켜줄 수 있다.

래리 존슨과 밥 필립스는 그들의 저서에서 '건설적인 대립'을 바람직한 소통 방법으로 제시했다. 의견 차이가 발생했을 때 대립을 하기는 하되, 당면한 문제에 대한 최선의 해결책을 모색하는 식으로 대립한다. 대립하는 양측의 관계가 돈독해질 수 있다면 더욱 이상적이다.[78]

건설적으로 대립을 실천하기 위해서는 상당한 신중함과 요령이 필요하다. 대단히 복잡한 사람과 사람 간의 상호작용이 포함되기 때문이다. 무엇보다도 사람이 아닌 '문제'를 공격 대상으로 잡아야 한다.[79]

짐 호던은 이슈와 사람을 구분하라고 조언하고 있다. 반대 의견이 있다면, '누가 반대하는가?'라고 물어서는 안 된다. 오히려 '어떤 반대 의견이 있는가?'를 물어야 한다. 반대하는 사람이 중요한 것이 아니다. 반대하는 이유가 중요한 것이다. 이슈와 사람이 구분되지 않고 한꺼번에 논의될 때 대화는 혼란스러워진다. 특정 관점에 대해 동의하지 않는 것은 바로 이 관점을 제기한 사람에 대한 공격으로 해석되기 때문이다.[80]

비평을 유머스럽게 하는 것도 효과적인 방법이다. 마크 알비온이 추천하는 건설적인 비판 자세는 서로의 관계가 성숙해질 수 있도록 노력하고, 그러기 위해 유머를 사용하는 것이다. 비판을 유머스럽게 하다 보면 긴장감을 많이 늦출 수 있다. 그리고 비판적인 의견을 제시하기 전에, 상대에 대한 좋은 얘기를 하고, 또 비판을 하고 나서도 긍정적인 얘기를 한다.[81]

그러나 이기는 것에만 관심이 있는 사람들이 있다. 다른 사람들의 의견을 경청하거나 그들의 시각에 대해 다시 한 번 깊이 생각하려 하지 않는다. 어떻게 하면 이 입씨름을 적절히 끌고가서 자신이 원하는 것을 이끌어낼까 하는 데에만 신경이 곤두서 있다. 더 심하게는 얼굴을 맞대고 논쟁을 벌이는 일 따위는 하지도 않고, 회의가 끝난 후 후미진 복도로 달려가 불평을 늘어놓는다. 학교조직에 도움을 주는 생산적인 결과를 얻고자 한다면 사적인 이해관계, 자만심, 경쟁 심리로부터 벗어나야 한다. 대립의 진정한 목표가 무엇인지 항상 생각해야 한다.[82]

생산적인 대립의 목표는 교사 개개인을 위해서가 아니라, 학교조직을 위해 최선이 되는 해결책을 찾는 것이다.[83] 트러스티십 인스티튜트의 테리 물너*Terry Mollner* 회장이 고안한 '3차원적' 방식은 훌륭한 방법이다. 그는 전통적인 사고와 대화 방식을 '2차원적인 것'으로 본다. 운동 경기에서처럼 양 팀이 서로 경쟁을 하여 승자와 패자를 나누는 방식이라 할 수 있다. 서로 견해가 다른 너와 내가 대화를 하고 나면, 둘 중 하나는 승자가 되고 다른 하나는 패자가 되는 것이다. 그러나 3차원적 방식에서는 2차원에 '우리'라는 또 하나의 대화 주체가 추가 된다('너', '나', 그리고 '우리'가 모여서 3차원이 됨). 그는 다음 두 질문을 자신에게 던질 것을 제안한다. 그러면 사람들이 자기 자신만 생각하는 이기심을 조금은 버리고 모두에게 더 이익이 되는 방법을 찾으려고 노력하게 된다. 서로의 차이를 인정하면서도 조금 더 인간적이고 대화에 참가한 모든 사람들의 입장을 배려하는 태도를 보이게 된다.[84]

1. 이 자리에서 진실은 무엇인가?
2. 무엇이 모든 사람에게 이익이 될 것인가?

사실 다른 사람의 충고를 고맙게 받아들이기란 말처럼 쉬운 일은 아니다. 반대 의견을 표시하는 것이 잘못을 지적하거나 공격하는 것이 아니라는 것을 모든 교사가 염두에 두어야 한다. 각 자의 의견만을 고집해서는 안 된다. 자신의 의견은 그저 한 사람의 의견에 불과하며 자신이 생각해낸 방법만 옳은 것도 아니라는 것을 인정해야 한다. 자신이 제기한 문제와 해결 방법을 가능하면 많은 사람들과 공유하고 논의해 실현 가능성을 확인하고자 노력하는 자세가 필요하다.[85]

## 다양성의 추구

데브라 노빌*Deborah Norville*은 저서 『리스펙트*The Power of Respect*』에서 다양성의 추구가 필연적 선택임을 역설하고 있다. 노빌은 "우리가 차이의 존중, 다양성의 지향을 통해 개인은 물론 사회를 변화시켜야 하는 것은, 우리들 스스로를 점증하는 위협으로부터 지켜내는 것은 물론 더욱 풍요로운 미래를 개척하기 위한 필연적 선택이기도 하다."라고 강조하고 있다.[86]

실리콘 밸리의 성공요인 중 가장 중요하게 거론되는 것도 바로 다양성이다. AT커니의 하이테크 부문 부사장이었던 존 채킬라*John*

*Ciacchella*가 실리콘 밸리의 다양성에 대해 다음과 같이 말한 적이 있다.[87]

> 실리콘밸리의 다양성이란 전통적인 의미의 다양성과 다소 다른 개념이다. 즉, 회사 내에 동양인을 몇 명 고용했는지, 흑인 종업원의 비율이 몇 퍼센트인지와 같은 단순한 인종의 다양성만을 의미하는 것이 아니다. 중요한 것은 '아이디어의 다양성'이다. 특히 대다수의 의견과는 다른 의견에 대해서도 수용하고 같이 고민하는 문화가 뿌리 깊게 존재하는 곳이 실리콘밸리다.

내 것만을 주장하고, 내 생각만을 고집한 채 다른 것에 눈감고, 문을 닫기에는 세상은 너무 다양해지고, 이해관계는 복잡해졌다.[88] 이제 다른 관점을 받아들이지 못하는 교사는 발전할 수 없다. 획일성에 의존해 조직을 꾸려나가는 학교는 도태되기 십상이다. 방형국 머니투데이 편집위원은 획일성에 의존하는 문화에 경고를 보내고 있다. 그는 조직에 "획일화된 지시와 명령만 있고, 다른 의견을 받아들이는 문화가 없다면 아홉 번이나 꺾어진 양의 창자보다 복잡하고 구불구불하며, 스펙트럼이 다양한 21세기에 어떤 경쟁력을 갖겠는가."라고 반문하고 있다.[89]

다양성을 추구하는 조직은 구성원들이 가진 재능이 최대한 발휘될 수 있도록 한다. 다양한 아이디어를 흡수하고 이해하려고 노력하는 조직은 창조성을 대가로 얻을 수 있다.[90] 다양성이 존중받으면서 과거에는 미처 발견하지 못했던 조직의 잠재력을 발굴해낼 수도 있다.

변화하는 사회는 다양성을 추구함과 동시에 이를 통합하는 능력을 갖춘 학교를 필요로 하고 있다. 한시 바삐 합리성이란 기치를 내건 동질화의 유혹에서 벗어나야 한다. 획일성의 함정에서 빠져나와야 한다. 다름이 번성하는 오아시스를 만들어 가야 한다. 그러면서도 다양성이 한계를 이탈하지 않도록 해야 한다. 다양성과 통일성 사이의 완벽한 조화를 추구하는 학교를 지향해야 한다.

## 차이의 인정

박찬희 중앙대 교수는 "세상일을 하나의 관점으로 설명하는 것은 현실에 대한 무지이자 오만이다."라고 했다. 복잡한 세상을 '깔끔하게' 하나의 입장에서 설명하면 똑똑하게는 보이지만, 현실에는 별 도움이 안 된다. 한 가지 관점에만 의존한 '명료한 분석'은 실은 현실에서 벌어지는 다양한 가능성을 접는 것이다.[91]

다양한 관점들을 무시하고 하나의 지배적인 관점만을 인정하는 조직은 획일성의 함정에 빠지게 된다. 획일적인 것은 때때로 편리할 수 있다. 의견 집약과 판단, 결정이 빨라 효율적이다. 신속한 실행을 보장한다. 예외를 인정하지 않기 때문에 관리 비용을 절약할 수 있다. 그러나 획일성이 가진 부정적인 측면에서 자유로울 수 없다. 선택의 부재와 다양성의 함몰, 다른 문화와 다른 시도에 대한 폐쇄, 돌발 변수에 대한 대안 미비 등으로 인해 성과의 완성도가 떨어질 수밖에 없다.[92]

조직이란 공동 목표를 추구하기 위해 함께 하는 사람들의 공동체다. 하지만 같은 생각을 하는 사람들이 모여 있는 사회는 아니다. 오히려 서로 차이가 있는 사람들이 모여서 다른 사람의 기본 권리를 침해하지 않는 선에서 각자의 개성을 존중하며 더불어 사는 사회이다.[93]

학교조직도 예외가 아니다. 필요에 따라 모여 있지만 모두가 자유의지를 가지고 있다. 가치관도 제각각이다. 교사 각자의 인생 경험은 제각기 다르며, 자신의 경험에 근거한 관점으로 세상을 바라본다. 그래서 같은 상황에 대하여 전혀 다른 견해가 생겨날 수 있다.[94]

그럼에도 불구하고 개개인들은 세상을 있는 그대로 본다고 생각한다. 스스로 객관적이라고 여긴다. 하지만 사실 그렇지 않다. 있는 그대로가 아니라 자신의 눈이 보는 방식대로 세상을 바라본다. 그리고 타인의 의견이 자신과 다르면 곧바로 그들에게 문제가 있다고 생각한다.[95]

그래서 톨레랑스*Tolerance*의 자세가 절실히 필요하다. 자신과 다르다는 이유로 남을 틀리다고 배척할 것이 아니라 나와 다른 생각도 끌어안을 수 있는 공존의 지혜가 요구된다. 톨레랑스 정신은 프랑스가 오랜 경험을 통해 터득한 공존의 대원칙이다. 다원화된 민주사회에서 서로 다른 종교, 사상, 신념 등을 용인함으로써 공존을 가능케 하는 사회적 덕목이다. 톨레랑스는 틀림이 아니라 다름이라는 것이다. 나만 옳고 너는 그른 것이 아니라, 다양한 가치로 이해하는 것이다. 다른 사람과의 차이를 인정한다. 또 사상의 자유를 보장할 뿐만 아니라, 자신이 자유를 향유하는 만큼 타인의 자유도 함께 존중하는 것이다.[96]

한 가지 관점만을 강요하는 학교는 건강한 조직은 아니다. 다양한 관점이 공존할 수 있는 조직이 건강하고 윤택한 조직이다. 상대주의의 옹호자들로 가득 찬 학교를 만들어 가야 한다. 그들은 개인의 취향에 객관적 법칙의 옷을 입히려 시도하지 않는다.[97] 그들은 단지 다르다는 이유만으로 자신과 다른 것을 폄하하지 않는다. 따돌리고, 왜 자신과 다르냐고 눈 밖에서 내버리지 않는다.[98] 자신과는 생각이 다르지만 학교조직을 위해 성심성의껏 노력하고 있는 동료들이 많다는 사실을 그들은 인정한다.

## 통합적 사고

프랭크 레흐너*Frank J. Lechner*와 존 볼리*John Boli*는 『문명의 혼성*World culture: origins and consequences*』에서 "세계 문화가 번성하도록 하려면 다양성이 살아 있어야 한다. 그러나 단순히 수 백 개의 다른 꽃들이 활짝 피도록 내버려두는 것은 아니다."라고 주장했다. 그들은 세계 문화는 표준화하려는 통일성과 다양화하려는 특수성의 상호작용으로 성장하는 것이라고 강조했다.[99]

조직문화 역시 다를 것이 없다. 구성원마다 가지고 있는 다양성이 맘껏 펼쳐지도록 해야 한다. 하지만 다양성을 추구한다고 해서 무작정 많이많이만 할 수는 없는 노릇이다. 조직은 존재 목적을 달성하기 위해서는 어느 정도의 통일성이 요구된다. 통일성은 구성원들 사이에 소통이 원활하게 이루어지도록 도움을 줄 수 있다. 갈등의 여지를 줄일 수 있다. 조직의 효율성을 높여 준다. 그러나 통일성이 지나치게 강조되다 보면 결국 다양성이 자취를 감추고 만다.

그래서 다양성을 아우르기 위한 통합적 사고가 필요한 것이다. 이와 관련한 알랭 드 보통*Alain de Botton*의 통찰력은 뛰어나다. 그는 저서에서 "우리는 질서를 높이 평가하지만, 그것은 이 질서에 복잡성이 수반될 때, 즉 다양한 요소들이 어울려 질서를 이루고 있다고 느낄 때다."라고 말했다.[100]

사람마다 고유의 색이 있다. 각양각색의 사람들이 모여 하나의 색깔을 낼 때 조직은 존립할 수 있다. 통합적 사고는 다양한 색들이 조화롭게 혼합되어 한 색깔을 내도록 한다. 구성원 혼자서는 낼 수 없지만 모이면 낼 수 있는 색을 만들어 낸다.[101] 통합적 사고는 다양성을 강조하되 통일성을 잃지 않도록 한다. 다양성이 어떤 일관성을 가지고 드러날 수 있도록 한다.

한 동안 학교조직은 산업사회에 필요한 표준을 가르치고, 보편화된 원리를 가르쳐왔다. 균형 잡힌 지식의 제공을 통해 사회를 안정적으로 유지시키는 데 기여해왔다. 이를 훌륭히 수행하기 위한 조직 운영에서 다양성은 최대한 억제되었다.

그러나 시대가 바뀌었다. 창의성과 독특함이 존경의 대상이 되고 있는 시대다. 국가가 지닌 통일성을 촉진하는 교육 기관으로서 학교의 역할[102]은 이제 다양성과 다름을 고취하는 기관으로 바뀌어야 한다. 다양성을 촉진하는 역할을 감당해야 한다. 동시에 다양성을 조절하는 규율의 의미를 함께 가르치는 곳이 되어야 한다.

학교가 감당해야 할 다양성의 수준은 나날이 높아지고 있다. 이해관계자 모두가 다양성의 가치를 잘 알고 있다. 상당수 교사들은 다양성을 강조하는 학교교육을 거쳐 교직에 합류했다. 학생들이 다양성을 바라보는 눈높이는 교사들의 안목을 따라잡으려 하고 있다.

이처럼 다양성의 요구 수준이 올라갈수록 이를 아우르기 위한 통합적 사고의 수준도 올라가야 한다. 분출하는 다양성에 규칙성을 부여할 수 있는 능력을 갖추어야 한다. 엄격한 한계를 벗어나지 않으면서 다양성이 표현되도록 할 수 있어야 한다.

그러나 알랭 드 보통의 표현대로 "혼돈으로부터 질서를 일구어내는 데"는 노력이 필요하다.[103] 다양한 관점을 아우르는 일은 많은 시간과 비용을 필요로 한다. 만일 다양한 관점들을 보완하고 씨줄과 날줄로 옷감을 짜듯이 잘 짜내면 현실을 파악하고 미래를 준비하는 데 필요한 강력한 도구가 될 수 있다.

이를 위해 대립하는 다양성들 간에 조화를 추구하는 일이 급선무다. 미국 럿거스대 테리 커츠버그*Terri Kurtzburg* 교수는 관리만 잘 된다면 이질적인 사람을 섞는 것이 조직의 창의성을 높일 수 있다고 주장한다. 기술 책임자가 마케팅 책임자와 말다툼을 할 수 있지만, 공동의 목표를 서로 이해한다면 약간의 내부적 긴장은 의사결정의 질을 높일 수 있다. "동질적인 팀 구성원들은 서로를 좋아하고 서로 눈을 맞추며 스스로가 창의적이라고 생각한다. 그러나 객관적인 잣대로 비교하면 성과가 더 높은 팀은 잘 어울리지 못하는 팀이다"라고 그는 말한다.[104]

이질적인 구성원들이 모인 조직이 더 효과적일 수 있다. 다양성들을 경쟁 관계가 아니라 상호보완 관계로 유인해야 한다. 기회가 있을 때마다 이질화를 촉구할 필요가 있다. 이질적인 특성을 가진 구성원들이 한 팀을 이루도록 할 수 있다. 이질적인 생각들이 섞이도록 하는 것이다.

갈등을 최소화하기 위한 노력도 필요하다. 다양성과 통일성이 서로 조화를 이루도록 하기 위해서는 구성원 간의 갈등이라는 사회적 장애물을 극복하는 일이 급선무다. 조직에서는 정반대 방식을 지닌 사람들도 함께 일해야 한다. 그들의 상호작용을 생산적으로 유도하는 방법에 대해 고민해 봐야 할 것이다.[105]

자신의 방식을 고집하다 보면 마찰이 생길 수밖에 없다. 다른 사람을 제대로 이해할 수 없기 때문에 사람들 간의 관계에서 여러 가지 갈등이 발생하게 된다.[106] 여기서 핵심은 개인적 방식의 차이로 인하여 발생할 수 있는 마찰을 줄이는 것이다. 마찰이 줄어들면 눈앞의 문제에 에너지를 집중할 수 있으며, 한쪽이나 양쪽이 방어기제로 돌아갈 가능성도 줄어든다.[107]

통합적 사고가 살아있는 조직은 찰스 슈왑 부사장이었던 필리스 잭슨*Phyllis Jackson*이 언급한 소위 '알파문화'를 지향한다. 알파문화는 따뜻하고 친절한 사회이며 개인적인 관계와 물리적인 가까움을 중요시하지만, 아울러 분명한 명령 계통과 형식적인 전통의식을 중요시 한다.[108] 학교의 경우에도 각 교사가 가진 다양성을 그대로 인정하는 분위기를 만드는 것이다. 다양성을 진정으로 존중하는 것이다. 동시에 학교를 보호할 수 있는 통일성을 확보하고 있어야 한다.

이러한 알파문화를 위해서는 교사들 간의 상호작용을 증진시키는 노력이 필요하다. 개인 간, 부서 간 이질감을 줄이기 위한 노력이 요구된다. 의식적 무의식적으로 불편한 관계를 피하려고만 해서도 안 된다. 함께 일하는 사람들의 가치와 의사소통 시스템을 이해하기 위해 노력해야 한다. 구성원들이 이질적인 환경에 처하도록 하여 상호 협력하고 개인적인 친분을 쌓도록 하거나 여러 부서를 연결하는 전략도 필요하다.[109]

사회 환경은 더 복잡해지고 변화 속도는 더 빨라질 것이다. 미래에 대한 예측은 더 어려워질 것이다. 이에 따라 여느 조직과 마찬가지로 학교조직은 이익과 생존을 다양한 노동력에 더욱 더 의존하게 될 것이다. 다양성 관리는 미래의 조직 성공을 위해 반드시 필요한 것이다.[110] 통합적 사고에 바탕을 둔 다양성 관리는 학교 안팎에 신뢰가 넘치도록 할 것이다.

# 미덕 6

# 정체성
## Identity

다름의 추구
탁월함의 관리
생동하는 정체성

가치 리더들은 그들의 품성을 최대한 활용하여 신뢰를 쌓는다. 그리고 자신의 품성이 아닌 것은 되지 않으려고 하여 신뢰를 더 쌓는다.

- 린 업쇼*Lynn Upshaw*가 『정직이 전략이다』에서

아드리안 울드리지*Adrian Wooldridge*가 성공적인 학교가 되려면 학교의 특성*identity*을 명료화할 필요가 있음을 강조한 적이 있었다. 그는 독일, 일본, 덴마크 학교들에 반해 전통적인 미국 고등학교들이 특색 있는 목적을 추구하지 않고 있음을 지적했다. 여기에서 미국 학교 실패의 원인을 찾았다. 상황이 점차 나아지고는 있지만 교육적 퇴보를 막기 위해서는 특색 있는 학교로 전환하려는 노력은 계속되어야 함을 역설했다.[1]

그러나 우리 학교만의 고유한 정체성을 세워가는 일은 여전히 수월한 일은 아니다. 학교 지원·감독 기관의 압력이나 주변 학교들의 시선으로부터 자유로울 수 없다. 각 학교만의 다름을 추구해야 한다고 말하면서도 조금 달라지려고 하면 '동일성'을 요구하는 압력이 들어오게 마련이다. 점점 차이를 줄여나가 같아지도록 유도하는 교육정책도 도움이 안 된다. 개성 경쟁은 세상 물정을 모르는 순진무구함의 표현처럼 되어버렸다.

심지어 학교 외부의 이해관계자들이 제시해 준 정체성에 구속당하는 경우도 있다. 외부에서 바람직할 것이라고 설정한 모습을 자신의 정체성인양 혼동하고 있는 상황이다. 우리 학교를 어떻게 평가하는가에 대한 관심이 지나쳐, 남들이 보기에 더 좋은 정체성을 추구하려는 경향이다. 사회가 원하는 모습에만 초점을 맞춰 학교를 변화시켜 가다 보면 기초가 흔들릴 수 있다. 환경의 작은 변화에도 뿌리부터 흔들릴 수 있다. 오히려 신뢰를 잃어버릴 수 있는 조건이 되는 것이다.

그럼에도 불구하고 우리 학교만의 정체성을 확립하기 위한 노력을 계속할 필요가 있다. 우리 학교가 가진 명확한 정체성은 신뢰의 원천이기 때문이다.

정체성은 학교의 본질적인 특징을 잘 보여준다. 정체성은 학교조직 내에서 벌어지는 현상이나 조직 행태의 근원이 된다.[2] 정체성은 학교가 의사결정을 할 때 선택의 기준이 되기도 한다. 때로는 학교가 추구하는 정책의 방향을 결정짓기도 한다. 따라서 정체성이 명확하지 않은 학교에게는 믿음이 가지 않는다. 실체를 잘 파악할 수 없기 때문이다. 학교의 행태를 예측할 수 없을 뿐만 아니라 일관성을 기대할 수 없기 때문이다.

## 다름의 추구

이제 다름은 미덕이 되었다. 다름이 곧 권력이 되고, 때로는 엄청난 부를 가져다 줄 수도 있음을 모든 사람들이 알고 있다. 다르다는 믿음은 자신감의 원천이 된다. 독특하다, 다르다는 것은 뛰어나다는 것과 쉽게 연결되기 때문이다.[3] 이해관계자들은 학교마다 가지고 있는 독특한 면모부터 찾기 시작한다. 그러다보니 모든 학교들이 색다른 것을 만들어 내기에 분주하다.

설사 독특함을 갖췄다고 해도 이를 유지하기는 점점 어려워지고 있다. 어떤 학교가 조금 신선하고 특이하다 싶으면 바로 전파되는 세상이다. 일대 유행처럼 되어버린다. 정보력과 빠른 실행 능력 덕분에 개성은 곧 몰개성이 된다. 그러다 보면 모든 학교들이 다시 비슷해진다. 앞서가던 학교도 이내 군중 속의 한 사람처럼 되고 만다. 곧 식상해 버린다.

이러한 현상은 깊이 있는 뿌리가 없이 땅위에 드러난 부분만으로 다름을 추구하기 때문에 일어난다. 그러나 껍데기뿐인 독특함은 위험하다. '모방이나 하는 학교'라거나 '너무 자주 바뀐다.'는 말을 들을 수 있다. 자칫 잘못하면 그것이 학교의 정체성이 되어 버릴지도 모른다. 이런 정체성을 지닌 학교는 신뢰받기 어렵다.

진정 달라지고자 한다면 근본부터 특이함을 가지고 있어야 한다. 기반이 없이 다름을 추구하다 보면 곧 같아져 버린다. 이런 사태를 방지하려면, 고유한 정체성을 뒷받침하는 사명이나 조직 가치, 비전을 가지고 있어야 한다.

이들은 깊이 있는 다름을 추구할 수 있는 탄탄한 기반이 된다. 다름의 추구에 지속적으로 힘을 가해 주는 동력이 된다. 이 기반 위에서 효과적인 관리가 이루어진다면 쉽사리 모방할 수 없는 독특함을 구현할 수 있다. 매사에 우리 학교만의 독특한 정체성이 묻어 나올 수 있다. 이를 보고 이해관계자들은 찬사를 보낼 것이다. 신뢰는 쑥쑥 올라갈 것이다.

## 독특한 사명

사명이란 "우리 학교가 왜 존재하는가?"와 같은 조직의 기본적인 존재 이유에 대한 해답이다. 이로부터 왜 우리 학교가 문을 열고 교육 활동을 하고 있는가에 관한 가장 핵심적인 의미를 찾을 수 있다.[4] 이러한 학교의 존립 근거가 되는 사명 없이는 학교의 정체성을 도출하는 작업이 어려워진다.[5]

학교는 사회의 일원이며 사회를 위해 존재한다. 사회가 부여해 준 교육 기관이라는 학교의 사명이 정체성의 기반이 되는 것은 사실이다. 그러나 이는 다만 학교라는 시스템의 태생적 정체성일 뿐이다. 이러한 포괄적인 사명으로부터 우리 학교만의 정체성을 찾기는 쉽지 않다.

그렇기 때문에 보편적으로 받아들여지는 정형화된 학교의 정의로부터 정체성을 찾으려 해서는 안 된다. 태생적 정체성을 기초로 하되 다른 학교와 차별화를 추구하는 것이다. 우리 학교만이 가진 차별화된 후천적 정체성이야말로 진정한 정체성이다. 그저 '우리 학교는 학교다.'가 아니다. '우리 학교는 어떤 학교인가?'에 대한 대답을 정립할 필요가 있다. 그리고 이 독특함을 학교 내외부의 이해관계자들이 인정하고 신뢰를 보내도록 만들어 가야 한다.

사명에는 몇 가지 궁극적인 질문에 대한 답변이 담겨있어야 한다. 즉, 학교가 '누구에게', '무엇을', '무엇 때문에'와 같은 질문에 대한 해답을 제시해야 한다. 사명이 독특해지려면 이러한 답변에서 고유성이 짙게 배어있어야 한다. 이를 통해 이해관계자들은 학교의 본질적인 목적은 물론 다른 학교와 구분되는 특성을 파악할 수 있다.

학교의 사명에 대한 정의를 내리는 과정에서 '누구에게'는 필수적으로 제기되어야 할 질문이다. '학생에게'라는 표현은 모든 학교에 해당되는 전형적인 대답일 뿐이다. 우리 학교가 가르치는 학생들의 특성을 제대로 보여주지 못한다. 먼저 우리 학교가 가르쳐야 할 학생들을 규정해야 한다.

피터 드러커*Peter F. Drucker*는 "우리의 사업은 무엇인가?" 라는 질문에 대해 대답하려는 어떤 진지한 시도도 개인으로서의 고객-고객의 현실, 상황, 행동, 기대 그리고 가치관-으로부터 출발하지 않으면 안 된다고 강조했다.[6] 학교조직 역시 교육 서비스의 고객에 해당하는 학생들의 특성을 파악하고 이를 사명에 반영해야 한다.

'누구에게'라는 질문이 중요한 이유가 있다. 결국 이 질문에 대한 대답에 따라 '무엇을' 그리고 '무엇 때문에'에 대한 대답은 저절로 결정되기 때문이다. 학교가 무엇을, 왜 가르칠 것인가라는 질문에 대한 답변은 대상 학생의 요구와 직접 관련이 된다. 가르쳐야 할 학생들의 관점에서 검토되지 않으면 안 되는 것이다.

케네스 블랜차드*Kenneth Blanchard*와 제시 스토너*Jesse Stoner*가 어떤 경찰서의 사명 선언문에 대해 언급한 적이 있다. 그 사명 선언문에는 자기들의 사명이 '법을 집행하는 것'이라고 씌어 있었다. '무슨 목적으로?'라는 질문에 대한 답변이 없었다. 다시 말해, 그들은 왜 그 서비스('법을 집행하는 것')를 제공하는 것인지에 대한 설명이 없었다. 차라리, '시민의 법적 권리를 수호하고 사람들을 위험으로부터 보호하는 것'이라고 했으면 훨씬 호소력 있고 명확한 목적이 되었을 것이다.[7]

훌륭한 사명 선언문들도 있다. 유명한 제약회사인 노바티스의 미션 선언문은 그 한 예가 될 수 있다.[8]

> 우리는 질병의 예방과 치유, 고통의 경감, 삶의 질 향상을 위해 혁신적인 제품을 발견, 개발해 시장에서 성공적으로 마케팅하고자 한다. 또 우리는 뛰어난 성과가 반영된 주주 이익률을 제공하고, 우리 회사에 자신의 아이디어와 노동을 투자한 사람에 대해서도 그에 상응하는 적절한 보상을 하고자 한다.

조직의 정체성이란 시간이 흘러도 어느 정도 동일한 혹은 지속성 있는 양상을 가리킨다.[9] 정체성을 표현하는 사명도 마찬가지다. 짐 콜린스*Jim Collins*와 제리 포라스*Jerry I. Porras*도 조직의 목적, 즉 사명은 광범위하고 기초적인 것이며 변함없는 것이라고 강조한 적이 있다.[10]

그러나 사명은 환경 변화를 무시할 수 없다. 퍼트리샤 존스*Patricia Jones*와 래리 커해너*Larry Kahaner*는 『세계 최고 기업들의 미션*Say It and Live It*』에서 미국 50대 기업의 미션 헌장에 대해 소개한 적이 있다. 그런데 이들 가운데 상당수가 근본적인 변혁의 과정을 거치면서 미션 헌장을 재작성하거나 개정했다는 놀라운 사실을 발견했다고 기술하고 있다. 그들은 변화하는 환경에 대처하기 위한 새로운 철학이 필요했던 것이다.[11]

학교조직 역시 변화된 환경 하에서 학교의 목적이나 존재 이유에 대한 타당성을 확보할 필요가 있다. 변화된 환경과 학교가 구현해야 할 존재 목적 간의 적합성을 유지해야 한다.[12]

그렇기 때문에 사명은 지나치게 구체적이어서는 안 된다. 독특함을 부각시키기 위해 너무 세부적이고 구체적으로 설정한 사명에 발목을 잡힐 수도 있다. 환경의 변화에 유연하게 대응하는 적응력을 상실할 수 있다. 우리 학교의 사명이 교육 환경이 요구하는 것과 동떨어진 것으로 남아있도록 해서는 안 된다.

### 가치의 역할

각 사람의 의식적인 행동 속에는 자신이 추구하는 가치가 담겨있다. 가치는 '어떠한 것이 바람직하다.'고 생각하는 깊이 간직된 신념이다. 가치는 각자에게 무엇이 옳고 중요한지를 규정해 준다. 선택과 행동에 지침이 된다.[13] 케네스 블랜차드와 제시 스토너는 가치를 "그날그날 우리 행동을 이끌어주는 암묵의 규범"이라고 표현했다.[14]

마찬가지로 조직의 행동 방식에는 조직의 가치가 반영되기 마련이다. 가치는 조직의 곳곳에 스며들어 있어 구체적인 의사결정과 행동을 통해 보여진다. 가치는 손에 잡히지 않는 무형의 것이다. 하지만 그들로부터 조직의 생명력이 뿜어져 나온다.[15] 이 공동의 가치는

조직 전반에 걸쳐 사람들이 행동하는 방식에 일관성을 유지할 수 있도록 해 준다.[16]

이러한 과정을 통해 하나의 문화를 형성할 것이고, 그것이 조직의 존재 목적을 떠받치게 된다. 가치는 그저 '있으면 좋은 것'이 아니다. 가치는 사람들이 목적을 추구하는 과정을 인도해 주기 때문에 절대적으로 중요하다.[17]

로이 디즈니*Roy Disney* 월트디즈니 전 부회장은 "자신의 가치관이 무엇인지 알고 있을 때는 결정을 내리는 것이 힘들지 않다."고 했다.[18] 학교조직이 어떻게 움직이고, 교사들이 어떻게 행동해야 하는지 결정할 때 충실히 지켜야 할 조직 가치가 있으면, 그저 따라가면 된다.

학교가 독특한 가치를 지니고 있을 때 독창적인 행동 방식을 보여줄 수 있다. 이 특유한 행동 방식으로부터 학교의 정체성을 찾아낼 수 있다. 다른 학교와 구분되는 특별한 방식으로 운영되는 학교는 사람들의 관심을 끌기에 충분하다. 특이하다보니 학교의 이름을 들으면 사람들은 그 학교가 추구하는 가치를 바로 떠올릴 수 있다.

예를 들어, 성실함이 내재화되어 있는 학교는 굳이 드러내놓고 성실하다는 것을 강조하지 않아도 성실함이 드러나기 마련이다. 모든 업무 수행 과정을 통해 '성실'이라는 가치를 일관되고 지속적으로 사람들에게 전달하게 된다.[19]

가치가 중요한 또 하나의 이유는 가치가 사람들을 통합하는 힘을 가지고 있다는 것이다. 구성원 모두를 하나로 묶어주어 서로 협력하게 만든다. 교사 개인의 힘으로는 성취할 수 없는 일을 이루어낼 수 있게 한다.

조직 내 에너지를 결집하려면 조직의 특성과 잘 맞아떨어지는 가치가 필요하다. 구성원들이 가진 다양성을 아우를 수 있어야 한다. 모두가 수용하고 실천할 수 있는 내용이어야 한다. 그래야만 구성원들의 마음속의 나침반으로서 작용할 수 있다. 그들이 독립적이면서도 상호의존적으로 일하도록 할 수 있다.[20]

훌륭한 가치를 만들기 위해 애쓰는 조직들이 있다. 가치가 조직의 성공에 미치는 영향력을 알고 있기 때문이다. 흔히 조직 설립자가 제시한 의지가 조직의 가치가 된다. 전체 구성원이 다 함께 참여해 만들기도 한다. 독특한 가치를 찾아내기 위해 외부 전문가의 도움을 받기도 한다.

학교의 경우, 관리자가 정해 놓은 경영 원칙이 핵심가치가 될 수 있다. 일부 사립학교처럼 설립자의 내부 신념이 학교의 가치가 되기도 한다. 학교에서 가장 본받을 만한 교사들의 행동에서 공통적으로 보이는 특징으로부터 찾아낼 수도 있다. 또 교사들이 바람직한 가치로 보편적으로 수용하는 신념을 학교의 가치로 간주하기도 한다.

그러나 정체성과 관련하여 가치의 내용 못지않게 중요한 것은 이 가치의 신봉자들이 얼마나 깊이 그 이념을 믿고 있느냐다. 모든 면에서 그 가치가 얼마나 일관성 있게 살아 있고 호흡되고 표현되느냐 하는 것이다.[21] 한 마디로, 키스 맥팔랜드*Keith R. McFarland*가 말하는 "행동으로 표현되는 가치"가 되어야 한다.[22]

자신들이 추구한다고 말하는 가치와 실제로 운영되는 방식이 다른 학교가 있다. 정의해 놓은 가치가 제대로 실행에 옮겨지지 않는 경우다. 제 아무리 독창적인 가치라 할지라도 실행되지 않으면 무용지물이 되고 만다.

가치가 실행되도록 하기 위해서는 구성원 개인이 소유한 가치가 조직의 가치와 양립할 수 있어야 한다. 조직은 가치를 갖지 않으면 안 된다. 구성원도 마찬가지다. 두 가지 정체성이 똑같을 필요는 없다. 그러나 이 둘은 공존할 수 있을 만큼 충분히 가깝지 않으면 안 된다. 그렇지 않으면 개인은 좌절을 느낄 뿐만 아니라 결과를 산출할 수도 없을 것이다.[23]

반면에 개인과 조직의 가치가 일치할 때 엄청난 에너지가 생겨난다. 헌신과 정열, 추진력이 강화된다.[24] 조직 내에 커다란 활기와 자부심이 넘치게 된다.[25] 학교의 가치가 곧 교사들의 가치이고, 그들의 가치가 곧 학교의 가치인 경우 교사들은 갈등에 휩싸이지 않는다. 그들은 이중의 잣대를 가지고 있을 필요가 없다.[26] 교사들은 직무에 몰입할 것이며, 직무 성과 또한 향상될 것이다.[27] 가치 간의 대립과 갈등에 따른 비용을 줄일 수 있기 때문이다.

일부 조직은 선발 과정에서 조직과 가치가 동일한 사람을 채용하려고 한다. 개인 역시 자신의 가치와 일치하는 조직을 선택하려 한다.[28] 그러나 학교조직의 경우, 일부 사립학교를 제외하고는 이는 실현 가능성이 거의 없다.

한편 조화를 추구해 나가는 조직도 있다. 개인은 조직에 소속된 이후 조직의 특성으로부터 영향을 받기도 하고 동시에 조직 가치에 영향을 주기도 한다. 개인과 조직의 가치는 시간이 흐를수록 서로 조화를 이루어 나간다.[29] 별도의 가치 공유 노력이 추가되어 이러한 과정이 더 원활히 일어나도록 할 수 있다.

공립학교의 경우에 조직 가치와 개인 가치를 통합하기 위한 노력이 더욱 절실하다. 교사들의 이동이 잦기 때문이다. 정체성을 살려 나가고자 하는 학교의 경우에는 교사들의 에너지를 통합하는 데 더 많은 노력이 요구될 수밖에 없다. 다만 모든 학교에 공통적인 가치의 경우에는 공유에 따른 부담이 줄어들기도 한다. 여러 학교에서 근무하면서 터득한 교사들의 가치 공유 기술도 이러한 노력에 도움을 줄 수 있다.

철저히 내재화된 학교의 가치는 교사들의 모든 행동에 반영된다. 그들의 상식이 된다. 가치는 그들이 행동하는 방식에 일관성을 유지할 수 있도록 해준다.[30] 교사 한 사람 한 사람의 행동으로부터 학교의 가치를 알 수 있게 된다. 학교의 정체성이 확연히 드러나게 된다. 신뢰로 연결된다.

다만 가치를 중요시한다고 모든 곳에 가치를 내세우면 예상치 못한 문제가 발생할 수도 있다. 마크 알비온*Mark Albion*은 자신의 가치를 잃지 않으면서 동시에 환경의 변화를 받아들이고 따라가려고 노력할 필요가 있음을 강조하고 있다.[31] 가치란 어떤 상황에서도 지속적으로 추구하고자 하는 믿음과 행동의 원칙이다.[32] 그럼에도 불구하고 가치 적용의 한계선을 긋는 것이 중요하다.[33]

탁월한 조직들은 어느 선을 기준점으로 두어야 할지 잘 알고 있다. 그들은 협상은 하되 자신들의 가치 수호를 위해 정해놓은 선 밖으로는 절대 물러서지 않는다. 그들은 이해관계자들에게 이 가치를 전파시키고, 신뢰에 바탕을 둔 관계를 구축한다. 동시에 외부의 의

견에 귀를 기울이고 의견을 받아들인다.[34]

우리 학교의 가치는 학교의 정체성을 드러내기 위해 매우 중요하다. 모든 구성원의 행동의 기준이 되어야 한다. 그러나 끊임없이 확인해야 할 일이 있다. 바로 우리의 가치가 교육 환경의 변화나 학생들의 욕구를 제대로 반영하고 있는가 하는 것이다. 무작정 우리 학교의 가치만을 고집해서는 안 된다.

### 미래의 정체성

비전이란 학교가 꿈꾸는 미래의 모습이다. 학교의 미래를 규정하고 미래를 바라보며 나아가도록 고무한다. 새로움을 찾고 있는 학교에게는 도전 목표이며, 어려움에 처해 있는 학교에게는 소망의 원천이 된다.

비전이 지닌 강렬한 힘은 사람들을 끌어들일 수 있다. 다양한 원천으로부터 비전을 달성하는 데 필요한 도움을 얻어낼 수 있다. 그만큼 비전을 달성할 가능성은 높아진다. 로리 베스 존스*Laurie Beth Jones*는 콜럼부스의 비전에 얽힌 일화를 다음과 같이 소개하고 있다.[35]

> 이사벨라 여왕이 콜럼버스에게 항해 자금을 지원한 것은 향료, 전향자, 그리고 금을 가득 싣고 스페인으로 돌아오겠다는 그의 비전을 높이 샀기 때문이다. 콜럼버스가 "세 척의 배와 많은 인부, 돈,

충분한 시간이 필요합니다. 그러면 어떻게든 다시 돌아오겠습니다."라는 말로 이사벨라 여왕을 설득하려했다면, 그는 결코 한 푼도 얻어내지 못했을 것이다. 그게 그 당시 현실이었다. 그러나 컬럼버스는 달랐다. 그는 자신이 제시한 비전의 가치로 여왕을 설득했다. 향료, 전향자, 그리고 배에 가득 실은 금괴! 이는 여왕에게 얼마나 매력적인 비전이었겠는가?

콜럼부스가 보여준 매력적인 미래는 후원자를 구할 수 있었다. 평범하지 않은 비전이 인류 역사를 바꾸어 놓았다. 자신의 꿈을 펼치기 위해 마련한 비전은 콜럼부스를 보통 사람에서 특별한 사람으로 바꿔주었다.

비전이 독특할 경우에 더욱 강렬한 힘을 발휘할 수 있다. 비전이 말해주는 미래의 독특한 모습이 바로 미래의 정체성이 된다. 비전 속에 함축되어 있는 독특함이 우리 학교의 정체성의 기반이 된다. '10년 뒤의 우리 학교는 어떤 학교인가?'라는 질문에 대한 답변은 현재의 정체성을 결정할 수 있다.

특별한 비전은 그 미래를 향해 같이 나아가자고 교사들을 설득할 수 있다. 학교의 이해관계자들이 비전에 매료되도록 하여 후원자로 만들 수 있다. 미래로의 여정에 동참하도록 그들을 초대할 수 있다. 유일무이한 비전은 그들에게 자부심을 심어줄 수 있다.

우리 학교의 정체성을 가장 잘 보여줄 '꼭 맞는' 비전을 만들기 위해서는 무엇보다도 스스로에 대해 잘 알고 있어야 한다.[36] 자신에 대해 잘 알지 못하면서 스스로의 미래를 설정할 수는 없는 노릇이다. 학교가 할 수 있는 것과 할 수 없는 것에 대해 철저히 이해하고 있어야 한다. 어떤 핵심이 보존되어야 하고, 어떤 방향으로 나아가야 하는지에 대해서도 알고 있어야 한다.[37] 무엇보다도 어떤 특성이 학교를 잘 설명하는지 알고 이를 비전에 반영할 수 있어야 한다.

다른 학교를 따라가는 비전은 금물이다. 다른 학교와 같아지려고 할 때 우리 학교는 자율권을 잃는다. 실패는 종종 군중을 따라간 결과다.[38] 어디로 가는지, 무엇을 위해서인지도 모른 채 다른 학교가 뛰니까 우리 학교도 같이 뛴다는 식이다. 모든 학교가 한 곳을 향해 뛰어간다. 도전정신이나 창의성은 뒷전이다. 특징 없는 복제품 비전들로 가득 차게 된다. 종국에는 모든 학교가 제자리에 있다.

이른바 '붉은 여왕 효과'인 셈이다.

루이스 캐럴*Lewis Carroll*의 유명한 소설 『이상한 나라의 앨리스*Alice in Wonderland*』의 후속편인 『거울나라의 앨리스*Through the Looking-Glass and What Alice Found There*』에는 붉은 여왕이 등장한다.

> 붉은 여왕은 앨리스에게 "제 자리에 있고 싶으면 죽도록 뛰어야 한다."고 말한다. 붉은 여왕의 나라에서는 어떤 물체가 움직일 때 주변 세계도 그에 따라 함께 움직이기 때문에 주인공이 끊임없이 달려야 겨우 한 발 한 발 내디딜 수 있기 때문이다.

붉은 여왕이 말하는 경주처럼 모두가 함께 같은 곳을 향해 뛰다 결국은 모두가 제자리가 된다.[39]

싸구려 경쟁 심리에서 출발한 과시용 비전 역시 경계 대상이다.

한 학교의 비전이란 가상의 경쟁상대인 다른 학교보다 나아지기 위해 마련하는 것이 아니다. 우리 학교만의 목표를 세우고 이를 달성하기 위해 애쓰기 위한 것일 뿐이다. 우리 학교가 가진 고유한 강점을 극대화하도록 고취하는 동력원일 뿐이다. 우리 다른 학교와의 비교를 통해 학교를 발전시켜 가는 방식은 경쟁 학교에 대한 경멸과 좌절감을 맛보게 만들 수 있다. 따라 잡는 순간 목표를 잃어버릴지도 모른다.

비전이 제대로 정체성으로서 역할을 하려면, 현재의 노력에 의해 뒷받침되어야 한다. 미래를 현실화하려는 학교의 의지로부터 정체성을 찾아낼 수 있다. 비전을 달성하기 위해 전심전력하는 모습에 정체성이 담겨있다. 미래에 가보지는 않았지만 그 미래를 실현하려는 현재의 노력에서 드러나는 정체성이다. 비전을 이미 달성한 것처럼 현재형으로 기록하는 까닭도 여기에 있다.[40]

비전을 실현하기 위한 준비와 노력의 내용은 학교마다 모두 달라야 한다. 여기서 학교의 정체성이 드러난다. 비전 실현을 위한 관리자의 행동이 남달라야 한다. 비전 달성을 위한 중기 목표나 단기 전략을 수립하고 이를 실행하는 과정에서 '다름'이 드러나야 한다. 심지어 단위 부서나 교사 개개인에게 부과되는 과업에 우리 학교만의 정체성이 살아 숨 쉬고 있어야 한다. 비전 달성을 위해 정렬한 프로세스나 자원 운용 방식에서 독특함이 풍겨 나와야 한다. 퍼즐 조각 같은 이러한 노력 하나하나에 독특함이 담겨 있어야 한다. 이들은 결합되어 비전이라는 큰 그림이 독특한 것이 되도록 한다.

## 탁월함의 관리

광고에 종사하는 사람들은 '제품 고유의 장점을 찾으라'는 불문율을 먼저 배운다. 어떤 제품에서 독특하게 우러나는 특성을 찾아내는 일은 효과적인 광고 전략의 최우선 과제이기 때문이다.[41] 뛰어난 장점은 실체를 알리는 강력한 이미지를 만들어 낸다. 확신을 줄 수 있다.

학교 역시 마찬가지다. 우리 학교를 다른 학교와 구분해 주는 우리 학교만의 강점을 찾아내는 일이 필요하다. 그리고 이를 활용하고 또 개발할 필요가 있다. 이를 통해 우리 학교가 모두에게 의미 있는 존재가 되도록 해야 한다. 로리 베스 존스의 표현을 빌린다면, 이는 우리 학교의 "신성한 권리이자 책임"이다. 자신을 위해서는 물론 사회를 위해서 주어진 재능을 활용하고 배가시켜나가야 한다.[42]

학교가 무엇을 보유하고 있는가는 중요하다. 그러나 여기서 끝나서는 안 된다. 학교가 보유하고 있는 능력을 모든 이해관계자에게 보여주어야 한다. 잘 할 수 있음을 알려주어야 한다. 증거를 보여야 신뢰를 얻을 수 있다.[43]

다만 탁월함을 관리하는 일은 장기적인 관점에서 실행되어야 한다. 학교의 진정한 탁월함이란 일회성으로 끝나는 것이 아니다. 때때로 눈앞의 성공에 집착하다가 미래의 더 큰 성공을 잃어 버리는 경우가 있다. 더 큰 성공의 길을 열어놓을 수 있는 탁월함이야말로 진정한 탁월함이다.

## 과감한 차별화

문학평론가 김형중은 소설가 편혜영이 그려내는 작품 세계를 두고 "동일성의 지옥"이라는 표현을 썼다. "차이가 존재하지 않는 세계는 인간에게 지옥"이라는 것이다. 시인 김소연도 달라지려는 노력보다는 같아지려는 노력을 하면서 살고 있는 세상이라고 지적한 적이 있다. 사람들이 '남들처럼' 되려고 필요 이상의 애를 쓰고 있다는 것이다. '나만의' 어떤 것을 추구한다거나 '개성'을 돌보려 애쓰는 것은 철 지난 유행처럼 퇴색해버린 듯하다고 꼬집었다.[44]

이들이 공통적으로 표현하고 있는 것은 차이가 사라지는 작금의 현상에 대한 거부감이다. 경제학에서는 이러한 현상을 '망외부 효과 *network externality*' 부른다. 망외부 효과 중 대표적인 것이 '밴드웨건 효과*bandwagon effect*'다. 유행도 일종의 밴드웨건 효과이다. 이것은 다른 사람들이 특정한 상품을 사용하기 시작하면 그것이 자신에게 필요한지 여부와는 상관없이 그 상품을 구입하는 것을 말한다. 흔히 남들이 하니까 나도 한다는 식의 행동을 말한다.[45]

이영환과 김홍범은 그 원인을 모방심리에서 찾고 있다. 사람은 누구나 고립되는 것이 두려워 남들을 모방하려는 심리가 있다는 것이다. 다만 우리 사회에서는 이러한 현상이 지나치다는 것이 문제다. 그 원인은 자신의 존재가치를 다른 사람의 평가에 전적으로 의존하려는 태도에서 볼 수 있다.[46]

명확한 정체성을 갖고자 한다면 차별화를 위해, 그리고 뚜렷한 특성을 드러내기 위해 의식적인 노력을 할 필요가 있다. 기존의 관습을 거부하고, 부단히 새로운 방법을 찾아다니는 조직이 얻을 수 있

는 보답이다. 차별화에서 필요한 것은 모방이 아니라 발명이다.[47]

> 영화 《죽은 시인의 사회*Dead Poet Society*》 에 나오는 존 키팅은 학생들에게 영어만 가르치는 것이 아니었다. 그는 도발적인 사례들을 보여주면서 학생들이 스스로 생활을 변화시키도록 영감을 주었다. 영화의 한 장면 중, 키팅이 책상 위에 올라서서 세상에 대한 '높은 안목'의 중요성을 시범적으로 보여 준다. 이러한 '높은 안목'은 학생들이 언제나처럼 걸상에 앉아서 보는 것과는 차이가 있었다. 학생들에게 인생의 큰 그림을 볼 수 있도록 영감을 주었다. 키팅은 또 학생들을 학교 트로피가 전시되어 있는 곳으로 데리고 가서 "카르페디엠*carpe diem*(현재에 충실하라, *seize the day*)"이라는 아이디어를 생각해 보게 한다. 자신들의 능력으로 뛰어난 성과를 이룬 사람에 대해 이야기하며, 키팅은 학생들도 그들처럼 이 세상을 위해 무엇을 할 수 있는지를 생각해 보게 한다.[48]

존 키팅이 가르치는 방식들은 한 번도 시도된 적이 없는 차별화된 방법이었다. 학생들에게 다가가고 그들을 기쁘게 만들 수 있었다. 비록 그가 보수적인 관리자나 교사들에 의해 배척당하지만 학생들에게는 세상을 다른 눈으로 보도록 자극하는 계기가 되었다. 관리자는 이러한 '다름'이 안정적인 학교 분위기를 해칠지 모른다고 걱정한다. 잘 다져온 명문 학교로서의 명성에 부정적인 영향을 미칠까봐 전전긍긍한다.

차별화에 대한 두려움 때문이다. 학교조직이 자신의 정체성을 드러내려 할 때 혹시 고립될까 두려워하는 부담이 있는 것은 아닐까?

그러다보니 다른 학교들이 하는 것을 그대로 따라하면서 편안함을 느끼고 있는 것처럼 보인다. 변화의 길을 향해 나아갈 때 느껴지는 두려움 때문에 과거의 중력에서 벗어나지 못하는 것과도 같다.

우리 학교가 추구하는 차별화가 질투를 받을까봐 걱정하는 학교들도 있을 수 있다. 랄프 에머슨*Ralph W. Emerson*이 『자신감*Self Reliance*』라는 그의 수필에서, "남의 능력을 질투하는 것은 무지의 소산"이라고 말한 적이 있다.[49] 그럼에도 여전히 남의 탁월한 능력은 질투의 대상이 되곤 한다.

차별화란 이웃 학교들과의 개성 경쟁이다. 그러나 차별화에 너무 집착하다 보면 종종 타 학교들과 갈등을 불러일으키게 된다. 자신의 색깔을 분명히 하면서 앞서가는 학교는 다른 학교들의 시기의 대상이 될 수 있다. 감독·지원 기관에서도 곱지 않은 시선으로 바라볼 수 있다. 관리 범위를 벗어날지도 모른다는 경솔한 우려 때문에.

차별화를 촉진하면서 갈등을 최소화할 수 있는 방법은 없을까? 이해관계가 얽힌 주체들과 오래도록 좋은 관계를 유지할 수 있는 방법은 어떤 것이 있을까?

존 더글라스*John Duglas*는 우선 차이점은 목적이 아니라 방법이라는 점을 계속 강조할 것을 권하고 있다. 즉, 우리 학교도 다른 학교들과 '같은 목표를 향해 가고 있다'는 점과 우리 학교가 활용하는 '방법만이 다를 수 있다'는 점을 끊임없이 강조해야 한다.[50] 우리 학교는 더 많이 차지하려고 경쟁하는 것이 아니라 새로운 방법을 창출하기 위해 노력하고 있다는 점을 부각시키는 것이 바람직하다. 이는 다른 학교들에게도 도움이 될 수 있음을 인식시켜야 한다.

아울러 겸손한 태도 위에서 능력을 인정받는 전략도 필요하다. 기회가 있을 때마다 다른 학교를 인정하고 배려하는 태도를 보일 필요가 있다. 우리 학교만의 독특함을 드러내고자 하는 것이 다른 학교를 무시하기 위함이 아니라는 것을 알려야 한다. 자신의 우수성에 대한 자랑은 자제하고 다른 학교의 위신을 세워주는 겸손한 태도를 갖는 것이 좋다.[51]

마크 고베*Marc Gobe*는 『공익적 브랜딩*Citizen Brand*』에서 개성은 완벽함과 관련이 없다고 강조한다. 개성은 개성일 뿐이다. 개성은 모든 사람을 만족시키는 완벽한 수준에 도달하는 것이 아니다. 그것은 뚜렷한 태도를 취하고 인간적 측면을 보여주는 것이다.[52] 완벽한 수준을 지향해야 하지만 이로 인해 차별화의 본질을 벗어나는 일이 일어나서는 안 된다. 정체성을 과장하거나 심지어 올바르지 못한 정체성을 추구하는 일을 삼가야 한다.

학교 내부적으로는 교사들의 차별화 의지를 고무할 필요가 있다. 학교의 차별화 의지를 현실화시키는 것은 바로 교사들의 노력이다. 각 자의 차별화된 목표 달성 방식을 존중해줘야 한다. 그 방식이 학교에 손해를 끼치지 않는 한 그 의지를 펼칠 수 있도록 하는 게 중요하다. 아무리 사소하더라도 차별화 노력에 존경을 보내고 모두가 협력하도록 유인할 필요가 있다. 차별화를 향한 의지와 재능이 모두 합쳐져 우리 학교만의 독특한 색깔을 만들어 낼 수 있다.

## 강한 브랜드

눈으로 확인할 수 있는 유형의 상품과 달리 무형의 서비스는 그 이미지나 명성에 의해 구매 여부가 결정되는 경향이 있다. 학교와 같이 유형의 상품이 아니라 무형의 서비스를 제공하는 조직의 경우 브랜드는 매우 중요하다. 강한 브랜드는 무형의 서비스에 대한 이용자들의 신뢰를 강화시켜주기 때문이다.[53] 강한 브랜드를 가진 학교는 자신의 브랜드에 대해 책임을 느끼게 되고 질이 떨어지는 교육 서비스를 제공할 수 없게 된다. 이는 안정적인 교육 서비스를 창출하는 기반이 된다.

브랜드란 조직이 가진 모든 가치를 종합적으로 보여주는 것이다. 학교가 브랜드 파워를 높이려면 이해관계자에게 학교가 가진 가치에 대해 믿음과 확신을 줄 수 있어야 한다. 이를 위해서는 학교의 본 모습을 알리는 것이 중요하다. 그동안 우리 학교가 얼마나 잘 해왔는지 보여주어야 한다. 우리 학교가 이해관계자들이 기대하고 있는 교육 서비스를 제공할 능력을 갖추고 있음을 알려주어야 한다. 혹시 본래부터 지니고 있었지만 인정받지 못하는 것이 있다면 더 정교한 전략을 써야 한다. 필요하다면 실적과 관련된 유형의 물리적 증거물들을 활용할 수 있다. 교사들이 아낌없이 전문성을 발휘하는 모습을 공개할 수도 있다.

학교의 실적이나 강점, 차별화된 서비스를 알리는 일은 매우 중요한다. 특히 이 일은 우리 학교의 행동이 외부 사람의 오해를 받고 있거나 잘못 해석되고 있을 때 대단한 힘을 발휘할 수 있다.[54]

하지만 학교의 실체를 알리는 노력만으로는 부족하다. 이와 함께 탁월함을 추구할 필요가 있다. 실력이 뒷받침되어야 한다. 탁월한 교육성과는 신뢰를 높일 수 있는 확실히 증거다. 의지할 만한 학교라는 인식을 심어줄 수 있다. 스티븐 코비*Stephen M. R. Covey*는 『신뢰의 속도*The Speed of Trust*』에서 '뛰어난 성과 창출'을 신뢰를 구축하는 핵심적인 이유로 꼽고 있다. 교육성과는 브랜드에 대한 충성심을 낳을 수 있다. 학부모들을 탁월한 홍보 인력으로 바뀌어 우리 학교를 타인에게 추천하도록 만들 수 있다. 이해관계자들을 전략적 파트너로 만들어 준다.[55]

브랜드 가치란 포괄적 의미로 서비스 이용자가 기대하는 탁월함에 대한 명성을 말한다. 학교의 구성원들은 탁월함을 추구해야 한다. 즉, 위대함과 명민함을 지향해야 한다. 질 좋은 교육 서비스를 제공하기 위해 꾸준히 실력을 연마해야 한다. 그래야 브랜드에서 탁월함이 발견된다.[56] 교육성과가 브랜드 가치를 높여 주지만 높아진 브랜드 가치는 다시 높은 교육성과를 올리는 데 기여하게 된다.

그러나 무엇보다도 중요한 것은 이해관계자들과 감성적으로 연결하도록 하는 노력이다. 마크 고베는 고객과의 감성적 연결의 중요성을 강조하고 있다.[57] 핵심은 관계의 구축이다. 단순한 '거래 대상'이 아니라 '동반자'로 인식하는 공동체 관계의 형성이 목표다. 공동체 관계가 형성되면 소비자는 브랜드에 대해 기꺼이 대가를 지불한다. 긍정적인 입소문을 내거나 다양한 후원 활동으로 협력하게 된다.[58]

샤롯 비어스*Charlotte Beers*도 "브랜드를 강화하는 최선의 방법은 고객을 감성적으로 끌어들이는 것이다."라고 강조했다.[59] 훌륭한 브랜드는 고객과 감성적인 관계를 형성한다. 그것은 단순히 이성적이거나 경제적인 것을 넘어서 친밀함, 애정, 신뢰를 만들어낸다.[60] 학교의 이해관계자들과 인간적이고 감성적으로 민감한 관계를 구축해야 한다. 이를 통해 학교의 브랜드 파워를 키워갈 수 있다. 학교를 사랑하게 하고 신뢰하도록 만들 수 있다.

감성적 연계를 형성하는 가장 확실한 방법은 배려다. 이해관계자들을 위한 태도를 갖고, 이를 실천하는 것이다.[61] 그들이 소중히 여기는 가치를 제공해 주는 것이다. 학교의 교육 활동에 이해관계자들의 핵심가치를 반영하는 것이다.[62]

서울에 위치한 대현초등학교는 그 훌륭한 예다.[63]

> 이 학교는 장애를 가진 학생 단 1명을 위한 "사랑의 엘리베이터"를 만들어냈다. 학부모의 절실한 요구와 교사들의 열정 그리고 교육청 공무원의 노력이 어우러져 얻어낸 결과였다. 휠체어를 타는 뇌성마비 장애 학생을 배려한 이해관계자와 학교의 공동 작품이었다. 이 학교 후문에는 1주일간 플래카드 하나가 내걸렸다. '엘리베이터를 설치해 주셔서 감사합니다.' 한 학부모가 직접 만든 플래카드였다. 이 학교의 김귀순 교장은 "김양 어머니의 눈물겨운 노력과 다른 학부모와 교사들의 배려, 교육청 공무원의 노력 덕분에 단 한 명의 소외학생도 만들어선 안 된다는 교육 철학이 지켜졌다."고 말했다.

학교는 학부모가 소중히 생각하는 가치를 반영하고자 했다. 학교 지원·감독 기관을 포함한 이해관계자들의 협력으로 학교의 의지는 실현되었다. 학교는 교육 철학을 지킬 수 있었다. 이와 같은 긍정적인 경험은 학부모를 비롯한 모든 이해관계자들과 학교를 감성적으로 연결시킬 것이다.

정보의 유통 속도가 점점 빨라지고 있다. 각 학교가 실행하는 교육 활동에서 독특함을 찾기는 점점 더 어려워지고 있다. 학교마다 지닌 가치를 구분해 내기가 어려워지면서 브랜드의 중요성은 점점 커지고 있다. 그 중요성을 깨닫고 품격을 높이기 위해 애쓰는 학교는 탁월한 학교가 될 수 있다. 이를 등한시하는 학교는 상대적으로 취약해 질 수밖에 없다.

특별히 의미 있는 브랜드를 만들고자 하는 갈망을 가진 학교는 켈로그 경영대학원 교수인 필립 코틀러*Philip Kotler*의 지적을 염두에 둘 필요가 있다. 그는 품격 있는 브랜드란 '의지할 만하며, 나를 존중해 주고, 더 나아가 존경하고 싶은 마음이 우러나도록 하는 브랜드'라고 말했다.[64]

## 통합

학교에서 이루어지는 모든 의사결정 행위는 정체성을 살려 나갈 수 있는 핵심 요인이다. 의사결정 하나하나에는 학교가 내세우는 정체성이 담겨 있어야 하며 이러한 행위가 거듭되면서 학교의 정체성은 강화된다.

교실에서 학생들을 직접 만나는 교사들의 행동도 학교의 정체성을 강화시키는 매우 훌륭한 수단이다. 교사 한 사람 한 사람이 이해관계자들과 접촉할 때 드러나는 행태 속에서 학교의 정체성이 발견되어야 한다. 교사들이야말로 정체성 홍보대사다. 그들은 궁극적으로 정체성의 약속에 따라 행동하고, 그것을 구현하고 그리고 의미있는 방식으로 살아있게 하는 주체다.[65]

심지어 학교의 구조물까지도 정체성을 드러내는 요소다. 학교 곳곳에 위치한 작은 구조물들은 우리 학교가 무엇을 귀중하게 생각하는지를 세상에 알리는 신호들이다. 복도에 걸려 있는 그림 한 장도 정체성과 연결되어 학교를 이해하는 데 도움을 줄 수 있다.

그러나 의사결정의 방향에 일관성이 없고 구성원마다 보여주는 정체성이 서로 달라 학교의 정체성에 혼란을 주게 되면 신뢰는 떨어지게 되어 있다. 학교의 정체성이 담겨있지 않은 유형물 역시 무의미한 껍데기일 뿐이다.

저명한 수필가 헨리 소로우*Henry David Thoreau*의 비유를 빌린다면 사람의 몸을 떠난 의상과도 같다. 사람의 의상을 귀한 것이라고 생각하게 하는 것은 그 의상 속에서 빛을 발하는 진지한 눈빛과, 그 속에서 영위되어진 성실한 삶뿐이다. 희극배우가 복통을 일으키면 그 화려한 의상도 비통의 빛을 띌 수밖에 없을 것이다.[66] 학교의 특색이 살아 숨 쉬는 행태나 구조물만이 생명을 갖게 된다. 정체성을 찾아낼 수 없는 학교 내 요소들은 무의미하다. 정체성을 살리지 못하는 요소들은 오히려 정체성의 기반을 약화시킨다. 이들은 무질서하게 뒤섞여 웃음거리의 사례가 될 뿐이다.

학교 내 여러 요소들이 모두 통합되어 정체성을 표현하도록 해야 한다. 다양한 정보와 경험들이 합쳐져 하나의 통일된 이미지를 만들도록 해야 한다. 마치 모자이크화처럼 서로 다른 모양의 조각들이 모여 하나의 정체성을 형성하도록 할 필요가 있다. 제각각의 개성을 따로따로 드러내는 것으로 그친다면 어수선하기만 하고 실속이 없는 잔치 같을 것이다.

패트릭 렌시오니*Patrick M. Lencioni*가 들고 있는 사우스웨스트항공사의 예를 보자. 사우스웨스트항공사의 특성으로 이야기되는 것들은 대개 이런 것들이다. 운임이 저렴하다. 정시에 이륙 및 착륙하다, 서비스가 훌륭하다, 국내 노선만 취급한다, 기내 부대서비스가 없다, 일등석이 없다, 사전 지정좌석이 없다, 스튜어디스가 반바지를 입었고 유머 감각이 넘친다.

이 수많은 내용 중에 어떤 것이 사우스웨스트의 전략일까? 모두 다 사우스웨스트의 전략이다. 핵심은 사우스웨스트를 다른 항공사와 특별히 구분되도록 만들어주는 것은 이런 것들을 모두 합한 것에 있다는 사실이다. 이러한 특징들 가운데 어느 하나만으로는 사우스웨스트를 다른 항공사와 구분할 수 없다.[67]

모든 요소들이 원활하게 통합되도록 하는 비결은 관리자는 물론 모든 교사가 학교의 정체성에 몰입하도록 만드는 것이다. 레오나드 베리*Leonard L. Berry*는 '브랜드 내부화'라는 용어를 사용하고 있다. 브랜드를 키워가는 조직 차원의 노력에서 구성원들이 가장 중요한 대상이라는 것이다. 구성원들이 브랜드를 이해하지 못하거나 믿지 않으면, 그들은 자신들을 그 일부로 여기지 않고 브랜드를 연출해내지도 않게 된다. 따라서 조직의 브랜드를 구축하기 위해서는 브랜드를 내부화할 필요가 있다고 강조하고 있다.[68]

교사들이 학교의 정체성에 대해 잘 모르고 있거나 신뢰를 보내지 않을 경우, 정체성에 몰입할 수 없다. 정체성에 대한 해석이나 그 표현 방법이 제각각일 경우도 있다. 정체성은 일관된 흐름 속에서 명확히 표현될 수 없다.

이러한 부적절한 상황이 발생하지 않도록 하려면 무엇보다도 교사들의 참여를 증진시켜 나가야 한다. 정체성을 돌보고 키우는 데 교사들을 적극적으로 참여시키는 것이다. 교사들에게 정체성을 설명하고, 또 그들이 받아들일 수 있도록 설득하는 과정이 포함된다. 이에는 정체성 강화를 위한 전략을 교사들과 공유하는 것도 포함된다. 교사들과의 창조적인 커뮤니케이션, 정체성 강화를 위한 행동교육을 실시하는 것도 포함된다. 또 정체성을 효과적으로 강화한 교사들에 대한 포상과 칭찬도 포함된다.[69]

통일된 메시지를 전달할 수 있도록 지원해 주는 별도의 팀을 운영할 수도 있다. 이 팀은 여러 가지 모양을 지니고 있는 정체성 요소들을 통합하는 일을 수행하게 된다. 또 특정 방향을 설정하거나 지속적으로 정체성을 관리하는 역할을 맡을 수도 있다.

## 생동하는 정체성

정체성을 인식하는 것은 단지 긍지와 기쁨만이 아니라 용기와 자신감의 원천이 된다. 특정 정체성에 초점을 맞춤으로써 구성원들은 연대감을 풍부하게 하고 서로를 위해 많은 일을 할 수 있게 된다.[70] 그러나 아마르티아 센*Amartya Sen*이 『정체성과 폭력*Identity and Violence*』에서 강조하듯이, 이에는 추가적인 인식이 필요하다. 정체성 의식이 타인을 따뜻하게 포용하는 것과 마찬가지로 그만큼 많은 사람을 단호히 배제할 수도 있다.[71]

단일한 정체성 안에서 모든 구성원은 일체감을 맛볼 수 있다. 일사분란하게 움직일 수 있다. 그 안에서 보호받고 있다는 안도감까지 느낄 수 있다. 그러나 선택의 여지가 없는 단일한 정체성만 받아들여야 하는 경우에 학교는 취약해질 수 있다. 학교의 힘과 범위를 중대하게 저하시키는 결과를 가져올 수 있다.[72] 복잡한 환경에 대응할 수 있는 능력을 지니지 못해 어려움을 겪게 될 가능성이 높다.[73]

단일한 정체성을 추구하는 학교는 다원적인 세상의 수많은 요구를 충족시킬 수 없다. 학교가 가진 유일한 정체성은 편 가르기의 폐해를 노정할 수 있다. 교사들이 가진 역량을 분산시키게 된다. 다양한 정체성이 살아있는 조직풍토가 오히려 학교를 강하게 할 수 있다. 학교를 설명할 수 있는 요소가 그만큼 풍성해지기 때문이다. 다양한 정체성을 인정하는 풍토가 학교를 진정한 화합으로 이끌 수 있기 때문이다.

정체성이 살아 있도록 하려면 정체성을 끊임없이 재해석하는 정성을 기울여야 한다. 정체성은 현실을 반영해야 한다. 배경과 어울리지 않는 피사체 같아서는 안 된다. 조화를 유지해야 한다. 현대식 건물들로 가득 찬 도심 한 복판에 남아 있는 낡은 기와집과 같아서는 안 된다. 개성을 고수한다고 불편을 주는 삐죽 솟아 있는 녹슨 철골 기둥을 그대로 두어서는 안 된다. 과거의 정체성이었던 전통을 버리는 것이 아니다. 개성을 스스로 업신여기는 것이 아니다. 이를 기초로 해서 환경에 어울리는 옷을 덧입히는 작업이 필요하다. 더 오랜 세월을 견딜 수 있는 특별한 정체성을 만들어 가는 것이다.

학교가 위치하고 있는 지역사회의 특성과 사회적 상황의 특징을 보여줄 수 있어야 한다. 빠르게 변화하는 시대 상황을 반영할 의무가 있다. 과거의 정체성에 묶이기보다는 과거와 현재가 조화를 이루고 있어야 한다. 훌륭한 정체성이란 은근히 드러나는 전통을 기반으로 현재에 적응하면서 다가올 미래를 준비하는 것이다.

## 다양한 정체성

학교의 정체성은 학교의 제도적 뒷받침을 통해 확립된다. 교사 각자의 정체성을 최대한 살려주는 정체성이 가장 이상적이다. 그러나 학교의 정체성이란 단순히 교사들이 가진 다양성을 산술적으로 합쳐 놓은 것은 아니다. 다양성을 포괄하는 확장된 정체성이 목표다.

이 과정에서 학교의 정체성과 교사 개개인의 정체성이 충돌할 수 있다. 이는 신뢰에 부정적인 영향을 미칠 수 있다. 학교가 신뢰를 받기 위해서는 뚜렷한 정체성을 가지고 움직일 필요가 있기 때문이다. 그렇다고 학교의 정체성을 조건 없이 받아들이도록 강요할 수는 없다. 교사 개개인의 정체성이 서로 경쟁하는 혼란스러운 모습 역시 경계 대상일 것이다.

공동체의 정체성이 개인의 지배적인 심지어 유일하게 의미 있는 정체성이 되어야 한다는 가정은 공동체주의적 사고다.[74] 그러나 이는 철 지난 구호일 뿐이다. 다원화된 시대에 구성원 모두에게 받아들여지는 단 하나의 정체성이란 존재할 수가 없다. 학교에 소속된 교사라면 무비판적으로 학교의 정체성을 받아들여야 한다는 논리는 일종의 억압이다.

교사들로 하여금 학교의 정체성을 명확히 인식하고 소속감을 갖도록 하는 것은 중요하다. 공동 사고는 학교의 목표 달성에 커다란 힘이 될 수 있다. 하지만 이러한 노력이 구성원들을 완고한 공동체주의자가 되도록 압력을 가하는 것이 되어서는 안 된다. 학교의 정체성에 맞지 않는 교사들의 생각을 무시해서는 안 된다.

그러나 정체성 간의 조화를 추구하고 통합하는 일은 많은 노력을 요구한다. 특히 두려움이라는 장애물이 앞을 가로막을 수 있다. 차이를 인정할 때 뒤따르는 혼란에 대한 두려움이다. 선택을 해야 하는 부담도 생긴다. 정체성 간의 갈등은 자칫 학교를 분열시킬 수 있다는 우려도 있다. 이러한 이유들로 인해 강력한 하나의 정체성에 의지하고 싶은 유혹이 움틀 수 있다. 모두가 동일한 정체성의 옷을 입고 같은 관점을 갖기를 바랄 수 있다. 그러나 이는 활력이라곤 찾아볼 수 없는 수동적인 정체성의 집합일 뿐이다.

이제는 학교 구성원들의 합의뿐만 아니라 심지어 이해관계자들의 수락과 납득이 필요한 시대가 되었다. 공동체의 정체성이란 구성원은 물론 이해관계자들이 함께 만들어가는 것이라는 사고가 보편화되었다. 어떤 방식으로든 이들의 의견을 반영할 수 있는 제도를 구비해야 한다. 비판적으로 검증해 볼 수 있는 기회가 부여되어야 한다.

한편 교사 개개인의 정체성이 지나치게 살아있으면 학교는 이른바 '정체성 위기' 상황에 직면하게 된다. 자신의 정체성을 최대한 살려 궁극적으로 학교의 정체성이 곧 자신의 정체성과 같아지기를 바란다면 이는 너무 뻔뻔스러운 것이다. 때로는 학교의 정체성이 자신의 정체성과 대립된다는 이유로 이를 수용하지 못하고 겉돌다가 다른 학교로 떠나기도 한다. 이는 또 하나의 획일성의 강요일 뿐이다.

오히려 다양성을 인정하면서 구성원으로서 책임을 이행해야 마땅하다. 즉, 조직의 정체성을 수용하고 이를 강화하는 노력에 깊이 관여할 필요가 있다. 구성원 각자가 가진 다양성을 포괄할 수 있는 이상적인 정체성을 정립해 가는 데 협력해야 한다. 자신의 정체성을 인정받고자 한다면, 개인은 조직의 정체성도 인정해야 한다. 자신의 다름을 주장하는 동료 교사의 다양성을 인정해야 한다.

무엇보다도 학교의 정체성을 수용하는 것이 자신의 정체성을 허물어뜨리는 것이 아니라는 사실을 받아들여야 한다. 자신의 정체성을 방어하려는 행위들은 조직 차원의 확장된 정체성과의 엉킴을 통해 조직의 다양성을 살려준다. 구성원 모두가 가진 다양성은 끊임없이 서로에게 영향을 미칠 수밖에 없다. 만족스럽지 못할지는 몰라도 학교의 정체성에도 영향을 미치기 마련이다. 서로 혼합해 조화를 이루며, 차용하고 적응하며, 배우고 수정해 나간다.[75] 교사 개개인이 가진 다양성을 더욱 풍성하게 만들 수 있다. 학교의 정체성을 강화시키는 데 기여할 수 있다.

교사마다 가지고 있는 정체성은 서로 넘나들면서 차이로 인해 생길 수 있는 갈등을 줄여 준다. 힘의 낭비를 최소화할 수 있다. 편 가르기를 극복하는 데 있어 '우리는 모두 하나'라는 식의 비현실적인 주장은 그 방안이 절대 될 수 없다. 오히려 서로를 넘나드는 정체성의 다원성에 화합을 이룰 수 있다는 희망을 걸 수 있는 것이다.[76] 서로를 인정하고 화합하면서 모든 교사가 조직에 더 몰입하도록 만들 수 있다.

이러한 현상은 학교 내 단위 부서가 가진 정체성과 학교 정체성 간에도 발생할 수 있다. 효율적인 통제의 필요로부터 정체성을 축소시키려는 유혹이 생길 수 있다. 그러나 비현실적인 단일성에 기반을 두기보다는 다양성을 받아들이는 제도를 추구하는 것이 더 현명하다. 부서마다 가진 특색을 살리도록 서로 격려해 줄 필요가 있다. 학교의 정체성을 넓혀나가는 데 기여할 수 있도록 지원해야 한다. 교육 환경이 더욱 건강해 질 수 있다.

여러 개의 정체성이 서로 조화를 이루어 가는 역동적인 모습이 바로 정체성의 본질이다. 학교의 정체성을 구성하는 다양한 정체성끼리 부단히 상호교류하면서 만들어지는 다채로움은 생명의 에너지다. 이는 공교육의 정체성이 가진 취약성을 보완해 줄 수 있다. 정형화되고 경직되어 있다는 이미지를 줄여줄 수 있다.

다양한 유전자를 가진 종이 더 건강하다. 다양한 수종이 살아있는 삼림이 더 아름답고 풍성한 법이다. 다양한 정체성이 공존하고 교사들은 선택의 자유를 누리면서도 뚜렷한 정체성을 가진 학교가 건강한 학교다.

### 정체성의 재해석

장기간의 성공을 위해서는 지속적인 정체성이 필요하다. 그러나 동시에 환경에 빠르게 적응하기 위해서는 적응력도 필요하다.[77] 정체성은 살아서 움직여야 한다. 정체성은 고정되고 영원히 불변하는 것이 아니다. 주변 환경의 변화에 따라 변화하고, 환경 변화에 조화롭게 새로운 정체성이 형성되기도 한다.[78] 학교를 둘러싼 환경의 변화에 아름답게 적응하기 위해 변화는 불가피하다. 변화가 빨라질수록 정체성의 변화 주기는 더 짧아질 수 있다.

조직을 둘러싼 사회 환경이 정체성 변화를 초래할 수 있다. YMCA의 사례는 조직 환경이 정체성의 형성에 미치는 영향을 잘 보여준다.[79]

> YMCA는 당초 젊은 남성들에게 복음을 전파하는 크리스챤 조직으로 설립되었다. 그러나 1900년대 이후 대중을 대상으로 하는 복지 조직으로 그 속성이 변화되었다. 변화를 야기한 주요 원인 중 하나는 1860년에서 1900년 사이 미국에서 발달한 스포츠와 자연과학의 발달이라는 환경의 영향이었다. 환경의 변화에 따라 YMCA는 자체 조직 내의 종교관련 프로그램을 감소시키고 대신 레크리에이션 관련 프로그램을 증가시켰다. 그리고 이는 조직의 대중화를 촉진했다.

상호작용하는 타 조직의 영향으로 조직의 정체성이 변화하기도 한다. 아래 사례에서 보듯이 미 우정국은 우정공사로 바뀌면서 정체성이 변화되었다. 기존의 소극적이고 현실안주적인 속성이 타 조직에 의해 경쟁 지향적이고 적극적인 속성으로 변했다.[80]

100여 년 동안 변화가 없던 우정국은 대통령과 의회에 의해 공식적 구조와 법적 구조의 전환이 시도되었다. 당시 우정국을 살펴보면, 성과보다는 연공서열과 규칙이 중요시되었고 창의력과 열정을 지닌 지도자가 감독자의 위치에 오를 수 있는 체계가 아니었다. 이에 리처드 닉슨*Richard M. Nixon* 대통령은 사업가 출신의 윈톤 블라운트*Winton Blount*를 우정공사 총재에 임명하였고, 조직 내에 개혁이 단행되었다. 그리고 이에 따라 조직의 정체성은 효율성을 추구하는 능동적인 조직으로 변화되었다.

한편 정체성의 변화는 외적인 위기나 압력이 아니라 조직 내부적 요인에 의해서도 나타날 수 있다.[81] 적극적인 변화 전략과 맞물려 정체성을 변화시키려 시도할 수 있다. 학교가 가상의 경쟁 대상 학교보다 뒤처지고 있다는 인식이 보편화될 때가 있다. 예년에 비해 훨씬 더 많은 자원이 학교 내로 투입되어 학교가 새로운 사업을 추진해야 할 경우도 있다. 교사들의 의식 변화에 따라 기존의 정체성을 새로운 정체성으로 변화시켜야 한다는 갈망이 커지는 때도 있다.

이와 같은 여러 가지 이유들로 인해 정체성을 변화시킬 때 정체성의 재해석은 반드시 거쳐야 하는 절차다. 재해석에는 학교의 정체성을 설명하는 요소들을 분해해서 하나하나 따져보는 과정이 수반된다. 요소들 간의 관계도 재정립할 필요가 있다. 보완관계와 갈등관계에 대해서도 다시 생각해 보아야 한다. 한 때 서로에게 힘이 되어 주었던 요소들이 어느 순간 서로의 힘을 약화시키는 요인으로 변해 있을 수 있다. 재해석을 통해 여러 요소들이 조화를 이루도록 하고 상승효과를 낳도록 해야 한다.

조화란 전체를 이루고 있는 부분들이 서로서로 어울리고 서로를 빛나게 해 주는 방식으로 관계 맺고 있는 모습이다. 다양한 구성 요소들이 서로가 서로의 아름다움을 상승시키며 조화를 이루면서 아름다움을 만들어 간다. 각각의 구성 요소들이 아무리 다양하고 그 자체만으로 아름답다 하더라도 그것들 사이에 조화가 이루어지지 않으면 전체의 아름다움은 기대하기 어렵다.[82]

재해석 방법 가운데 하나는 전통과 새로움을 조화시키는 것이다. 소설가 알랭 드 보통*Alain de Botton*이 『행복의 건축*The Architecture of Happiness*』에서 네덜란드의 베이프하위전 신 주택 단지를 아래와 같이 소개하고 있다.[83]

> 멀리서 보면 이 마을은 전통적으로 보인다. 지붕은 물매를 그리고, 집들은 전형적인 교외의 격자 위에 띄엄띄엄 놓여 있다. 가까이 가보아야만 특별히 현대적인 손길을 느끼게 된다. (중략) 지붕은 기와를 덮은 대신 골이 있는 강철을 입혀 놓았다. 벽은 벽돌이 아니라 강철판에 그와 똑같이 홈을 판 나무를 조합해서 만들었다. 이런 식으로 전통적인 형태와 현대적인 재료를 조합한 덕분에 과거와 현재 사이에 서로 존중하며 대화가 펼쳐지는 것을 느낄 수 있다. 이 집들은 현대 네덜란드의 현실에 적응하는 방법을 알면서도 자신의 혈통을 의식하며 조용히 입을 다물고 있다.

알랭 드 보통은 베이프하위전 주택단지가 전통적인 건축 스타일의 현대적 재해석의 훌륭한 사례라고 소개했다. 그는 "우리는 여기에서 우리 과거와 우리 지역의 귀중한 것들을 가지고 세계화된 미래로 들어가는 방법을 배울 수 있다."고 했다.[84]

전통은 과거와 연결되어 있는 동시에 미래로 이어질 때 우리를 구속하는 힘이 아니라 새로운 창조를 가능하게 한다. 과거와 연결되지 않은 현재는 경박하고 미래와 연결되지 않은 현재는 무기력하다.[85] 정체성의 재해석은 과거의 귀중한 것들을 가지고 미래로 들어가는 방법이다.[86]

이는 전통과 새로운 것이 조화를 이루도록 하는 일이다. 현대식 재료를 이용해서 전통적인 방식으로 집을 짓는 것과 같다. 새로이 정립한 정체성을 뽐내면서도 한 때는 매혹적이었던 기존의 정체성에 존경을 보내는 일이다.

그러나 때때로 과거의 부정적인 이미지를 완전히 씻어버리고자 정체성을 변화시키는 경우가 있을 수 있다. 새로 시작하면 된다. 브래드 블랜튼*Brad Blanton*의 지적처럼 부정적인 과거를 떠올리게 하는 현재의 사건들에 얽매여 마음을 사용하는 것은 참담하다. 구성원 모두가 의식혁명을 할 필요가 있다. 이를 통해 자신과 공동체 동료들의 장래를 창조하는 데 마음을 사용하도록 해야 한다.[87] 학교의 능력을 과거 이미지들을 지키는 데 쓰지 않고 원하는 것을 계획하고 실천하는 데 사용해야 한다. 과거가 더 이상 걸림돌이 아닌 오히려 창조의 무기가 되도록 해야 한다.[88]

# 미덕 7

# 호혜성

## Reciprocity

존중 문화의 정착
협력의 모색
호혜 원칙의 실천

신뢰는 공동 작업에 대한 전제조건인 동시에 결과다. 이러한 신뢰는 우선 기업이나 작업 그룹의 구성원들이 협동적인 태도를 보이고, 서로를 지원해 주며, 정보를 교환하고, 공동으로 이루어 낸 성공을 개인적인 이익을 위해서 이용하지 않는다는 것과 이 성공에 의해 생기는 가치들을 모두 함께 나누어 가진다는 것을 그 바탕으로 한다.

- 라인하르트 슈프렝어*Reinhard K. Sprenger*가
『위대한 기업의 조건』에서

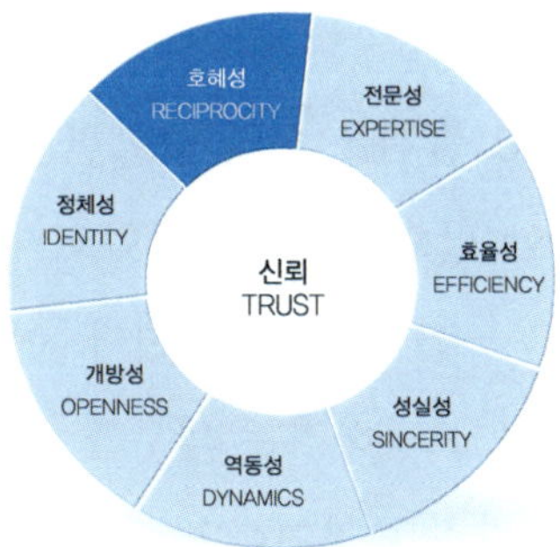


미국 유기농 식품 유통업체인 홀푸드의 구성원들은 커뮤니티처럼 느끼는 회사를 만들기 위해 일한다. 이 회사의 사명선언문의 이름은 '상호의존 서명문'이다. 그리고 홀푸드를 '다른 사람들의 가치를 창조하기 위해 함께 일하는 커뮤니티'라고 설명한다.[1] 조직의 정체성을 호혜성에서 찾고 있는 것이다.

조직은 구성원들의 상호의존적 마인드에 기반을 두고 있다. 호혜성이란 동료들의 협력과 기여를 통해 조직이 유지된다는 사실을 받아들이는 것이다. 타인으로부터 받은 무언가를 동일한 집단에 속한 제 3자에게 돌려주는 것을 의미한다. 즉, 당사자들만의 교환 관계로 끝나는 것이 아니다. 집단적 차원에서 교환이 일반화되어 하나의 규범으로 작동하는 과정을 가리킨다.[2]

따라서 호혜성이 장기적으로 지속되면 구성원들 간의 두터운 상호신뢰가 공유된다.[3] 호혜성을 가진 학교에서는 모든 교사가 서로의 성장을 뒷받침한다. 가능한 한 최고의 교사가 될 수 있도록 서로 격

려하고 서로의 성장을 돕는다. 교사 모두는 그들을 인정하고 존중하는 조직에 기여하려 한다.[4]

교사들이 자신이 학교 발전을 위한 중요한 존재로서 인정받고 있다고 느낄 수 있도록 할 필요가 있다. 또 학교가 자신에게 많은 관심과 배려를 하고 있다고 느낄 수 있어야 한다. 이때 비로소 그와 같은 학교의 호의적인 태도에 보답하려는 의무를 갖게 될 것이다. 즉, 학교가 교사들의 기여에 가치를 부여하며, 교사들의 복지에 관심을 기울인다고 지각하도록 해야 한다. 그러면 교사들은 역할 내 및 역할 외 행동 차원에서 학교의 성과를 증대시키고자 하는 책무를 지각하게 될 것이다.[5]

이러한 호혜성은 교사들과 학교조직 간의 관계에 있어서만 의미를 갖는 것이 아니다. 이제 학교는 외딴 섬처럼 고립된 존재가 아니다. 수 많은 외부 이해관계자들과 연결되어 있다. 이들과의 관계 역시 호혜성에 기반을 두어야 한다. 상호충성도가 높은 협력 시스템을 구축해야 한다. 모든 이해관계자들이 아낌없이 나누고 이를 통해 함께 발전해 나갈 수 있어야 한다.

'백지장도 맞들면 낫다.'는 말이 있다. 호혜성이 있는 학교는 이 원리를 확신한다. 비록 이기적인 이유에서지만 공동 목적 달성을 위해 상대방과 협력하는 것이다. '나'가 아니라 '우리'가 하는 게임이다.[6]

린 업쇼*Lynn Upshaw*는 그의 저서 『정직이 전략이다*Truth : The New Rules for Marketing in a Skeptical World*』에서 "파트너에게 유익한 행동을 하라."고 역설하고 있다. 파트너란 서로를 필요로 하고 분리해서 기능할

수 없는 관계다. 이들 간에는 상호이익과 책임이 뒤따라야 한다. 좋은 파트너는 서로를 돌보아야 한다.[7]

## 존중 문화의 정착

존중받고 있다는 느낌을 경험하는 구성원은 자신의 본분을 다 하려 노력한다. 더 잘 해보려는 의욕이 가슴 깊은 곳에서 용솟음친다. 자신의 능력을 개발하기 위해 자발적으로 투자하게 된다. 자연스럽게 자신이 해야 할 과업의 성과가 올라갈 것이다. 무엇보다도 존중받는 교사는 학생들을 존중할 수 있을 것이다.

반면에 구성원들을 존중하지 않는 학교는 큰 대가를 치르게 된다. 의욕 상실로 학교 분위기는 가라앉게 마련이다. 학생들마저도 학교나 동료 교사들로부터 존중받지 못하는 교사들을 무시할 것이다. 자신의 일에 자부심을 느낄 수 없을 것이다. 열정을 가지고 학생들을 가르치려 하지 않을 것이다. 학생들에게 존중을 가르칠 수 없음은 당연하다.

결국 교육 서비스의 질은 떨어지고 교육성과는 낮아지게 되어 있다. 존중하고 존중받는 환경이 구축되어 있지 않은 조직은, 정신적 피로를 회피하려는 '게으른 사람들의 천국'으로 변한다. 이것을 견디지 못한 교사들은 다른 학교를 찾아 떠날 것이다.[8]

신뢰가 있는 조직에서는 상호존중이 발견된다. USAA의 부사장인 윌리엄 쿠니*William Cooney*는 '충성의 사슬*loyalty chain*'이란 표현을 썼다. 조직이 구성원에 대한 충성을 보여줌으로써, 구성원들로 하여금 고객에게 충성할 수 있도록 하는 것이다.[9] 결국 조직의 성과는 향상될 수밖에 없다. 학교조직이 교사들을 잘 챙겨주면, 교사들은 충성으로 보답할 것이다. 자신의 역할을 수행하는 데 최선을 다 할 것이다. 학교조직의 존재 목적 달성에 한 걸음 더 다가갈 수 있을 것이다.

## 인정

인정받고 싶은 것은 인간의 기본 욕구다.[10] 인간의 영혼에는 우리가 더 발전할 수 있고 자신이 남들이 생각하는 것보다 더 괜찮은 사람이라는 일종의 진취심리가 있다.[11]

자신들의 생각이 꽤 훌륭한 생각이라는 평가를 받고 싶어한다. 자신들이 하는 일이 진정으로 도움이 된다는 것이 이야기로 남겨지기를 바란다.[12] "제가 처음 맡을 때는 이 정도 수준이었는데, 계속 노력하여 이렇게 더 높은 수준으로 향상시켰습니다."라고 말하고 싶어한다.[13]

이러한 욕구를 해소시키는 한 가지 방법은 교사들의 생각을 인정해 주는 것이다. 교사들의 의견이 가져다 주는 이득은 크게 두 가지다. 첫째는, 아이디어 그 자체다. 훌륭한 아이디어는 업무 프로세스를 혁신적으로 변화시키거나 성과를 개선하는 등 여러 방면에서 커다란 효과를 발휘한다.[14] 교육 현장에서 활용되면 즉각적으로 효과를 볼 수 있는 창의적인 아이디어를 놓치지 않도록 주의를 기울여야 한다.

첫 번째 못지않게 중요한 두 번째는, 아이디어를 낸 당사자들이 이를 적용하는 과정에서 누구보다 헌신적으로 노력한다는 점이다. 로드 와그너*Rodd Wagner*와 제임스 하터*James K. Harter*에 따르면, 구성원들의 의견을 많이 반영하는 조직에서는 구성원들이 느끼는 소속감 수준이 매우 높다.[15]

또 '내 의견이 비중 있게 반영된다'고 생각하는 구성원들은 조직이 자신들을 존중하고 공평하게 대우한다고 생각한다고 생각하는 경향이 많다.[16] 관리자가 교사들에게 의견을 물어보면서 존중하는 모습을 보이면 교사들은 자신이 가치 있는 존재라는 점을 느끼게 될 것이다. 조직 변화의 프로세스에 동참해야겠다는 생각을 갖게 될 것이다.[17]

반면에 자신들의 생각이 무시당하면 냉담해 질 것이다. 그들은 관리자를 불신하게 되고 조직의 승리를 위해 열심히 일하기보다는 냉소적이고 무관심한 태도를 보일 것이다.[18]

그러나 모든 생각이 존중받을 수는 없는 노릇이다. 누구나 자기 의견을 솔직하고 명확하게 밝힐 수 있어야 한다. 다른 사람들의 의견과 다를 때라도 마찬가지다. 하지만 그 후에 하나의 결정이 이루어졌으면 모두가 그 결정대로 따라야 한다. 설사 자신의 생각이 존중받지 못했다손 치더라도 그 결정을 받아들여야 한다. 이러한 태도가 조직의 일반적인 행동으로 자리잡을 때, 불만스런 속삭임은 줄어들고 상호협력은 증가한다.[19]

교사들의 노력을 인정해 주는 것도 존중을 실천하는 또 하나의 좋은 방법이다. 구성원들의 노력을 인정하고 그들의 성과를 기꺼이 축하해 주는 활동이 많은 조직에서는 뜨거운 열정을 발견할 수 있다. 인정과 칭찬은 돈을 들이지 않고도 구성원들의 헌신과 열정을 이끌어 낼 수 있는 매우 훌륭한 수단이다.[20]

데보라 노빌*Deborah Norville*은 '노력의 인정'이 구성원에게 안정감을 주는 가장 좋은 수단이라고 말한다. 관리자로부터 인정을 받는 교사는 자기 스스로와 자신의 일에 대해 긍정적인 생각을 가지게 된다. 엉뚱한 피해의식이나 지나친 의심에 빠지는 경우가 없다. 긍정적인 마인드는 낯선 것에 대한 시도와 실패를 수치스러워하지 않는다. 동료 교사들과 잘 어울리면서 자신의 능력을 충분히 발휘하게 된다.[21]

일을 잘하면 반드시 보상해야 한다. 하나하나의 업무에 대해 잘된 부분은 칭찬이나 감사, 인정 등을 통해 즉시 보상할 수 있다.[22]

조직 차원에서 인정을 표현하는 방법은 다양하다. 훌륭히 직무를 수행한 교사 한 명을 큰 모임에서 호명해 칭찬하는 것처럼 간단한 방법도 있다. 또는 상당한 성과를 올린  부서를 학교 신문에 실어 많은 사람에게 알릴 수도 있다. 혹은 뛰어난 실력으로 학교의 가치를 올려준 부서에 정기적으로 시상을 할 수도 있다.[23]

한꺼번에 인정할 수도 있지만 일상생활에서 크고 작은 인정 방법을 활용할 수도 있다. 구성원들의 노고에 감사하는 메일이나 그들이 스트레스를 받고 있음을 인정하는 격려 카드를 쓸 수도 있다.[24] 원하는 업무 배정을 한다면 업무 성과를 높이는 효과도 기대할 수 있다. 어려운 업무이거나 열심히 일하더라도 대가가 따르지 않는 업무인 경우에는 다른 보상을 반드시 제공해야 한다. 특히 할 일을 제대로

수행하는 직원에게 오히려 손해가 가는 정책이나 시스템이 있다면 과감히 바꿔야 한다.[25]

동료들의 수고를 서로 인정해 주는 분위기를 만드는 일도 중요하다. 구성원들이 자신이 속한 부서나 동료들과의 관계에서 그들의 노고를 인정하도록 애쓸 필요가 있다. 이러한 노력은 구성원들 간에 원활한 업무 협조가 일어나게 만들며 선의의 경쟁을 불러일으킨다. 다른 사람의 노력을 인정해 줄 때 구성원들은 자신만이 희생당하고 있다는 생각을 하지 않는다.[26]

구성원들의 탁월한 성과에 대한 감사와 인정이 일터에서 매 순간 이루어진다면 조직은 역동적으로 변한다.[27] 많이 공헌할수록, 더 높이 평가받고 많은 보상을 받을 것이다. 다만 보상이 공동체 의식을 훼손하도록 내버려두어서는 안 된다. 학교에 더 많이 공헌한 교사가 있는가 하면 그렇지 못한 교사 있게 마련이다. 학교에 대한 공헌도에 따라 보상이 달라진다. 그러나 학교가 발전하도록 기여하는 것이 곧 각 교사 자신에게도 이익이 된다는 생각을 갖도록 하는 보상 시스템이 구비되어야 한다.[28]

특히 존중을 실천함에 있어서 조직의 가치가 중심에 있어야 한다. 학교의 핵심가치에 비추어서 교사 개개인의 능력을 인정해 주는 분위기가 필요하다. 이런 분위기 속에서 교사들은 학교의 가치관에 부합하는 행동을 선호하게 되고, 이런 분위기 형성은 조직의 가치관 자체를 다듬어 나가는 좋은 수단이 되기도 한다.[29]

## 관심의 위력

누군가에게 보내는 관심은 신뢰로 되돌아온다. 스티븐 코비*Stephen M. R. Covey*의 말처럼 관심은 신뢰를 낳는다. 누구라도 자신에게 관심을 보이지 않는 사람을 신뢰할 수는 없을 것이다. 자신의 업무나 일상사에 대해 별로 관심이 없는 관리자나 동료를 신뢰할 교사는 없다. 반대로 자신에게 지대한 관심을 보이는 사람에게 신뢰를 보낼 것이다.[30]

스티븐 코비는 구성원들에게 관심을 기울이고 신뢰를 고취하는 행동을 보여준 대표적인 사람으로 스타벅스 하워드 슐츠*Howard Shultz* 회장을 들고 있다. 다음과 같은 사례도 있다.

> 1997년 세 명의 스타벅스 직원이 워싱턴 D.C.의 한 스타벅스 커피점에서 강도에게 살해당했다. 그 소식을 들은 하워드 슐츠는 즉시 비행기를 전세 내 워싱턴 D.C.로 날아갔다. 그는 그곳에서 일주일을 머물며 경찰의 수사에 협력하고 희생자인 가족을 위로했으며 다른 직원들을 만났다. 물론 장례식에도 참석했다. 무엇보다 놀라운 일은 그가 앞으로 그 커피점에서 발생하는 모든 수익을 '희생자의 권리와 폭력 예방을 위한 기구'에 기증하겠다고 발표했다는 사실이다. 하워드 슐츠는 세 명의 직원과 그 가족에게 깊은 관심을 기울임으로써 스타벅스 전체 직원과 그 가족에게 관심이 있음을 널리 알렸다. 직원들은 누구도 그가 직원에게 관심이 있다는 것을 의심하지 않았고 이렇게 생각했다. '회장이 사고를 당한 사람들과 그 가족을 위해 이토록 관심을 기울인다면 나에게도 그렇게 할 것이다. 이 회사에서 일하는 것이 자랑스럽다.'[31]

학교조직도 교사들에게 관심이 있음을 끊임없이 알려야 한다. 말로만 관심이 있다고 해서는 안 된다. 실제 행동으로 보여주어야 한다. 고범서가 『가치관 연구』에서 언급한 '더불어 사는 삶'을 지향하는 문화를 조성해야 한다.[32]

> 로버트 레드포드*Robert Redford*감독의 영화 《흐르는 강물처럼*A River Runs through It*》에 나오는 장면이다. 아들 폴의 장례식에서 아버지 맥클레인 목사는 다음과 같은 설교를 한다. "정작 도움이 필요할 때 우리는 가장 가까운 사람조차도 돕지 못하는 것이 사실입니다. 무엇을 도와야 할지도 모르고 때로는 그들이 원하지도 않는 도움을 줍니다. … "

이 장면은 무관심 풍조가 불러온 폐해를 잘 지적하고 있다. 여러 가지 이유들로 인해 남에게 관심을 갖기가 점점 더 어려워지고 있는 것이 현실이다. 그러나 관심은 동료 간에 진정한 도움을 주기 위해서 필요하다. 평소 동료에게 관심을 가지고 있어야 하다. 그래야 도움이 필요할 때 그들에게 도움이 되어줄 수 있다.

흔히 몇몇 개인적 관계가 있는 구성원들은 서로 친밀한 관계를 유지하고 있다. 이들은 서로 관심을 가지며 서로 돌보고 도와주지만 그 외의 구성원들에 대해서는 무관심하다. 같은 학교에 소속되어 있고, 같은 교무실 공간을 차지하고 있다는 것 외에는 아무런 관계도 없다. 많은 교사들이 소외감이나 외로움을 느끼고 있다. 누군가가 자기에게 관심을 주기를 갈망하고 있다.[33]

관심을 고무하는 크고 작은 노력들은 교사들 간 상호작용의 수준을 높이는 데 기여할 수 있다. 교사들 간 만남이 활발하게 일어나도록 해야 한다. 소통과 이해, 상호 도움과 돌봄의 문화를 가꾸어 가야 한다. 서로 관심을 가지며 서로 돌보고 도와주는 조직 분위기를 만들어야 한다.[34] 동료 교사를 자신이 필요로 하는 것을 제공해 줄 수 있는 진심어린 후원자로 만들어야 한다.

개인화된 관심은 특히 위력적이다. 개별적으로 접근할 때 큰 효과를 발휘한다. 교사들에게 다가설 줄 아는 관리자만이 교사들에게 자신감을 심어줄 수 있다. 보다 높은 차원의 욕구를 가질 수 있도록 고무할 수 있다. 이를 통해 교사들의 가외 노력을 유도하여 기대 이상의 성과를 가져올 수 있다.[35]

관리자가 교사들과 얘기할 때는 누구한테나 적용할 수 있는 대화를 하지 말고, 그 교사와만 나눌 수 있는 사적이고 친숙한 대화를 나눌 수 있어야 한다.[36] 관리자가 직접 쓴 편지 한 통을 전해줄 때, 말 한 마디라도 붙여주고 한 번의 눈길이라도 줄 때, 한 번 웃어줄 때, 그리고 잠깐이라도 귀 기울여 상대의 얘기를 들어줄 때 조직의 분위기는 확 달라진다. 관리자가 이런 자세를 유지하는 학교에서는 무슨 문제가 있어도 쉽게 해결될 수 있다.[37]

자신에게 관심을 갖고 있고 자신을 도울 수 있는 사람이 있다고 느끼는 교사들은 자신감을 가질 수 있다. 확실히 후원자 혹은 조언자의 존재는 잘하고 있다는 자신감을 줄 수 있다. 아울러 도전적으로 업무를 수행케 하며 조직생활에 성공적으로 정착하고 더 크게 성장할 기회를 준비하게 한다.[38]

## 배려의 역학

배려를 통해 표현되는 존중의 힘은 강력하다. 존중은 구성원들이 책임감 있게 행동하며 업무를 충실히 수행하도록 해준다. 존중받은 교사들의 책임감은 한결 강해진다. 스스로의 능력을 향상시키려 한다. 뛰어나고 신뢰성 있는 교육 서비스를 만들어 낸다.[39]

학교가 자신을 배려하고 있다고 느끼는 교사들은 자신의 과업에 책임의식을 갖게 된다. 그러나 만약 학교가 교사들을 보살피지 않는다고 느낄 경우, 그들은 학생들을 보살피지 않을 것이다. 교사들이 행복할 수 있도록, 그들이 자기 일에 열중할 수 있도록, 그들이 필요로 하는 모든 것을 제공하기 위해 최선을 다 할 필요가 있다. 그들이 행복하지 못하면, 학생들을 만족시킬 수 없을 것이다.[40]

배려는 조직의 결속력을 높이는 힘도 가지고 있다. 충분히 존중받는다고 느끼는 사람은 공공의 이익을 위해 보다 협조적인 태도로 노력하게 된다. 팀의 리더가 팀원을 존중해 주면 팀원들은 그에 보답하기 위해 조직에 헌신하게 되는 이치다.[41] 애정을 가지고 교사를 챙기는 학교는 헌신적인 교사들을 확보할 수 있게 된다. 학교 목표를 효과적으로 달성할 수 있다.

상대방에 대한 존중은 공동체 내의 사회적 상호작용을 유지하기 위한 기본 조건이다.[42] 구성원 간 배려는 공생 관계를 유지하기 위한 기반 요인이다. 서로에게 유익이 되는 파트너가 되기 위해서는 배려가 뒤따라야 한다. 배려는 쌍방향성이 특징이다. 동료 교사의 마음과 사정을 배려하여 자신의 주장을 펴는 교사는 동료가 어느새 마음의 문을 활짝 열고 귀를 기울이고 있음을 발견할 것이다. 한 사람의 친절과 우호적인 태도는 이 세상의 모든 권모술수보다 더 쉽게 다른 사람들의 마음을 열 수 있다. 그리고 그 안에서 신뢰의 꽃을 피울 수 있다.[43]

배려가 학교 내에 뿌리 내리기 위해서는 타인 중심의 사고가 필요하다.[44] 마크 알비온*Mark Albion*은 '배려'를 다른 사람의 눈을 통해 자기 자신을 보는 것이라고 정의한다.[45] 배려하는 마음이란 다른 사람의 입장에서 생각해 보고 다른 사람들과 공존하려고 노력하는 일종의 책임감이라고 볼 수 있다.[46]

성공적으로 운영되는 학교는 언뜻 조직의 교육성과와는 직접 관련이 없어 보이는 매우 작은 일에서부터 사람들을 배려한다. 교사들이 사소한 것에서 학교로부터 배려받고 있다고 느끼도록 한다. 특히 개인화된 배려를 실천한다. 교사 개개인 사정을 최대한 배려하는 일이다. 이러한 배려들은 함께 모여 학교 목표를 달성할 수 있게 된다.

가장 많은 배려가 필요한 사람들 중에는 새로 전근 온 교사들이 있다. 이들을 외톨이로 만들어서는 안 된다. 처음 발령받은 신임 교사보다도 전근 온 교사가 더욱 배려가 필요한 사람들이다. 이들은 정들었던 기존의 조직을 떠나 문화가 다른 조직으로 옮겨 왔다. 새로운 학교에 적응하는 것을 힘들어 하는 사람도 있을 것이다. 이들이 새로 배치된 학교에 빠르게 적응할 수 있도록 배려하는 것은 공동체 강화를 위해 매우 중요하다. 새로 배치된 조직의 문화에 이질감이 생기지 않도록 기존 구성원들이 감싸주는 노력이 필요하다.[47]

그러나 배려가 경계선을 넘어서지 않도록 주의해야 한다. 배려심을 일시적이 아닌 장기적으로 유지하려면, 조직의 이익이 무엇인지도 항상 기억해야 한다. 의욕에 사로잡혀 현재 무엇이 더 중요한지를 잊어버려서는 안 된다. 예를 들어서 구성원들에게 잘해 주어야 한다고 해서 조직이 감당할 수 있는 선을 넘어서서 지나친 혜택을 베푸는 일은 삼가야 한다. 이는 결국 조직이 짊어져야 할 부담으로 되돌아올 수 있기 때문이다.[48]

## 협력의 모색

휴먼네트워크연구소*HNI* 양광모 소장은 현대 사회는 "혼자서도 잘 해요"의 시대에서 "함께라야 잘해요"의 시대로 전환되고 있다고 말한다.[49] 개인이나 조직은 협력 대상과의 상호작용을 통해 가치와 능력을 높일 수 있다. 모두가 협력을 추구하는 시대에 섬처럼 고립되어 있는 개인이나 조직의 발전 가능성은 그만큼 낮을 수밖에 없다.

교사들 간의 활발한 협력은 학교를 발전시키는 동인이 된다. 협력을 통해 시너지 효과를 얻어낼 수 있다. 각 교사가 가진 역량을 한데 모아 더 커다란 힘을 만든다. 교사들의 상호의존을 통해 교육목표 달성에 활용할 수 있는 동력을 확보해 간다.

협력이 심화되고 더 상호의존적이 되면서 교사들은 신뢰에 대한 더 많은 관심을 갖게 된다. 동료들의 신뢰를 잃어버릴 경우 협력의 대상에서 배제될 수 있기 때문이다. 협력 기회를 잃어버릴 경우 상호이익을 주는 긍정적인 관계를 형성하기 위해 노력하는 과정에서 신뢰가 발생할 수 있다.

학교는 외부 세계와 고립되어 자급자족할 수 있는 조직이 아니다. 여러 지원 단체, 감독 기관들과의 협력을 통해 더 넓은 공동체를 만들어 가야 한다. 다양한 색깔을 지닌 개인 간 단체 간의 협력을 통해 학교의 발전을 꾀하는 것이다. 이를 통해 학교가 가진 능력의 한계를 뛰어넘어 더 효과적으로 목표를 달성할 수 있다. 학교 단독으로는 이룰 수 없는 일을 거뜬히 해낼 수도 있다. 결국 학교의 신뢰를 높이는 데 기여한다.

그러나 협력의 기본 전제는 쌍방의 공동 이익이 없이는 어떠한 상호관계도 성립되지 않는다는 것이다. 일방적으로 도움을 줄 것을 요구하거나 어느 한 쪽 당사자만 이익을 챙긴다면 학교조직 내 호혜 관계는 오래 유지될 수 없다. 원활한 상호작용을 방해하는 요인이 된다. 조직 관리에는 적신호다.

외부와의 협력에서도 마찬가지다. 우리 학교가 외부의 당사자들과 협력하려면 그들이 필요로 하는 것을 줄 수 있어야 한다. 그들이 필요로 하는 것을 가지고 있지 못하면 우리 학교는 어쩔 수 없이 외톨이가 될 수밖에 없다. 아무도 연합하려 하지 않는 빈털터리가 되고 만다. 협력의 틀 속에서 공존하는 데 필요한 역량을 축적하고 관리하는 노력이 필요하다.

### 내부 협력

사회 환경 변화가 나날이 빨라지고 복잡해지고 있다. 한 조직이 연결된 관계망은 그 범위가 점차 확대되고 있다. 오늘날의 조직 환경의 불확실성에 대처하기 위해서는 더 많은 협력과 의존이 필요해졌다.[50] 이제 조직의 성공을 뛰어난 구성원 한 사람에게 의존하기는 어렵다. 조직의 효율성은 상호의존적인 구성원들이 효과적으로 함께 협력하여 일할 때만 가능하다.[51]

구성원들 간 협력이 잘 되는 조직이 강할 수밖에 없다. 내부 협력의 수준이 높은 조직은 타 조직과의 경쟁에서 유리한 위치를 점할 수 있다. 강한 호혜주의를 가진 사람의 구성 비율이 더 높은 그룹이 그렇지 않은 그룹과의 전투에서 이기는 경향이 있다. 긴 가뭄에는 효율적으로 협력하는 마을이 더 오래 살아남을 수 있다. 결국 집단 수준의 경쟁은 이기적인 구성원들로 이루어진 조직들을 도태시키고 이타주의자들이 모인 조직을 보호한다.[52]

협력이 최선임을 알고 있는 학교는 앞서갈 수 있다. 치열해지는 학교 간 물밑 경쟁에서 협력적인 학교가 유리하다. 협력을 중시하는 학교에서는 모든 교사가 동료들과 호의적인 상호의존 관계를 유지하고 있다. 교사들이 성공할 수 있도록 서로 돕는다. 학교 차원에서도 교사들을 돕는다. 그들이 잘 되면 그것은 곧 학교가 잘 되는 것이기 때문이다.

존 헌츠먼*John M. Huntsman*의 표현대로 "성공은 집단적 노력의 결과"다. 이 세상에 한 사람으로 이루어진 조직은 없다. 한 사람이 잘 하면 다른 사람은 고양된다. 한 사람이 실수할 때 다른 사람도 영향을 받는다.[53] 조직의 성공을 위해 모든 구성원들은 서로에게 의존해야 한다. 잘 할 수 있도록 돕고 실수를 줄이기 위해 협력해야 한다.

외부 기관과 성공적으로 협력하기 위해서도 내부 협력은 필요하다. 외부와의 협력을 위해 학교 내부 부서 간, 교사 개인 간 원활한 협력이 뒷받침되어야 한다. 내부적으로 원활히 협력하는 모습은 학교 외부의 협력 당사자에게 신뢰를 줄 수 있다.

톰 라이스*Tom Reis*는 협력관계에 바탕을 둔 조직문화를 강조한다. 다른 조직과의 협력을 모색하려면 내부 부서 간 협력이 우선이다. 먼저 협력을 중시하는 내부 조직문화를 조성할 필요가 있다. 협력 문화가 조성되지 않은 학교를 보면서 외부 기관이 반문할지도 모른다. '내부적으로도 협력하지 못하는 학교가 어떻게 우리와 협력할 수 있겠는가?'라고.[54]

사회 모든 영역에서 전문화 추세가 심화되고 있다. 전문화와 분화의 원리가 조직의 효율성과 유효성의 달성에 엄청난 진전을 가져온 것도 사실이다.[55] 그러나 전문화의 추구가 협력을 가로막아서는 안 된다. 과업이 지나치게 분화되어 있는 경우 협력에 방해가 될 수 있다. 학교의 업무 수행을 위해 단위 부서나 교사의 과업을 너무 잘게 쪼개서는 안 된다. 계층화를 최소화할 필요도 있다. 최종 의사결정이 너무 여러 단계를 거쳐 이루어지는 것은 협력 문화 조성에 도움이 되지 않는다. 특히 소규모 학교에서 기능과 계층을 여럿으로 분화하는 것은 부적절하다.

교사들의 업무 공간이 지나치게 분산되어 있는 경우에도 협력은 차질을 빚을 수 있다. 교사 각자가 가진 전문성을 고무하고 과업의 전문화를 추구하되 협력을 차단하지 않도록 하는 관심과 노력이 긴요한 때다.

이제 필요한 것은 '아는 게 힘'이 아닌 '나누는 것이 힘'이라는 사고다. 교사 개개인이 각 자가 가진 지식을 내놓고 주위의 평가를 받아 서로 교환하는 과정에서 학교조직이 가진 지식은 더욱 커진다.[56] 교수 학습 자료나 관련 지식을 독점하려 들지 말아야 한다. 동시에 다른 사람의 지식을 열린 마음으로 인정하고 활용할 수 있어야 한다. 서로가 가진 지식에 상호의존하면서 비로소 새로운 지식을 창출해낼 수 있다.

유영만은 지식이 상호의존적임을 강조했다. 지식은 독립적으로 존재할 수 없다는 것이다. 그는 "어떠한 지식이 내포하고 있는 사회역사적 관계성으로 인하여 다른 지식과의 연계성 속에서 존재할 수밖에 없다. 따라서 다른 사람과의 상호의존성을 바탕으로 지식을 창출하는 것이 중요하다."고 역설했다.[57]

조직 내부에서 일어나는 협력은 불균형을 크게 줄어들게 한다. 서로에게 부족한 것을 협력을 통해 쉽게 채울 수 있다. 조직 유지에 필요한 평등의 실현에 기여한다.

하지만 이와 같은 바람직한 상황은 모두가 동일한 가치 판단 기준을 가지고 있을 때 원활히 발생한다. 만일 어떤 교사가 매우 가치있다고 여기는 것을 다른 교사는 가치가 없다고 여긴다면 협력은 더 이상 기대할 수 없다. 서로에게 도움을 준다는 협력의 미덕이 자취를 감추게 될 것이다.

그러나 이러한 상황은 교사 모두가 학교의 비전을 공유하도록 함으로써 해결할 수 있다. 프랭크 레칸느 데프레*Frank Lekanne Deprez*와 르네 티센*Rene Tissen*이 강조한 대로 협력 당사자들이 공동의 비전을 공유하고 있다면 판단의 차이가 대폭 줄어들 수 있다.[58] 공동 목표를 지향할 때, 협동과 협력하는 능력이 향상되는 것이다.[59]

조직 차원에서 교사들의 자발적인 협력을 조장하는 노력도 필요하다. 예를 들어, 단체 활동을 활성화시킬 경우 교사들 간의 수평적인 인간관계가 활성화된다. 서로 협력하는 방법을 배우게 되고 협력의 수준이 올라갈 수 있다. 자발적인 교류를 통해 협력이 증진될 가능성이 높아진다.[60]

진실한 마음으로 평등하게 책임을 분담하는 분위기를 조성하는 것도 중요하다. 이런 관계는 사기를 진작시키고 창의력을 향상시키며 정직과 투명성을 신장시킨다. 동료 간의 긴밀한 협력관계가 발전할수록 당연히 정보 공유의 과정도 보다 원활해지기 마련이다.[61]

이와 같은 조직 차원의 노력에 대해 교사들이 감사하는 마음을 갖게 된다면 학교의 노력은 성공한 것이다. 감사하는 마음을 갖는 것은 협력의 원천이다. 대부분의 조직에서 구성원들은 조직이 제공하는 정신적·물질적 보상이나 혜택을 감사하게 받아들이는 데 인색하다. 또한 조직에서 일어나는 크고 작은 활동에 소극적인 자세를 보인다. 그러나 성공적인 학교를 만들고자 한다면 교사들은 학교가 추진하는 작은 활동 하나에도 감사할 줄 알아야 한다.[62]

### 외부 협력

세계적인 저널리스트이자 작가인 말콤 글래드웰*Malcolm Gladwell*은 그의 저서 『아웃라이어*Outlier*』에서 성공의 공식을 다음과 같이 정의

했다.

## 타고난 재능 + 부단한 노력 + 우호적 주변 환경

여기서 특히 중요한 것은 '우호적 주변 환경'이다. 그는 "개인을 환경에서 분리해 생각하는 사고방식으로는 성공의 방정식을 밝힐 수 없다."고 강조했다.[63]

이는 개인의 성공에만 한한 이야기가 아니다. 조직의 경우에도 외부 환경을 무시하고는 성공을 이야기할 수 없다. 학교조직 역시 외부 환경과 끊임없이 상호작용한다. 주변 환경으로부터 직간접적으로 영향을 받고 또 환경에 영향을 준다.

따라서 주변 환경과 우호적인 관계를 맺고 있는 학교는 성공할 가능성이 높다. 우호적인 주변 환경은 학교가 가진 능력의 한계를 효과적으로 뛰어넘을 수 있도록 해 준다.

학교조직 운영과 관련해 해결해야 할 수많은 문제가 있다. 모든 문제를 내부에서 해결하려면 때때로 많은 비용이 들 수 있다. 해결한다 해도 효과적인 해결방안을 찾기 어려울 수 있다. 내부적으로 해결하기 어려운 문제에 대해 외부의 도움을 구하는 것도 좋은 방편이 될 수 있다.

성공적인 교육 활동을 위해 외부 기관과의 연계를 적극적으로 추진할 필요가 있다. 이는 학교 혼자 힘으로 이루어낼 수 없는 보다 큰 목표를 달성할 수 있도록 한다. 특히 속도 경쟁의 시대에는 자생적 성장만으로는 한계가 있다.[64]

학생들의 학습 욕구를 충족시키기 위해 필요한 역량 가운데 부족한 부분을 외부와의 협력을 통해 보완할 수 있다. 학생들의 욕구는 사회의 변화와 함께 빠르게 변화하고 있다. 이러한 욕구를 모두 만족시키기 위해 필요한 역량을 모두 갖추기에는 한계가 있다. 협력기관이 가진 지식이나 기술을 결합시킬 때 비로소 학교가 가진 강점이 발현될 수도 있다.

최근 후지하라 가즈히로藤原和博의 저서 『우리 학교가 달라졌어요』가 화제가 되고 있다. 그는 교육계 밖 민간인으로는 최초로 2003년부터 5년간 일본 도쿄도東京都 중학교 교장으로 재직했던 인물이다. 그는 '학교 밖 기능을 학교 안으로 끌어들이는 열린 경영'으로 유명하다. 그는 전례나 고정관념에 얽매이지 않고 과감한 개혁을 시도했다. 학생별 맞춤형 과외 '토요 글방', 입시학원과 제휴한 '방과 후 수업' 등을 통해 학력면에서도 주목할 만한 성과를 이뤄냈다. 지역주민들이 자원봉사자나 임시교사로 참여하는 등 지역사회를 학교의 실질적 주체로 끌어들였다. 그의 실험은 공교육의 새로운 가능성을 보여 주었다고 평가받고 있다.[65]

외부 환경 가운데 학교교육과정 운영에서 가장 결정적인 영향력을 미치는 것은 제도적으로 학교와 가정 관계다.[66] 학부모와 학교 간 바람직한 파트너십을 유지하는 노력이 필요하다.

무엇보다도 학부모들로 하여금 학교에 기꺼이 올 수 있도록 하는 전략이 필요하다. 주기적으로 매력적이고 우호적인 회합의 장을 마련할 필요가 있다. 학부모와 교사 간 비공식적인 의논 기회를 수시로 마련하는 일도 중요하다. 학부모들로 하여금 그 학교에서 하는 일이 가치 있는 일이라는 인식을 가질 수 있도록 해야 한다. 또한 학부모들로 하여금 자신들에게 맡겨진 임무를 이해할 수 있도록 자세하게 안내하고, 이를 지속적으로 수행하도록 적절한 학부모 훈련 프로그램까지 갖추고 있어야 한다.[67]

학년 초에 열리는 학부모 회의가 매년 반복되는 일회성 행사로 끝나도록 해서는 안 된다. 그저 관리자나 교사를 소개하고 학교의 정책을 알리는 모임으로 끝나서는 안 된다. 호혜성에 기초하여 강력한 파트너십을 형성하기 위한 노력의 첫 걸음이 되어야 한다.

이에 이어지는 학부모와의 만남은 세심하게 관리되어야 한다. 학교와 학부모가 학교가 역점을 두어 실행해야 할 전략에 대해 학부모로부터 최신 정보를 얻기 위한 자리로 활용되어야 한다. 학부모들의 요구에 진심으로 귀를 기울여야 한다. 이에 상응하여 학부모들이 학교의 비전과 가치를 기꺼이 지지하고 실질적인 지원을 하도록 하는 모임이 되어야 한다. 교사들이 그동안 학부모들로부터 얻은 정보를 어떻게 활용해 왔는지를 보여줄 수 있는 훌륭한 자리다. 학부모의 견해를 얼마나 존중하고 있는지를 보여줄 수 있는 자리가 되어야 한다.

이러한 파트너십은 학교와 학부모 간의 관계에만 국한되지 않는다. 지역사회를 비롯하여 학교 감독기관이나 지원 단체 등 교육 학교와 외부 이해관계자 사이에 형성된 강력한 파트너십은 학교의 성공에 기여한다. 이러한 관계 형성에 성공하려면 주고받는 것이 있어야 한다. 일방적인 자선을 요구한다면 이는 관계 실패로 가는 지름길이다. 일방적인 자선을 요구하는 협력은 오래갈 수가 없다. 협력의 기본 전제는 쌍방의 공동 이익이 없이는 어떠한 상호관계도 성립되지 않는다는 것이다.

린 업쇼는 가구 업체인 이케아*IKEA*의 파트너십을 다음과 같이 소개하고 있다.[68]

> 조립식 가구와 액세서리를 판매하는 이케아는 특별한 고객과의 파트너십을 채택하였다. 바로 자신들이 할 일은 자신들이 하고 고객들이 할 일은 고객이 함으로써 서로의 돈을 아끼는 것이다. 이는 고객이 수행해야 하는 일(예를 들면, 가구 조립)을 제시하고, 고객에게 그에 합당한 보상을(우수한 가치를 가진 매력적인 현대식 가구) 제공하는 파트너십이다.

파트너십의 핵심은 이해관계자들의 이익을 보장하는 학교 목표의 실행이다. 이해관계자들이 학교를 그저 자선을 베풀어야 하는 대상으로 보도록 하는 것은 일시적으로는 훌륭한 전략이다. 그러나 장기적으로는 성공할 수 없다. 그들의 이익을 보장해 주어야 한다.

학교가 이해관계자와 관계를 맺을 때 그들이 학교의 비전을 실현시키는 데 도움이 되어주기를 바란다. 하지만 이런 관계는 아주 일방적인 관계일 뿐이다. 학교가 일방적인 관계를 원하듯 상대방도 학교에게 똑같이 일방적인 관계를 원하고 있다는 사실을 깨달아야 한다.[69]

적극적으로 외부 협력을 추진하다 보면 영역을 뛰어넘거나 전혀 다른 성격을 가진 기관과도 제휴할 수 있다. 비영리 기관인 학교가 대표적인 영리 기관인 기업과 협력을 하는 것이다.

그러나 학교가 지원을 받을 수 있다고 해서 무턱대고 아무 단체나 협력 관계를 체결할 수는 없다. 오히려 협력의 대상들과의 협력을 통해 서로의 정체성을 강화해 나가야 한다. 목표는 마크 알비온이 말하는 "서로 다른 가치의 혼합을 통한 가치 창출"이다. 서로 색깔이 전혀 다른 그룹이 모여서 협력을 하되, 모두에게 이익이 되는 목표를 공동으로 추구하는 것이다.[70]

이와 관련해 컨테이너 스토어의 아래 사례는 매우 시사적이다.[71]

> 이 회사는 포장 박스나 여행 가방, 부엌용 가구 업체를 생산 판매하는 회사다. 컨테이너 스토어는 새로운 시장에 조용히 진입하는 법이 없다. 가장 핵심적인 초기 단계는 비영리 지역사회 단체를 선택한 뒤, 이 단체를 적극적으로 지원하면서 지역사회 내에 기업에 대한 긍정적인 소문을 만들어 가는 것이다. 그리고 선택된 지역사회 단체 및 지역 협력업체와 협조하면서 개장 준비에 들어간다. 컨테이너 스토어는 대여섯 개의 비영리 지역 단체 가운데 어느 것이 자신의 기업 문화에 가장 적합한지를 선택한다.

이 경우 가치나 주도권의 충돌을 최소화해야 한다. 협력의 추구가 학교의 고유 가치를 저해하도록 해서는 안 된다. 마찬가지로 협력 당사자의 고유 가치를 존중할 필요가 있다. 주도권 다툼이 일어나서도 안 된다.

엔즈웰 재단*Endswell Founation*의 대표이사인 테사 조엘*Tessa Jowell*은 협

력 원칙 가운데 하나로 “우리는 절대 주도권 싸움을 하지 않는다.”를 들고 있다. 그는 “우리는 상호의존적인 관계를 수립하기를 원하며 우리와 협력을 하는 사람들이 자신만의 개성을 유지하길 바란다.”고 강조했다.[72]

## 경쟁의 최소화

경쟁은 효율성 증진시킬 수 있다. 최고의 성과를 내도록 동기를 유발해 보다 효과적으로 조직의 목표를 달성하도록 할 수 있다. 구성원 개인 차원에서도 남보다 더 잘하려고 경쟁하다 보면 각 자의 역량은 몰라보게 발전하게 된다. 그러나 무조건 경쟁에서 이기고 보자는 식의 행동은 구성원 상호간 적대감과 불신을 초래한다.

미국의 교육심리학자인 알피 콘*Alfie Kohn*은 저서 『경쟁에 반대한다 *No Contest: the case against competition*』에서 경쟁을 대체하는 수단으로 협력을 제시한다. 목표를 달성하는 데 경쟁보다 협력이 더 생산적이며 더 효율적이라고 주장한다.

그는 경쟁의 가장 큰 폐해로 경쟁의 악순환을 든다. 모든 사람을 승자와 패자로 양분하려는 구조 속에서 패자는 자존심에 상처를 받는다. 경멸의 대상이 될지 모른다는 두려움을 느낀다. 누군가의 승리는 자신의 패배가 있었기 때문에 가능했다는 생각을 하게 된다. 한편 승자는 자신을 입증하기 위해 끊임없이 경쟁해야만 한다. 패자들로부터 받게 될 질투에도 대비해야 한다.

반면에 협력은 남이 성공해야 자신이 성공할 수 있다는 생각을 하도록 한다. 서로가 긍정적인 상호작용을 하게 된다. 이를 통해 협력은 구성원 간의 관계를 회복시키고, 자존심을 살려준다.

특히 그는 경쟁이 신뢰에 악영향을 줄 수 있다고 본다. 사람들이 사회를 경쟁에 의해 뺏고, 빼앗기는 제로섬 게임이 난무하는 곳으로 생각한다면, 상대방에게 신뢰를 주는 행동은 스스로에게 손해를 끼치는 일로 보게 된다.[73] 결국 개인의 심리 상태는 상대를 불신하는 방향으로 유도된다.[74]

학교조직을 포함해서 위계질서에 기반한 조직은 구조적으로 경쟁 지향적이다. 정도의 차이는 있지만 이것은 모든 구성원들을 적으로 만들 수 있다. 구성원 모두가 몇 개 안되는 피라미드에 마련된 승자의 자리를 차지하기 위한 경쟁으로 빨려 들어간다. 이와 같은 경쟁 구조 하에서는 서로를 믿지 않는 것이 현명한 태도로 간주된다.[75] 이러한 상황 속에서 구성원 간 협력은 기대할 수 없다.

개개인의 경쟁을 부추기는 성과 시스템이나 관리자의 편견과 편애가 평가에 반영되는 것을 보면, 교사들은 서로 협력하지 않는다. 관리자가 특정 교과나 부서를 강조할 때 부서 간의 협력은 기대하기 어렵다.[76]

심지어 일부 학교에서는 관리자들이 의도적으로 경쟁을 조장한다. 쉽게 통제하기 위한 의도가 깔려있는 경우도 있다. 사리사욕을 챙기기 위한 것일 수도 있다. 그러나 지나친 경쟁은 학교조직을 멍들게 한다. 관리자는 의도한 바를 얻을지 몰라도 그 부작용은 너무 크다. 조직 속에는 위화감이 자리 잡게 된다. 교사들을 외롭게 만든다. 개인주의가 뿌리를 내리게 된다.

장기적인 관점에서도 노골적인 경쟁은 학교에 위험 요인이 될 수 있다. 김훈 뉴패러다임 센터 소장은 경쟁원리에 대해 경고 신호를 보내고 있다. 모든 조직은 구성원들 사이의 유기적인 상호의존 관계에 기초하고 있다. 경쟁원리가 자칫 상호 신뢰, 헌신과 귀속의식, 협동, 화합 등의 조직적 가치를 훼손시킬 수 있기 때문이다. 이는 장기적으로 조직 자체의 안정성과 효율성 제고에 역방향으로 작용할 위험이 있다.[77]

지나친 경쟁은 조직 내 지식 공유도 방해한다. 지식 제공은 자신이 가진 우위 요소를 경쟁자에게 이전할 가능성을 내포하고 있다. 만일 자신이 축적한 업무지식이나 노하우를 자신의 입지 강화 수단으로 느끼게 된다면 지식제공에 대한 위험을 인식하게 될 가능성이 높다.[78]

교사들 간의 과도한 경쟁 심리는 학교 내 지식의 양이나 수준을 높여가는 노력에 치명적인 위협이 될 수 있다. "도대체 무엇 때문에 내가 갖고 있는 지식을 경쟁자들과 나눠야 한단 말인가."하는 생각이 교사들을 지배하게 되면 지식 공유는 불가능한 일이 되어 버린다.[79]

지나치게 경쟁적이며 이기적인 행태를 서슴치 않는 학교는 라인하르트 슈프렝어*Reinhard K. Sprenger*의 말을 새겨들을 필요가 있다. "경쟁을 최소화하고 협력을 최대화하라."[80]

경쟁 최소화를 위해서는 학교의 구성원들이 각자의 이익을 생각하기보다는 공동의 문제를 바라보도록 해야 한다. 피터 드러커*Peter F. Drucker*는 구성원 각 자가 공헌할 목표에 초점을 맞추도록 유인할 것을 주문한다. 학교의 경우 교사 자신과 자신이 속해 있는 부서에 국한되어 있던 관심을 학교 전체의 성과에 대한 관심으로 넓히도록 하는 것이다. 이렇게 되면 자신의 전문 분야와 기술 혹은 자신의 부서가 학교 전체 그리고 '조직' 목표와 어떤 관계에 있는 지에 대해서도 생각할 수밖에 없다. 더 나아가 학교의 존재 이유인 학생들의 입장에서 생각하게 될 것이다. 교사 각 자의 과업이나 그 수행 방식은 실질적으로 달라질 것이다.[81]

라인하르트 슈프렝어는 구성원 모두의 힘이 결집될 때 비로소 해결할 수 있는 과제가 필요함을 강조하고 있다. 협동 작업이란 공동으로 풀어나가야 할 문제들에 대한 인식에서 시작되기 때문이다. 공동의 과제는 심지어 경쟁자들 사이에서도 합의점을 도출해내는 위력을 갖고 있다. 과제가 없으면 해답을 찾기 위한 노력도 있을 수 없다. 다만 이것은 출세를 위해 필요한 개인적인 이익보다 문제를 해결하는 것이 더 낫다고 판단될 때에만 이루어진다.[82]

알피 콘의 제안대로 구조적 경쟁을 협력으로 바꾸기 위한 집단적인 행동도 필요하다. 교사 각 자가 경쟁의 폐해를 확실히 인식하고, 이를 생산적인 협력 구조로 바꾸어나가야 한다. 먼저 각 자의 인식을 변화시키고 이를 바탕으로 한 집단적인 노력을 시작해야 한다.[83]

## 호혜 원칙의 실천

흡혈박쥐는 매일 일정량의 피를 먹지 않으면 사흘 안에 죽고 만다. 이들은 매일 피를 확보하기 위해 최선을 다하지만 운이 나쁜 경우에는 충분한 피를 확보하지 못할 수도 있다. 이러한 경우에 필요한 양보다 많은 피를 확보한 흡혈박쥐는 그렇지 못한 다른 흡혈박쥐에게 자신이 확보한 피 일부를 나누어준다. 그러면 다음 반대 상황이 발생하는 경우 도움을 받은 흡혈박쥐가 도움을 준 다른 흡혈박쥐에게 자신이 확보한 피 일부를 나누어 준다.

리처드 도킨스*Richard Dawkins*가 그의 저서에서 소개한 흡혈박쥐의 사례다.[84]

그런데 만일 도움을 받은 흡혈박쥐가 도움을 준 박쥐에게 보답을 하지 않는다면 그 흡혈박쥐는 공동체에서 매장된다. 어떤 흡혈박쥐도 그런 배은망덕한 흡혈박쥐를 돕지 않는다고 한다.[85]

호혜성은 자신이 가진 취약성을 남의 도움을 통해 극복할 수 있도록 한다. 연합의 틀이 장기적으로 유지되려면 도움을 받은 사람도 어김없이 도움을 준 사람을 도와야 한다. 받은 만큼 반드시 주어야 한다.

상호이익을 주는 호혜 원칙을 깨뜨린 사람은 협력의 대상에서 제외된다. 이익을 챙길 수 있는 기회를 상실하게 된다. 이런 상황에 직면하지 않기 위해 노력한다. 보다 바람직한 경우는 상호교환 원칙을 자발적으로 실천하는 것이다. 호혜의 원리를 지키지 않을 때 받게 되는 벌칙에 대한 두려움 때문이 아니라 자발적으로 원칙을 지키는 것이다. 이는 조직이 지속적으로 성과를 내도록 하는 기반이 된다.

호혜의 원칙을 지키기 위해 노력하는 과정에서 신뢰가 발생된다. 내가 다른 사람에게 도움이 되는 사람이라는 확신을 심어주기 위해 노력한다. 도움을 받으면 곧 받은 만큼 도움을 돌려주는 사람이라는 믿음도 주려고 한다. 조직 내 신뢰는 더욱 돈독해진다.

신뢰는 상호적이다. "네가 도와주면 나도 도울게." 하지만 이는 어디까지나 상대방이 자기 역할을 해줄 것이며 우리의 관계가 공통 가치와 원칙으로 이루어졌다는 확신이 있어야 가능하다.[86]

## 진정한 공동체

같은 학교에 속해 있지만 모든 교사가 각자 따로 움직인다면 공동체로서의 의미는 사라진다. 마치 키스 소여*Keith Sawyer* 워싱턴대 심리학과 교수가 말하는 '명목 집단'과 같다. 단순한 숫자의 결합에 불과한 공동체를 가리킨다. 그는 드러머, 베이스기타 주자, 피아니스트, 색소포니스트가 같은 곡을 연주하고 있지만 각기 다른 방에 있기 때문에 서로의 연주를 들을 수 없는 경우를 가정한다. 따로 작업한 이들 4명의 연주를 하나의 싱글 음반으로 만들기 위해 녹음실을 찾는다면 아마 끔찍한 소리를 들을 수밖에 없다. 명목상 한 그룹으로 활동하는 밴드는 일시적인 불협화음이 아니라 서로 다른 곡을 연주하는 연주자들처럼 결코 한 목소리를 낼 수 없다.[87]

반면에 진정한 공동체는 말뿐인 공동체가 이루어낼 수 없는 성과를 거둘 수 있다. 구성원들이 모여 공동체를 만들면서 단순한 숫자의 결합에서 얻을 수 없는 시너지를 효과를 얻을 수 있다. 몸은 함께

하고 있어도 생각이 다 제각각인 사람들의 집단은 진정한 공동체라 할 수 없다.

온전한 공동체라면 '머리'와 '심장' 두 가지 모두를 가지고 있어야 한다. 여기서 '머리'란 책임감을 의미한다. '심장'은 관용이다.[88]

책임감이 결여된 학교는 모난 바퀴처럼 제대로 굴러갈 수 없다. 책임이란 학교를 유지·발전시키기 위해 교사 각자가 반드시 수행해야 하는 과업의 조각이다. 이를 등한히 하게 되면 학교가 수립한 중기 목표나 단기 전략이 달성될 수 없다. 만일 이러한 목표들이 달성되지 않아도 별로 신경쓰는 사람도 없는 학교라면 공동체가 아니다. 아무도 책임지려 하지 않는다면 아무도 신뢰하지 않을 것이다.

책임감을 키우기 위해 업무 수행과정을 감독할 절대적인 프로세스를 구비한 조직들이 있다. 프로세스에 주요 추진 과제와 관련된 분명한 행동 계획을 포함하기도 한다. 책임 소재를 명확히 하기 위해 개개인의 과업과 과업 수행 결과를 비교하는 평가표를 마련하기도 한다. 정기 회의에서 과업 수행 과정을 수시로 점검하기도 한다.[89]

그러나 이러한 프로세스를 구비하는 것만으로는 부족하다. 마크 고트프레드슨*Mark Gottfredson*과 스티브 샤우버트*Steve Schaubert*는 이러한 프로세스가 효과적으로 운용되려면 문제를 해결하는 데 목표를 두어야 한다고 조언한다. 불이익을 주는 방식은 책임감을 요구하는 방법으로는 바람직하지 않다는 것이다. 사실에 입각한 엄정한 평가는 바로 실패의 원인을 찾고자 하는 것임을 기억해야 한다.

이들은 또 프로세스 운영이 저항에 부딪쳤을 때 가장 좋은 대응방법은 감정적인 대처가 아닌 사실과 자료를 바탕으로 대화를 하는 것이라고 조언하고 있다. 특정 부서를 따돌리거나 다른 부서와 불화가 일어나지 않게 신경을 써야 한다. 혹시 무임승차하려는 방관자들이 있다면 이들에게 특별히 신경을 써야 한다. 목적 달성을 위해 함께 힘을 합치도록 독려해야 한다.[90]

진정한 공동체는 동시에 '심장'을 필요로 한다. 바로 관용이다. 이해와 공감에 바탕을 둔 관용은 공동체에 친밀감이 살아 숨 쉬게 한다. 도그 레닉Doug Lennick은 용서가 없으면 사실 인간 생활이 불가능해 질 것이라고 역설했다. 그는 "용서가 없으면, 친구와 가족, 동료 간에 친밀한 관계가 존재할 수 없다. 용서가 없으면 리더는 조직에서 일정 수준 이상의 성과를 거둘 수가 없다."고 했다.[91]

관용이란 누구도 완벽할 수 없음을 인정하는 것이다. 만일 구성원들 간에 완벽하지 못한 것을 서로 용서할 수 있다면, 유용한 인적자원으로서 서로를 이용할 수 있을 것이다. 두 사람 모두 행복할 수 있도록, 그리고 최고의 성과를 거둘 수 있도록 서로 도울 수 있다.[92]

관용은 모든 구성원들이 서로를 위해 최선을 다 하도록 격려할 수 있다. 그들은 위험을 무릅쓰고 창의력을 발휘하다가 피할 수 없는 실수를 저지르게 되더라도 그것을 눈감아 주리라는 것을 알기 때문이다. 모두가, 특히 관리자가 그들을 진심으로 걱정하고 있음을 믿기 때문에 일에 최선을 다하고 싶어한다.[93]

정해광 아프리카미술관 관장과 박재현 경남과학기술대학 교수는 세네갈 화가 두츠N. Douts의 작품 세계에 대해 이렇게 쓰고 있다.[94]

> 세네갈의 두츠*N. Douts*는 스페인 히혼*Gijon*의 바르홀라*Barjola* 미술관에서 "100=1, 1=100"이라는 주제로 전시를 연 적이 있다. 그의 그림에는 긴 팔을 가진 사람들, 하늘 높이 치솟은 안테나들이 있다. 여기에서 두츠는 팔의 길이를 통해 인간 간의 커뮤니케이션을 이야기한다. 팔이 길면 옆에 있는 어느 누구와도 쉽게 손을 잡을 수 있다는 데서 소통의 가능성을 열어놓는다. (중략) 두츠가 남다른 이유는 '100=1, 1=100'에 대하여 "100은 1과 같다. 1은 100과 같다"는, 즉 전체와 개체가 같다는 관념적 해석을 내리지 않는다는 것이다. 그에게 있어 부호 '=' 는 '위하여' 내지는 '에게'로 해석된다. 즉, 100사람은 한 사람을 위한 삶을 살아야 하고, 한 사람은 100사람을 위한 삶을 살아야 한다는 것이다.

이들은 두츠가 말하는 '100=1, 1=100'의 정체를 이타적 주객원융(主客圓融)이라고 요약했다. 즉, 나는 너에게로, 너는 나에게로의 삶, 타인을 위하여 자기를 희생하고 관용의 미덕을 보이는 것을 의미한다.[95]

## 유대감의 강화

공동체는 다른 사람의 도움 없이는 아무것도 할 수 없음을 인정하는 지혜와 겸손을 기반으로 한다. 겸손한 사람은 혼자 일어서는 것이 아니라 자신이 앞서간 사람의 어깨 위에 있으며 다른 사람의 도움을 받아야만 위로 올라갈 수 있다는 것을 분명하게 깨닫는다.[96]

'높은 산은 결코 혼자 오를 수 없다'는 진리를 잘 알고 있는 사람들이 있다. 그들은 정상에 오른 기쁨도, 다른 사람과 나눌 때 더욱 의미가 깊다고 믿는다. 그래서 그들은 성공한다.[97] 그리고 그들의 성공은 개인적인 영광에 그치지 않고 그들이 속해 있는 조직이 성공하도록 한다.

유대감이란 다른 사람들과 연결되어 있다는 느낌이다. 유대감은 어떤 일을 혼자서 하기보다는 같이 하도록 고무한다. 같이 해야만 더 잘할 수 있다고 생각하게 만든다. 이러한 유대감을 강화하기 위해서는 구성원 모두가 수용하는 호혜의 원칙이 있어야 한다.

유대감이 강한 조직은 원칙을 인정하고 구성원 자신보다 원칙을 우선시한다. 조직과 대인관계를 지배하는 영원한 법칙이 있음을 인정하고 그 원칙과 일치하는 행동을 하려고 한다.[98] 유대감이 강한 학교의 교사들은 호혜를 위해 마련한 조직의 규범을 어기지 않는다. 실천하는 것이 편리하고 유익하다는 것을 잘 알고 이를 굳게 지킨다.

일단 정해진 원칙은 구성원 모두가 지켜야 한다. 모든 구성원이 자신의 의무를 다 할 것이라고 믿을 수 있을 때 유대감이 살아난다. 누구는 원칙을 지키고 누구는 지키지 않는다면 공평하지 않다고 느끼게 되고 결국 호혜성이 위협받게 된다. 호혜 원칙을 무시하는 교사들은 학교 내 갈등을 조장시키고 유대감을 무너뜨린다.

교사들이 원칙을 실천하도록 격려하기 위한 프로세스는 끈끈한 유대감을 형성하는 데 도움이 될 수 있다. 교사들이 학교의 핵심가치가 무엇인지 분명히 알고자 노력하게 하거나 그러한 가치가 행동에 옮겨지도록 교육을 실시하는 것도 한 가지 방법이다.[99] 다만 바람직한 프로세스라면 호혜 원칙의 자발적인 실천을 추구해야 한다. 그 원칙을 어겼을 때 돌아오게 될 벌칙이 두려워 원칙을 지키는 것을 추구해서는 안 된다.

짐 호던*Jim Haudan*이 말한 '큰 생각하기*thinking big*'도 유대감을 강화시키는 또 하나의 기반이 될 수 있다. 구성원 각 자가 자기 일에만 집중하지 않고 조직 운영의 전반적인 모습과 목표를 이해하는 것이다. 이 두 가지 맥락을 이해하게 되면 집단의 힘이 개인의 힘보다 크다는 것을 깨닫게 된다.[100] 다름 아닌 "개인의 자아보다 더 위대한 힘을 발휘하는 조직의 자아"를 만들 수 있다.[101]

속 좁은 이기심만으로는 공동체가 협력을 유지할 수 없다.[102] 개인의 사정이나 자존심만 챙기게 될 경우 공동의 목표를 성취할 수 있는 능력이 저하될 게 뻔하다. 이렇게 되면 모두가 함께 지고 마는 것이다.[103]

반면에 전력을 다해 공동의 목표를 추구하다 보면 이기적인 자세가 서로에게 도움이 되지 못한다는 사실을 알게 된다. 이러한 이타적인 태도가 확산되면 교사들 간의 단결과 협력이 촉진된다. 상호이익이 되는 공동 목표의 발견이 용이해지며, 이렇게 발견된 공동 목표를 다 함께 추구하는 과정에서 공동체의 유대가 강화되는 것이다.[104]

소속감을 갖도록 하는 노력도 유대감 강화에 기여할 수 있다. 대부분의 사람들은 자신보다 더 큰 집단에 소속해 의미 있는 존재가 되고자 한다. 모두 함께 공을 들이는 집단의 중요하고 의미 있는 한 부분이 되고 싶어한다. 이러한 느낌은 혼자일 때는 느끼기 어려운

감정이다.[105]

그러나 불행히도 소속감이 값싼 충족감에서 끝나버리는 경우가 있다. 특정 학교에 소속되어 있다는 사실만으로도 충분히 만족하는 교사가 생겨나는 것이다. 그저 일 자체가 주는 고결함에 만족하고 만다. 동료 교사들과 힘을 합쳐 이루어내야 할 학교의 목표에는 별 관심이 없는 것이다. 이런 함정에 빠져서는 안 된다. 학교가 추구하는 목표의 달성에 기여하고자 하는 헌신적인 감정이 추가되어야 한다.[106]

신뢰받기 위해서는 동료 교사들 가운데 한 사람이라도 빠지면 학교의 목적 달성에 차질이 빚어질 수 있다고 생각하는 유대감이 필요하다.

그러나 지나친 유대감의 강화가 가져올 수 있는 역기능을 경계할 필요가 있다. 배타적인 집단주의에 빠지지 않도록 해야 한다. 단위 부서의 교사들 간의 응집력이 그 부서의 상호신뢰를 높여주는 데서 그쳐서는 안 된다. 한걸음 더 나아가 학교 전체에 대한 신뢰로 확산될 수 있을 때 그 응집력은 참된 힘을 발휘할 수 있다.[107] “이 곳에서는 모든 사람들이 성공하지 않으면 어느 누구도 성공할 수 없다.”[108] 교사 모두가 이 말을 마음에 새기고 있어야 한다.

# 학교 신뢰 수준 자가진단 질문지

신뢰받기 위해 갖춰야 할 7가지 미덕에 대해 우리 학교가 어느 정도 수준인지를 자가진단하기 위한 질문지다. 이 질문지를 활용하면 '유능한' 학교가 되기 위한 2가지 미덕과 '건강한' 학교가 되기 위한 5가지 미덕이 통합된 학교 신뢰의 수준뿐만 아니라 7개 미덕별로 상대적인 수준까지도 파악할 수 있게 된다.

7개 미덕에 대해 모두 114개의 진단 항목이 준비돼 있다. 각 문항에 대해 1~5점까지 우리 학교의 수준을 체크하고 각 미덕별로 총점을 산출한다. 이를 각 미덕별 문항 수로 나누면 해당 미덕의 평균 점수를 산출할 수 있다.

이런 방식으로 산출한 각 미덕의 평균 점수를 모두 합산하고 나서 이 점수를 35로 나누어준다. 여기서 산출된 숫자에 100을 곱하면 우리 학교의 신뢰 수준을 100분율로 산출할 수 있게 된다.

◈ 각 질문지에 응답할 때 '1(전혀 그렇지 않다)', '2(그렇지 않다)', '3(보통이다)', '4(그렇다)', '5( 매우 그렇다)' 중에서 점수를 매긴다. 단, 역문항(* 표시)에 대해서는 역으로 점수를 산정해야 한다.

우리 학교(에서)는… * 역문항

| No. | 전문성 진단 문항 | 점 수 |
|---|---|---|
| 1 | 구성원 모두가 발전적인 변화를 통해 미래를 준비한다. | 1 2 3 4 5 |
| 2 | 학생들이 미래에 필요로 할 것을 파악하고 이를 제공해주기 위한 역량을 개발한다. | 1 2 3 4 5 |
| 3 | 관리자는 자신의 전문성을 극대화하기 위해 앞장서서 노력한다. | 1 2 3 4 5 |
| 4 | 수준 높은 전문성을 보유하기 위해 지속적으로 학습한다. | 1 2 3 4 5 |
| 5 | 실천적 지식을 활용해 교육성과를 창출해 낸다. | 1 2 3 4 5 |
| 6 | 성찰을 통해 실천적 지식의 수준을 높인다. | 1 2 3 4 5 |
| 7 | 학생들의 자발적 참여를 유도해 성공적인 학습결과 얻도록 이끌어준다. | 1 2 3 4 5 |
| 8 | 학생들의 다양한 감성적 요구를 반영하여 교육활동이 이루어진다. | 1 2 3 4 5 |
| 9 | 교사들이 학생들의 생각과 의도를 헤아릴 줄 아는 공감 능력을 지니고 있다. | 1 2 3 4 5 |
| 10 | 단순한 의무감이나 좋은 의도를 뛰어넘어 학생들을 진심으로 아낀다. | 1 2 3 4 5 |
| 11 | 교사와 학생 간에 인간적으로 친밀한 관계를 유지한다. | 1 2 3 4 5 |
| 12 | 관리자나 교사 개개인이 습득한 지식, 기술, 감성적 능력을 모두가 공유한다. | 1 2 3 4 5 |
| 13 | 서로의 경험을 공유하고 보급하며 이를 활용하는 데 열심이다. | 1 2 3 4 5 |
| 14 | 교사들이 자신이 가진 지식이나 기술, 업무 수행 방법이 최선이라고 생각한다.* | 1 2 3 4 5 |
| 전문성 평균 | | |

우리 학교(에서)는…

| No. | 효율성 진단 문항 | 점 수 | | | | |
|---|---|---|---|---|---|---|
| 1 | 실행 목표에는 이해관계자들의 이상과 기대가 담겨 있다. | 1 | 2 | 3 | 4 | 5 |
| 2 | 실행 목표에는 학교가 지향하는 장기적인 비전이 반영되어 있다. | 1 | 2 | 3 | 4 | 5 |
| 3 | 성과 평가를 위해 결과 평가뿐만 아니라 과정 평가도 함께 이루어진다. | 1 | 2 | 3 | 4 | 5 |
| 4 | 성과 평가를 위해 상대 평가와 절대 평가를 동시에 활용한다. | 1 | 2 | 3 | 4 | 5 |
| 5 | 개선이 필요한 업무 수행 방법이 어떤 것인지 분명히 밝히고 이를 학교발전의 계기로 삼는다. | 1 | 2 | 3 | 4 | 5 |
| 6 | 최선의 성과를 창출하기 위해 교사 각 자의 역량에 맞는 역할과 임무를 맡도록 한다. | 1 | 2 | 3 | 4 | 5 |
| 7 | 각 교사는 자신에게 할당된 과업을 수행하는 데 최선을 다한다. | 1 | 2 | 3 | 4 | 5 |
| 8 | 교사 개인별, 부서별 업무가 학교조직 차원에서 상호 통합된다. | 1 | 2 | 3 | 4 | 5 |
| 9 | 관리자의 재량권이 교사들에게 적절히 위임되어 있다. | 1 | 2 | 3 | 4 | 5 |
| 10 | 최소한의 규칙만을 가지고 있다. | 1 | 2 | 3 | 4 | 5 |
| 11 | 모든 구성원이 규칙은 반드시 지켜야 한다고 생각한다. | 1 | 2 | 3 | 4 | 5 |
| 12 | 창의적인 과업 수행이 가능하도록 각종 규칙과 자율성 간에 조화를 추구한다. | 1 | 2 | 3 | 4 | 5 |
| 13 | 교사 개개인의 주관적인 신념과 학교조직의 가치 사이에 조화와 균형을 추구한다. | 1 | 2 | 3 | 4 | 5 |
| 14 | 교사 개개인의 전문성 향상 노력이 효과적으로 이루어지도록 조직 차원에서 지원한다. | 1 | 2 | 3 | 4 | 5 |
| 15 | 교사들이 최상의 능력을 발휘할 수 있도록 근무 여건이 조성되어 있다. | 1 | 2 | 3 | 4 | 5 |
| 16 | 학교가 보유한 자원을 효율적으로 활용하기 위한 원칙과 체계를 가지고 있다. | 1 | 2 | 3 | 4 | 5 |
| 효율성 평균 | | | | | | |

우리 학교(에서)는…

| No. | 성실성 진단 문항 | 점 수 |
|---|---|---|
| 1 | 학교의 가치가 담겨 있는 교육 서비스를 특유의 강점을 동원해 제공한다. | 1 2 3 4 5 |
| 2 | 교사들이 끊임없이 자신의 수업을 개선함으로써 높은 가치를 지닌 교육 서비스를 제공한다. | 1 2 3 4 5 |
| 3 | 약속을 지키는 문화가 조성되어 있다. | 1 2 3 4 5 |
| 4 | 공개적으로 모든 진실을 말할 수 있는 분위기가 조성되어 있다. | 1 2 3 4 5 |
| 5 | 관리자가 정직하며 도덕적으로 모범을 보인다. | 1 2 3 4 5 |
| 6 | 관리자는 교사들이 개별적인 행동에 도덕적인 원칙을 적용하도록 적극적으로 독려한다. | 1 2 3 4 5 |
| 7 | 학교운영과 관련된 중요한 의사결정이 공정하게 이루어진다. | 1 2 3 4 5 |
| 8 | 규칙이 공정하게 만들어지고 적용된다. | 1 2 3 4 5 |
| 9 | 학교의 윤리적 기준을 도출할 때 모든 교사가 동참한다. | 1 2 3 4 5 |
| 10 | 모든 교사가 윤리적 기준을 엄격히 실천한다. | 1 2 3 4 5 |
| 11 | 학교 내 온갖 종류의 권력은 공정하게 활용된다. | 1 2 3 4 5 |
| 12 | 공정함을 이중 잣대를 가지고 판단하지 않는다. | 1 2 3 4 5 |
| 13 | 관리자의 모든 행동과 태도에서 일관성을 발견할 수 있다. | 1 2 3 4 5 |
| 14 | 조직 차원에서 일관성을 지켜내기 위한 별도의 절차나 원칙을 가지고 있다. | 1 2 3 4 5 |
| 15 | 학교가 표방하는 가치나 원칙, 신념에 어긋나지 않기 위해 노력한다. | 1 2 3 4 5 |
| 16 | 여러 가지 이슈들에 대해 학교의 입장을 적극적으로 표명한다. | 1 2 3 4 5 |
| | 성실성 평균 | |

우리 학교(에서)는…

| No. | 역동성 진단 문항 | 점 수 |
|---|---|---|
| 1 | 교사들의 능력을 최대한 발휘하도록 자극하는 환경이 되어 있다. | 1 2 3 4 5 |
| 2 | 교사들이 자신의 잠재능력을 발휘할 수 있는 한계에 대해 잘 알고 있다. | 1 2 3 4 5 |
| 3 | 교사들이 감춰진 자신의 재능을 발견하고 이를 발휘하기 위해 노력한다. | 1 2 3 4 5 |
| 4 | 새로운 교육 서비스 프로그램을 개발하기 위해 꾸준히 투자한다. | 1 2 3 4 5 |
| 5 | 교사들이 자신에게 부여된 과업의 수행 수준을 높여간다. | 1 2 3 4 5 |
| 6 | 교사들이 가진 재능과 열정을 행동으로 옮기도록 학교조직 차원에서 지원한다. | 1 2 3 4 5 |
| 7 | 끝없이 변화를 추구한다. | 1 2 3 4 5 |
| 8 | 학교 내 모든 과업 실행에서 새로움에 대한 열정이 느껴진다. | 1 2 3 4 5 |
| 9 | 새로운 아이디어나 정보에 대한 갈증이 있다. | 1 2 3 4 5 |
| 10 | 당연시 여기던 고정관념에 대해 의문을 제기하는 경향이 있다. | 1 2 3 4 5 |
| 11 | 교사들이 새로운 것을 시도해 보도록 격려하는 분위기가 있다. | 1 2 3 4 5 |
| 12 | 실수가 혁신과 성장의 부산물로 간주된다. | 1 2 3 4 5 |
| 13 | 지속적으로 새로운 목표를 마련해 계속 미래로 나아가려고 한다. | 1 2 3 4 5 |
| 14 | 장기적인 계획 속에서 속도를 적절히 조절하면서 변화를 실행한다. | 1 2 3 4 5 |
| 15 | 즐거움을 추구하는 조직 분위기가 있다. | 1 2 3 4 5 |
| 16 | 즐거움과 긴장감이 균형을 이루며 상승작용을 하는 일터다. | 1 2 3 4 5 |
| 17 | 교사들이 자신의 일을 수행하는 과정이나 그 결과로부터 자부심을 느끼도록 한다. | 1 2 3 4 5 |
| 18 | 교사들은 스스로 높은 가치를 부여할 수 있는 학교의 구성원이 되고자 노력한다. | 1 2 3 4 5 |
| | 역동성 평균 | |

우리 학교(에서)는… * 역문항

| No. | 개방성 진단 문항 | 점 수 |
|---|---|---|
| 1 | 학교 운영 전반에 관해 이해관계자들로부터 적극적으로 피드백을 받는다. | 1 2 3 4 5 |
| 2 | 관리자는 교사들의 정직한 피드백을 존중한다. | 1 2 3 4 5 |
| 3 | 다양한 관점이 녹아들어 있는 수준 높은 정보를 근거로 의사결정을 한다. | 1 2 3 4 5 |
| 4 | 학교 경영과 관련된 여러 가지 정보를 모든 교사들이 공유한다. | 1 2 3 4 5 |
| 5 | 혼잡한 소통 채널이 정보의 원활한 공유를 방해하고 있다.* | 1 2 3 4 5 |
| 6 | 교사들 사이에 비밀이 많다.* | 1 2 3 4 5 |
| 7 | 특정 이슈에 대해 관심을 유도하고 이에 대해 의견을 주고받는 광장문화가 있다. | 1 2 3 4 5 |
| 8 | 교사들이 진심으로 동료 교사의 의사를 수용하려는 자세를 가지고 있다. | 1 2 3 4 5 |
| 9 | 제반 의사결정에 교사들이 참여할 수 있도록 기회를 부여한다. | 1 2 3 4 5 |
| 10 | 관리자가 열린 자세로 교사들의 의견을 경청한다. | 1 2 3 4 5 |
| 11 | 교사들 간에 솔직하게 의사를 표현하는 분위기가 조성되어 있다. | 1 2 3 4 5 |
| 12 | 조직 차원에서 기존의 사고에 얽매이지 말고 변화를 받아들이도록 교사들을 독려한다. | 1 2 3 4 5 |
| 13 | 교사들이 스스로 자신의 업무에 대해 점검해 볼 수 있도록 지원한다. | 1 2 3 4 5 |
| 14 | 건설적인 비평을 권장한다. | 1 2 3 4 5 |
| 15 | 다양성을 무시하고 하나의 지배적인 관점만을 따르도록 요구한다.* | 1 2 3 4 5 |
| 16 | 교사들은 서로 다른 생각과 가치가 공존할 수 있다는 생각을 가지고 있다. | 1 2 3 4 5 |
| 17 | 교사마다 가진 다양성이 서로 조화를 이루면서 통일성을 추구해 간다. | 1 2 3 4 5 |
| | 개방성 평균 | |

우리 학교(에서)는…　　　　* 역문항

| No. | 정체성 진단 문항 | 점 수 |
|---|---|---|
| 1 | 학교의 정체성이 드러나는 독특한 사명을 가지고 있다. | 1 2 3 4 5 |
| 2 | 학교가 구현해야 할 사명과 변화하는 교육 환경이 요구하는 것이 동떨어져 있다.* | 1 2 3 4 5 |
| 3 | 학교조직이 어떻게 움직이고, 교사들이 어떻게 행동해야 하는지 결정할 때 지켜야 할 조직 가치가 있다. | 1 2 3 4 5 |
| 4 | 정의해 놓은 조직 가치는 제대로 실행에 옮겨진다. | 1 2 3 4 5 |
| 5 | 가치가 철저히 내재화되어 교사들의 모든 행동에 반영된다. | 1 2 3 4 5 |
| 6 | 학교의 정체성을 잘 보여주는 꼭 맞는 비전을 가지고 있다. | 1 2 3 4 5 |
| 7 | 모든 구성원이 학교의 비전을 달성하기 위해 전심전력한다. | 1 2 3 4 5 |
| 8 | 다른 학교의 독특함을 인정하고 배려한다. | 1 2 3 4 5 |
| 9 | 다른 학교들과의 개성 경쟁을 위해 교사들의 차별화 의지를 격려한다. | 1 2 3 4 5 |
| 10 | 이해관계자들에게 학교의 실적이나 강점, 차별화된 교육 서비스를 적극적으로 알린다. | 1 2 3 4 5 |
| 11 | 이해관계자들이 기대하는 탁월함을 제공하기 위해 노력한다. | 1 2 3 4 5 |
| 12 | 학교가 가진 브랜드 파워의 중요성을 깨닫고 그 품격을 높이기 위해 애쓴다. | 1 2 3 4 5 |
| 13 | 의사결정 하나하나에 학교가 내세우는 정체성이 담겨있다. | 1 2 3 4 5 |
| 14 | 학교의 정체성을 표현하는 모든 요소들이 통합되어 하나의 통일된 이미지를 만들도록 노력한다. | 1 2 3 4 5 |
| 15 | 정체성을 끊임없이 재해석함으로써 정체성이 현실과 조화를 이루도록 한다. | 1 2 3 4 5 |
| 16 | 학교의 정체성에 교사 개개인의 정체성이 반영되도록 하는 제도가 구비되어 있다. | 1 2 3 4 5 |
| 17 | 교사마다 자신의 정체성만을 내세우지 않고 조직의 정체성을 수용하고 강화하는 노력에 기꺼이 동참한다. | 1 2 3 4 5 |
| | 정체성 평균 | |

우리 학교(에서)는… * 역문항

| No. | 호혜성 진단 문항 | 점 수 |
|---|---|---|
| 1 | 관리자가 교사들의 생각을 인정해 준다. | 1 2 3 4 5 |
| 2 | 교사들의 탁월한 성과를 인정하고 이에 대한 감사와 보상이 조직 차원에서 이루어진다. | 1 2 3 4 5 |
| 3 | 교사들이 동료 교사들의 수고를 서로 인정해주는 분위기가 형성되어 있다. | 1 2 3 4 5 |
| 4 | 교사들이 서로 관심을 가지며 서로 돌보고 도와준다. | 1 2 3 4 5 |
| 5 | 학교조직 차원에서 애정을 가지고 교사들을 챙긴다. | 1 2 3 4 5 |
| 6 | 교사들이 동료 입장에서 생각해 보고 동료들과 공존하려고 노력한다. | 1 2 3 4 5 |
| 7 | 부서 간, 교사 간 협력이 잘 된다. | 1 2 3 4 5 |
| 8 | 조직 차원에서 교사들의 자발적인 협력을 조장한다. | 1 2 3 4 5 |
| 9 | 외부 환경과 우호적인 관계를 맺고 있다. | 1 2 3 4 5 |
| 10 | 협력 대상 기관들과의 제휴를 통해 서로의 정체성을 강화해 나간다. | 1 2 3 4 5 |
| 11 | 교사들이 지나치게 경쟁적이며 이기적인 행태를 서슴치 않는다.* | 1 2 3 4 5 |
| 12 | 학교를 유지·발전시키기 위해 교사 각자에게 부여된 과업을 철저히 수행한다. | 1 2 3 4 5 |
| 13 | 누구도 완벽할 수 없음을 인정하고 이해와 공감을 바탕으로 부족한 것을 서로 용서하는 분위기다. | 1 2 3 4 5 |
| 14 | 동료 교사의 도움 없이는 아무 것도 할 수 없음을 인정하는 지혜와 겸손이 있다. | 1 2 3 4 5 |
| 15 | 조직을 유지시키는 원칙을 인정하고 자신보다 원칙을 우선시 한다. | 1 2 3 4 5 |
| 16 | 단위 부서 교사들 간의 끈끈한 유대감이 배타적인 집단주의에 그치지 않고 학교조직 차원으로 확대된다. | 1 2 3 4 5 |
| | 호혜성 평균 | |

## ◈ 7개 미덕별 평균 점수 바퀴(Wheel)

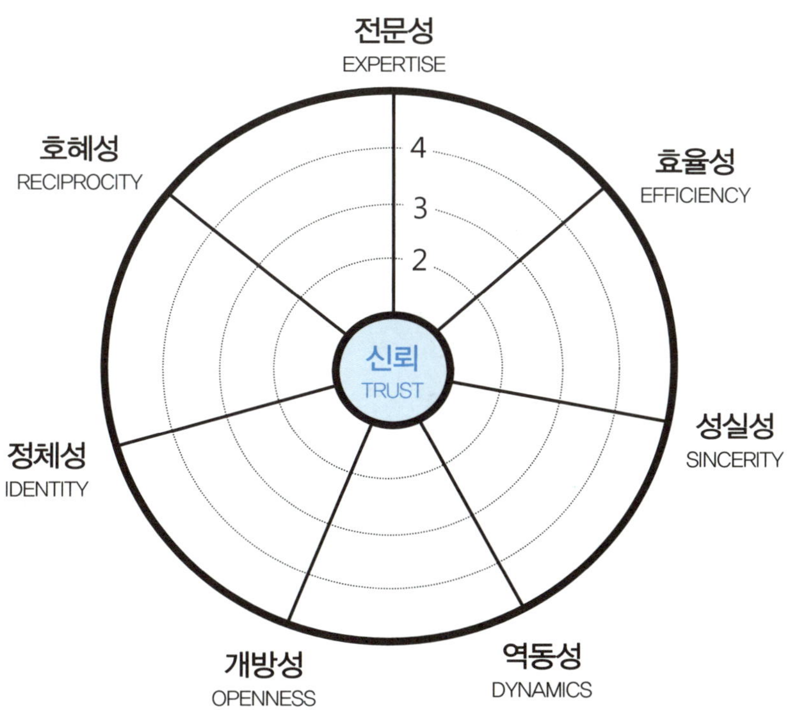

# 참고문헌


## ■ 서 문

1. Stephen M. R. Covey. (2006). The Speed of Trust. 김경섭 · 정병창 옮김. (2009). 신뢰의 속도. 김영사, 168.
2. 한국경제. 2011년 5월 13일자. [경제사 뒤집어 읽기].

## ■ 제 1 장

1. Stephen M. R. Covey. (2006). The Speed of Trust. 김경섭 · 정병창 옮김. (2009). 신뢰의 속도. 김영사, 167.
2. 류랑도. (2011). 제대로 시켜라. 샘 앤 파커스, 20.
3. George A. Akerlof & Rachel E. Kranton. (2010). 안기순 옮김. (2010). 아이덴티티경제학. 랜덤하우스, 103.
4. Keith R. McFarland. (2008). The Breakthrough Company. 권양진 옮김. (2009). 브레이크스루 컴퍼니. 김영사, 35.
5. Rentoul, A. J. & Fraser, B. J.. (1983). Development of A School-Level Environment Questionnaire. *The Journal of Educational Administration*, 21(1), 22-28.
6. Marina v.N. Whitman. (1999). New World, New Rules. 조명현 옮김. (2001). 변화하는 미국경제, 새로운 게임의 룰. 세종서적, 87.
7. 한명희. (1997). 중등교원양성 교육과정의 전문성 확보: 교육과정 구조의 논거를 중심으로. 교육학연구, 35(5).
8. Jagdish N. Sheth. (2007). The Self-Destructive Habits of Good Companies:...And How to Break Them. 김중식 · 전우영 옮김. (2008). 배드 해빗 성공한 기업의 7가지 자기파괴 습관. 럭스미디어, 159.
9. 동아일보. 2010년 11월 1일자 29면. 에바 베이커 세계교육학회장.
10. 김정환. (2001). '감성지능과 인지적 지능 및 창의성의 관계 탐색', 21세기 교육의 큰 두 개의 축. 교육과학사, 268.
11. 김혜숙. (2003). 교원 '전문성'과 '질'의 개념 및 개선전략 탐색. 교육학연구, 41(2), 93-114.
12. 박선형. (2005). 교원전문성 개발을 위한 인지과학적 연구: 쟁점, 이론적 기제 및 개발 실천 과제. 교육행정학연구, 23(2), 91-116.

13. Heller. (1998); 유성은. (2007). 기업의 윤리수준이 경영성과에 미치는 영향에 관한 연구. 한남대학교 대학원 박사학위논문, 36 재인용.
14. 신도철. (1998). 우리나라 교육 서비스 시장에서의 소비자주의. 소비자학연구, 9(3), 97.
15. 신도철. (1998). 우리나라 교육 서비스 시장에서의 소비자주의. 소비자학연구, 9(3), 91.
16. Leonard L. Berry. (1999). Discovering the Soul of Service. 은종학 옮김. (2002). 초일류 서비스 기업의 조건. 김앤김북스, 220-221.
17. Michael Z. Hackman & Craig Johnson. (2009). Leadership: A Communication Perspective. 김영임·최재민 편역. (2010). 소통의 리더십. 에피스테메, 109.
18. Jim Haudan. (2008). The Art of Engagement: Bridging the Gap Between People and Possibilities. 포엠아이컨설팅 옮김. (2010). 몰입과 소통의경영. GASAN BOOKS (주)포엠아이컨설팅, 292.
19. David H. Maister, Charles H. Green & Robert M. Galford. (2000). The Trusted Advisor. 정성묵 옮김. (2009). 신뢰의 기술. 해냄, 22.
20. 신재흡. (2001). 교사가 지각한 학교장의 변혁적 지도성과 학교조직문화 및 학교조직효과성 간의 관계 연구. 건국대학교 대학원 박사학위논문.
21. Rodd Wagner & James K. Harter. (2006). 12 THE ELEMENTS OF GREAT MANAGING. 김광수 옮김. (2007). 12 조직의 몰입을 창조하고 유지하는 위대한 경영의 요소. 해냄, 305.
22. Leonard L. Berry. (1999). Discovering the Soul of Service. 은종학 옮김. (2002). 초일류 서비스 기업의 조건. 김앤김북스, 237.
23. Leonard L. Berry. (1999). Discovering the Soul of Service. 은종학 옮김. (2002). 초일류 서비스 기업의 조건. 김앤김북스, 237.
24. Leonard L. Berry. (1999). Discovering the Soul of Service. 은종학 옮김. (2002). 초일류 서비스 기업의 조건. 김앤김북스, 237-238.
25. Jim Haudan. (2008). The Art of Engagement: Bridging the Gap Between People and Possibilities. 포엠아이컨설팅 옮김. (2010). 몰입과 소통의경영. GASAN BOOKS (주)포엠아이컨설팅, 290.
26. Jim Haudan. (2008). The Art of Engagement: Bridging the Gap Between People and Possibilities. 포엠아이컨설팅 옮김. (2010). 몰입과 소통의경영. GASAN BOOKS (주)포엠아이컨설팅, 290.
27. David H. Maister, Charles H. Green & Robert M. Galford. (2000). The Trusted Advisor. 정성묵 옮김. (2009). 신뢰의 기술. 해냄, 101.
28. 박선형. (2005). 교원전문성 개발을 위한 인지과학적 연구: 쟁점, 이론적 기제 및 개발 실천 과제. 교육행정학연구, 23(2), 91-116.
29. 박선형. (2005). 교원전문성 개발을 위한 인지과학적 연구: 쟁점, 이론적 기제 및 개발

실천 과제. 교육행정학연구, 23(2), 91-116.

30. Michael Hammer. (1996). Beyond Reengineering: How the Process-centered Organization Is Changing Our Work and Our Lives. 임덕순 옮김. (1997). 프로세스 기업 혁명. 경향신문사, 64.

31. Michael Hammer. (1996). Beyond Reengineering: How the Process-centered Organization Is Changing Our Work and Our Lives. 임덕순 옮김. (1997). 프로세스 기업 혁명. 경향신문사, 68.

32. 류인숙. (2010). 초등교사의 실천적 지식 변화에 대한 사례 연구: 과학 영재 수업을 중심으로. 청주교육대학교 대학원 석사학위논문, 7-8.

33. Michael Hammer. (1996). Beyond Reengineering: How the Process-centered Organization Is Changing Our Work and Our Lives. 임덕순 옮김. (1997). 프로세스 기업 혁명. 경향신문사, 68.

34. Bransford, J. D., Brown, A. L. & Cocking, R. R.. (2000). *How People Learn: Brain, mind, experience and school*. Washingtoin D.C.: National Academy Press, 31-50.

35. Bransford, J. D., Brown, A. L. & Cocking, R. R.. (2000). *How People Learn: Brain, mind, experience and school*. Washingtoin D.C.: National Academy Press, 31-50.

36. Yinger, R. J.. (1987). Learning the language of practice. *Curriculum Inquiry*, 17(3), 293-318.

37. Michael Hammer. (1996). Beyond Reengineering: How the Process-centered Organization Is Changing Our Work and Our Lives. 임덕순 옮김. (1997). 프로세스 기업 혁명. 경향신문사, 68.

38. 김자영. (2002). 초등 교사 수업 속에 나타난 실천적 지식에 대한 이해: 초등 수학수업을 중심으로. 이화여자대학교 대학원 박사학위논문.

39. Fenstermacher, G. D.. (1994). The knower and the known: The nature of knowledge in research on teaching. *Review of Research on Teaching*, 20, 1-54.

40. 오욱환. (2006). 수업장면에서의 교사에 대한 가치부가적 유형화. 교육학연구, 44(4), 78.

41. Peter F. Drucker. (2000). The Essential Drucker(Vols. Ⅰ-Ⅲ). 이재규 역. (2001). 프로페셔널의 조건. 청림출판, 176.

42. 오욱환. (2006). 수업장면에서의 교사에 대한 가치부가적 유형화. 교육학연구, 44(4), 70.

43. McCutcheon, G.. (1995). *Developing the curriculum, solo and group deliveration*. Longman publishers USA.

44. Craig C.. (1995). Knowledge communities: A way of making sense of how

beginning teachers come to know in their professional knowledge contexts. *Curriculum Inquiry*, 25(2), 151-175.

45. 홍미화. (2006). 교사의 실천적 지식으로 읽는 초등 사회과 수업. 한국교원대학교 대학원 박사학위논문.
46. 오욱환. (2006). 수업장면에서의 교사에 대한 가치부가적 유형화. 교육학연구, 44(4), 78.
47. Peter F. Drucker. (2000). The Essential Drucker(Vols. Ⅰ-Ⅲ). 이재규 역. (2001). 프로페서널의 조건. 청림출판, 160-161.
48. 동아일보. 2010년 11월 1일자 29면. 에바 베이커 세계교육학회장.
49. Jim Haudan. (2008). The Art of Engagement: Bridging the Gap Between People and Possibilities. 포엠아이컨설팅 옮김. (2010). 몰입과 소통의경영. GASAN BOOKS (주)포엠아이컨설팅, 178.
50. 김정환. (2001). '감성지능과 인지적 지능 및 창의성의 관계 탐색'. 우종옥 엮음. (2001). 21세기 교육의 큰 두 개의 축. 교육과학사, 267-268.
51. 동아일보. 2010년 11월 1일자 29면. 에바 베이커 세계교육학회장.
52. Jim Haudan. (2008). The Art of Engagement: Bridging the Gap Between People and Possibilities. 포엠아이컨설팅 옮김. (2010). 몰입과 소통의경영. GASAN BOOKS (주)포엠아이컨설팅, 178-179.
53. Bransford, J. D., Brown, A. L. & Cocking, R. R.. (2000). *How People Learn: Brain, mind, experience and school*. Washingtoin D.C.: National Academy Press, 31-50.
54. Bransford, J. D., Brown, A. L. & Cocking, R. R.. (2000). *How People Learn: Brain, mind, experience and school*. Washingtoin D.C.: National Academy Press, 31-50.
55. Jim Haudan. (2008). The Art of Engagement: Bridging the Gap Between People and Possibilities. 포엠아이컨설팅 옮김. (2010). 몰입과 소통의경영. GASAN BOOKS (주)포엠아이컨설팅, 180.
56. Jim Haudan. (2008). The Art of Engagement: Bridging the Gap Between People and Possibilities. 포엠아이컨설팅 옮김. (2010). 몰입과 소통의경영. GASAN BOOKS (주)포엠아이컨설팅, 180.
57. 허형. (2000). '교실개혁을 통하여'. 김호권 외 엮음. (2000). 학교가 무너지면 미래는 없다. 교육과학사, 175.
58. 허형. (2000). '교실개혁을 통하여'. 김호권 외 엮음. (2000). 학교가 무너지면 미래는 없다. 교육과학사, 174-175.
59. 김정환. (2001). '감성지능과 인지적 지능 및 창의성의 관계 탐색'. 우종옥 엮음. (2001). 21세기 교육의 큰 두 개의 축. 교육과학사, 267-268.

60. 동아일보. 2010년 11월 1일자 29면. 에바 베이커 세계교육학회장.
61. 허형. (2000). '교실개혁을 통하여'. 김호권 외 엮음. (2000). 학교가 무너지면 미래는 없다. 교육과학사, 178.
62. 허형. (2000). '교실개혁을 통하여'. 김호권 외 엮음. (2000). 학교가 무너지면 미래는 없다. 교육과학사, 178-179.
63. 김진한. (2004). 교사의 전문적인 생애 능력 개발을 위한 성인학습자로서의 삶에 관한 연구. *Andragogy Today : International Journal of Adult & Continuing Education*, 7(1), 35-53.
64. 강희락. (2010). 조직구성원이 인지한 중소기업 최고경영자의 감성리더십과 조직 유효성의 관계. 영남대학교 대학원 박사학위논문.
65. 송재용. (2010). 감성 리더십 경영에 대한 사례연구. 충북대학교 경영대학원 석사학위논문, 23-24.
66. Doug Lennick. (2005). MORAL. 정준희 옮김. (2010). 이제는 도덕이다: 망한 기업의 리더들이 남긴 교훈. 북스넛, 25-26.
67. 박경애. (2006). 감성화에 대한 교사와 학생의 인식도 비교 연구. 아주대학교교육대학원 석사학위논문, 2.
68. 박경애. (2006). 감성화에 대한 교사와 학생의 인식도 비교 연구. 아주대학교교육대학원 석사학위논문, 3.
69. 김혜숙. (2003). 교원 '전문성'과 '질'의 개념 및 개선전략 탐색. 교육학연구, 41(2), 93-114.
70. David H. Maister, Charles H. Green & Robert M. Galford. (2000). The Trusted Advisor. 정성묵 옮김. (2009). 신뢰의 기술. 해냄, 102.
71. Doug Lennick. (2005). MORAL. 정준희 옮김. (2010). 이제는 도덕이다: 망한 기업의 리더들이 남긴 교훈. 북스넛, 28.
72. David H. Maister, Charles H. Green & Robert M. Galford. (2000). The Trusted Advisor. 정성묵 옮김. (2009). 신뢰의 기술. 해냄, 102.
73. Goleman, D. *et al.*. (2002). The Primal Leadership. 장석훈 옮김. (2010). 감성의 리더십. 청림출판, 46.
74. 김진한. (2004). 교사의 전문적인 생애 능력 개발을 위한 성인학습자로서의 삶에 관한 연구. *Andragogy Today : International Journal of Adult & Continuing Education*, 7(1), 35-53.
75. 김진한. (2004). 교사의 전문적인 생애 능력 개발을 위한 성인학습자로서의 삶에 관한 연구. *Andragogy Today : International Journal of Adult & Continuing Education*, 7(1), 35-53.
76. Goleman, D. *et al.*. (2002). The Primal Leadership. 장석훈 옮김. (2010). 감성의 리

더십. 청림출판, 46.

77. Jim Haudan. (2008). The Art of Engagement: Bridging the Gap Between People and Possibilities. 포엠아이컨설팅 옮김. (2010). 몰입과 소통의경영. GASAN BOOKS (주)포엠아이컨설팅, 320.
78. 박경애. (2006). 감성화에 대한 교사와 학생의 인식도 비교 연구. 아주대학교교육대학원 석사학위논문, 33-34.
79. 이숙정. (2008). 신뢰와 학교교육. 한국학술정보, 62-63.
80. Kevin Leman & William Pentak. (2004). The Way of the Shepherd. 김승욱 옮김. (2005). 양치기 리더십. 김영사.
81. Kevin Leman & William Pentak. (2004). The Way of the Shepherd. 김승욱 옮김. (2005). 양치기 리더십. 김영사.
82. Bryk, A. & Schneider, B.. (2002); 이숙정. 2008. 신뢰와 학교교육. 한국학술정보, 65 재인용.
83. 이숙정. (2008). 신뢰와 학교교육. 한국학술정보, 65.
84. 장수남. (2001). 학교조직의 인간관계 개선방안에 관한 연구. 조선대학교 대학원 석사학위논문, 39.
85. 박연호. (1991). 교사와 인간관계론. 법문사, 84.
86. Buber. (1979); 이재룡. (1996). 교사의 자기노출과 교사-학생간의 인간관계 및 학업성취와의 관계. 한국교원대학교 대학원 석사학위논문 재인용.
87. 박용헌. (1985). 학교사회. 배영사, 110.
88. David H. Maister, Charles H. Green & Robert M. Galford. (2000). The Trusted Advisor. 정성묵 옮김. (2009). 신뢰의 기술. 해냄, 107.
89. David H. Maister, Charles H. Green & Robert M. Galford. (2000). The Trusted Advisor. 정성묵 옮김. (2009). 신뢰의 기술. 해냄, 107.
90. 이숙정. (2008). 신뢰와 학교교육. 한국학술정보, 61.
91. David H. Maister, Charles H. Green & Robert M. Galford. (2000). The Trusted Advisor. 정성묵 옮김. (2009). 신뢰의 기술. 해냄, 108.
92. David H. Maister, Charles H. Green & Robert M. Galford. (2000). The Trusted Advisor. 정성묵 옮김. (2009). 신뢰의 기술. 해냄, 108.
93. Jagdish N. Sheth. (2007). The Self-Destructive Habits of Good Companies:...And How to Break Them. 김중식 · 전우영 옮김. (2008). 배드 해빗 성공한 기업의 7가지 자기파괴 습관. 럭스미디어, 333.
94. Jagdish N. Sheth. (2007). The Self-Destructive Habits of Good Companies:...And How to Break Them. 김중식 · 전우영 옮김. (2008). 배드 해빗 성공한 기업의 7가지 자기파괴 습관. 럭스미디어, 333.

95. 김경화. (2006). 학습조직으로서의 학교: 조직 학습과 조직효과성의 관계. 홍익대학교 대학원 박사학위논문.

96. Robert S. Kaplan & David P. Norton. (2000). The Strategy-Focused Organization: How Balanced Scorecard Companies Thrive in the New Business Environment. PwG Consulting Korea EMS 그룹 옮김. (2001). 전사적 전략경영(SEM)을 위한 SFO. (주)한언, 415-416.

97. Reinhard K. Sprenger. (2002). VERTRRAUEN FUEHRT. 배진아 옮김. (2003). 위대한 기업의 조건. 더난출판, 68-69.

98. Shaw & Perkins. (1992); 박민희. (2006). 학습조직 구축요인이 직무만족도에 미치는 영향. 서울대학교 대학원 석사학위논문, 32-34 재인용.

99. Kim, D. H.. (1993). The link between individual and organizational learning. *Sloan Management Review*, 35(1), 37-50.

100. 이미라. (2007). 교장의 감성리더십과 학교의 조직 감성 및 조직학습의 관계, 충남대학교 대학원 박사학위논문.

101. 이미라. (2007). 교장의 감성리더십과 학교의 조직 감성 및 조직학습의 관계, 충남대학교 대학원 박사학위논문.

102. Nonaka, I.. (1995). A dynamic theory of organizational knowledge creation. *Organization Review*, 10(4), 14-37.

103. Robert S. Kaplan & David P. Norton. (2000). The Strategy-Focused Organization: How Balanced Scorecard Companies Thrive in the New Business Environment. PwG Consulting Korea EMS 그룹 옮김. (2001). 전사적 전략경영(SEM)을 위한 SFO. (주)한언, 415-417.

104. Robert S. Kaplan & David P. Norton. (2000). The Strategy-Focused Organization: How Balanced Scorecard Companies Thrive in the New Business Environment. PwG Consulting Korea EMS 그룹 옮김. (2001). 전사적 전략경영(SEM)을 위한 SFO. (주)한언, 415-417.

105. Mark Albion. (2006). The Social Venture Network Series: TRUE TO YOURSELF: leading a values-based business. 김민주·송희령 옮김. (2007). 미래 기업의 3C 경영. 프라임, 67.

106. Mark Albion. (2006). The Social Venture Network Series: TRUE TO YOURSELF: leading a values-based business. 김민주·송희령 옮김. (2007). 미래 기업의 3C 경영. 프라임, 67 재인용.

107. Larry Bossidy & Ram Charan. (2002). Execution. 김광수 옮김. (2004). 실행에 집중하라. 21세기북스, 108-109.

108. Stephen M. R. Covey. (2006). The Speed of Trust. 김경섭·정병창 옮김. 신뢰의 속

도. 김영사, 178.

109. Ferdinand F. Fournies. (2007). Why employees don't what they're supposed to do and what to do about it. 홍의숙·김희선 옮김. (2009). 잘되는 회사의 16가지 비밀. 랜덤하우스.

110. 한혜진. (2009). 생애사적 접근을 통한 과학교사의 교수실행 변화과정에 관한 사례연구. 서울대학교 대학원 석사학위논문.

111. Peter F. Drucker. (2000). The Essential Drucker(Vols. Ⅰ-Ⅲ). 이재규 역. (2001). 프로페셔널의 조건. 청림출판, 176-177.

112. 김희정. (2005). 아동과의 교육적 관계에서 나타나는 초등교사의 실천적 지식 연구. 한국교원대학교 대학원 석사학위논문.

113. Ferdinand F. Fournies. (2007). Why employees don't what they're supposed to do and what to do about it. 홍의숙·김희선 옮김. (2009). 잘되는 회사의 16가지 비밀. 랜덤하우스, 8.

114. Ferdinand F. Fournies. (2007). Why employees don't what they're supposed to do and what to do about it. 홍의숙·김희선 옮김. (2009). 잘되는 회사의 16가지 비밀. 랜덤하우스, 69.

115. Jagdish N. Sheth. (2007). The Self-Destructive Habits of Good Companies:...And How to Break Them. 김중식·전우영 옮김. (2008). 배드 해빗 성공한 기업의 7가지 자기파괴 습관. 럭스미디어, 330.

## ■ 제 2 장

1. 세계일보. 2006년 8월 24일 31면. 유석형 객원 논설위원.

2. Friendland, N.. (1990). Attribution of control as a determinant of cooperation in exchange interactions. *Journal of Applied Social Psychology*, 20, 303-320.

3. Stephen M. R. Covey. (2006). The Speed of Trust. 김경섭·정병창 옮김. (2009). 신뢰의 속도. 김영사, 195.

4. Peter F. Drucker. (2000). The Essential Drucker(Vols. Ⅰ-Ⅲ). 이재규 옮김. (2000). 변화 리더의 조건. 청림출판, 70.

5. Mark Gottfredson & Steve Schaubert. (2008). The Breakthrough Imperative. 유종연 옮김. (2009). 성과혁명. 청림출판, 354.

6. Robert S. Kaplan & David P. Norton. (2008). The Execution Premium. (주)웨슬리퀘스트 옮김. (2009). 전략실행 프리미엄. 21세기북스, 71.

7. Locke, E. A., Cartledge, N., & Koeppel, J.. (1968). Motivational effects of knowledge of results: a goal-setting phenomenon?. *Psychological Bulletin*, 70, 474-485.

8. Ellen Peebles. (2003). 혁신 의식 고취하기. Peter Drucker *et al.* (eds.). Harvard Business Review on the Innovative Enterpris. 김명철 옮김. (2009). 혁신 기업의 조건. 21세기북스, 134-135 재인용.
9. Peter F. Drucker. (2000). The Essential Drucker(Vols. Ⅰ-Ⅲ). 이재규 옮김. (2000). 변화 리더의 조건. 청림출판, 55.
10. Peter F. Drucker. (2000). The Essential Drucker(Vols. Ⅰ-Ⅲ). 이재규 옮김. (2000). 변화 리더의 조건. 청림출판, 55.
11. 이숙정. (2008). 신뢰와 학교교육. 한국학술정보, 53.
12. Cheng, Y. C. (1996). Relation between Teachers' ionalism and Job Attitudes, Educational Outcomes, and Organizational Factors. *Journal of Educational Research, 89*(3), 163-171.
13. 이숙정. (2008). 신뢰와 학교교육. 한국학술정보, 51.
14. 류랑도. (2006). The Performance 통합성과경영시스템. (주)한언, 89.
15. 임은택. (2003). 학교조직구조의 기본 요소와 상황 변수 간의 관계 연구. 인하대학교 대학원 박사학위논문, 48-50 재인용.
16. 임은택. (2003). 학교조직구조의 기본 요소와 상황 변수 간의 관계 연구. 인하대학교 대학원 박사학위논문, 48-50 재인용.
17. 류랑도. (2006). The Performance 통합성과경영시스템. (주)한언, 137.
18. Stephen M. R. Covey. (2006). The Speed of Trust. 김경섭·정병창 옮김. (2009). 신뢰의 속도. 김영사, 202.
19. 강문호·오영아. (2010). 과정평가의 평가요소와 질적 방법. 한국정책분석평가학회 2010하계학술대회 발표논문집, 285-310.
20. Patrick M. Lencioni. (2000). Obsessions of an Extraordinary Executive: The Four Disciplines at the Heart of Making Any Organization World Class. Jossey-Bass Inc.. 송경모 옮김. (2000). 탁월한 조직을 만드는 4가지 원칙. 위즈덤하우스, 253.
21. Patrick M. Lencioni. (2000). Obsessions of an Extraordinary Executive: The Four Disciplines at the Heart of Making Any Organization World Class. Jossey-Bass Inc.. 송경모 옮김. (2000). 탁월한 조직을 만드는 4가지 원칙. 위즈덤하우스, 253.
22. Deborah Norville. (2009). The Power of Respect. 김순미 옮김. (2010). 리스펙트. 위즈덤하우스, 204-207.
23. Deborah Norville. (2009). The Power of Respect. 김순미 옮김. (2010). 리스펙트. 위즈덤하우스, 204-207.
24. John M. Huntsman. (2005). Winners Never Cheat. 김수영 옮김. (2006). 정직한 리더의 성공 철학. 럭스미디어, 146.
25. Patrick M. Lencioni. (2000). Obsessions of an Extraordinary Executive: The Four

Disciplines at the Heart of Making Any Organization World Class. Jossey-Bass Inc.. 송경모 옮김. (2000). 탁월한 조직을 만드는 4가지 원칙. 위즈덤하우스, 234.

26. Mark Gottfredson & Steve Schaubert. (2008). The Breakthrough Imperative. 유종연 옮김. (2009). 성과혁명. 청림출판, 365.
27. 류랑도. (2006). The Performance 통합성과경영시스템. (주)한언, 153.
28. 류랑도. (2006). The Performance 통합성과경영시스템. (주)한언, 335.
29. 김한훈 외. (2009). 리얼 멘토링. 에딧더월드, 195-196.
30. Stephen M. R. Covey. (2006). The Speed of Trust. 김경섭 · 정병창 옮김. (2009). 신뢰의 속도. 김영사, 184-185.
31. 김한훈 외. (2009). 리얼 멘토링. 에딧더월드, 195-196.
32. Ap Eigenhuis & Rob van Djik. (2007). High Perfprmance Business Strategy. 이준승 · 김정민 옮김. (2009). 인재 경영의 원칙. 청림출판, 83.
33. Ferdinand F. Fournies. (2007). Why employees don't what they're supposed to do and what to do about it. 홍의숙 · 김희선. (2009). 잘되는 회사의 16가지 비밀. 랜덤하우스.
34. Doug Lennick. (2010). MORAL. 정준희 옮김. (2010). 이제는 도덕이다. 북스넛, 200-201.
35. Doug Lennick. (2010). MORAL. 정준희 옮김. (2010). 이제는 도덕이다. 북스넛, 200-201.
36. Michael Hammer. (1996). Beyond Reengineering: How the Process-centered Organization Is Changing Our Work and Our Lives. 임덕순 옮김. (1997). 프로세스 기업 혁명. 경향신문사, 19.
37. Michael Hammer. (1996). Beyond Reengineering: How the Process-centered Organization Is Changing Our Work and Our Lives. 임덕순 옮김. (1997). 프로세스 기업 혁명. 경향신문사, 19.
38. Stephen M. R. Covey. (2006). The Speed of Trust. 김경섭 · 정병창 옮김. (2009). 신뢰의 속도. 김영사, 412.
39. Ferdinand F. Fournies. (2007). Why employees don't what they're supposed to do and what to do about it. 홍의숙 · 김희선. (2009). 잘되는 회사의 16가지 비밀. 랜덤하우스.
40. Ap Eigenhuis & Rob van Djik. (2007). High Perfprmance Business Strategy. 이준승 · 김정민 옮김. (2009). 인재 경영의 원칙. 청림출판, 110.
41. Kenneth Blanchard & Jesse Stoner. (2003). FULL STEAM AHEAD. 조천제 옮김. (2006). 비전으로 가슴을 뛰게 하라. 21세기북스, 155-156.
42. Patrick M. Lencioni. (2000). Obsessions of an Extraordinary Executive: The Four

Disciplines at the Heart of Making Any Organization World Class. Jossey-Bass Inc.. 송경모 옮김. (2000). 탁월한 조직을 만드는 4가지 원칙. 위즈덤하우스, 236.

43. Patrick M. Lencioni. (2000). Obsessions of an Extraordinary Executive: The Four Disciplines at the Heart of Making Any Organization World Class. Jossey-Bass Inc.. 송경모 옮김. (2000). 탁월한 조직을 만드는 4가지 원칙. 위즈덤하우스, 235.
44. 머니투데이. 2006년 9월 6일 1면. 허진수 GS칼텍스 생산본부장(사장).
45. 김한훈 외. (2009). 리얼 멘토링. 에딧더월드, 131.
46. Ferdinand F. Fournies. (2007). Why employees don't what they're supposed to do and what to do about it. 홍의숙·김희선. (2009). 잘되는 회사의 16가지 비밀. 랜덤하우스.
47. Patrick M. Lencioni. (2000). Obsessions of an Extraordinary Executive: The Four Disciplines at the Heart of Making Any Organization World Class. Jossey-Bass Inc.. 송경모 옮김. (2000). 탁월한 조직을 만드는 4가지 원칙. 위즈덤하우스, 236.
48. John Stanford & Robin Simon. (1999). Victory in Our Schools. 조병효 옮김. (2000). 학교의 승리. 말과 창조사, 60.
49. Peter F. Drucker. 2000. The Essential Drucker Vols. Ⅰ-Ⅲ. 이재규 역. 2001. 프로페셔널의 조건. 청림출판, 135-136.
50. Jagdish N. Sheth. (2007). The Self-Destructive Habits of Good Companies:...And How to Break Them. 김중식·전우영 옮김. (2008). 배드 해빗 성공한 기업의 7가지 자기파괴 습관. 럭스미디어, 284-285.
51. Jagdish N. Sheth. (2007). The Self-Destructive Habits of Good Companies:...And How to Break Them. 김중식·전우영 옮김. (2008). 배드 해빗 성공한 기업의 7가지 자기파괴 습관. 럭스미디어, 282.
52. Jagdish N. Sheth. (2007). The Self-Destructive Habits of Good Companies:...And How to Break Them. 김중식·전우영 옮김. (2008). 배드 해빗 성공한 기업의 7가지 자기파괴 습관. 럭스미디어, 284-285.
53. Michael Hammer. (1996). Beyond Reengineering: How the Process-centered Organization Is Changing Our Work and Our Lives. 임덕순 옮김. (1997). 프로세스 기업 혁명. 경향신문사, 19-20.
54. Michael Hammer. (1996). Beyond Reengineering: How the Process-centered Organization Is Changing Our Work and Our Lives. 임덕순 옮김. (1997). 프로세스 기업 혁명. 경향신문사, 19.
55. Michael Hammer. (1996). Beyond Reengineering: How the Process-centered Organization Is Changing Our Work and Our Lives. 임덕순 옮김. (1997). 프로세스 기업 혁명. 경향신문사, 20.

56. Michael Hammer. (1996). Beyond Reengineering: How the Process-centered Organization Is Changing Our Work and Our Lives. 임덕순 옮김. (1997). 프로세스 기업 혁명. 경향신문사, 20.
57. Stephen R. Covey, A. Roger Merrill & Rebecca R. Merrill. (1994). First Thing First. 김경섭 옮김. (2008). 소중한 것을 먼저 하라. 김영사, 172-177.
58. Stephen R. Covey, A. Roger Merrill & Rebecca R. Merrill. (1994). First Thing First. 김경섭 옮김. (2008). 소중한 것을 먼저 하라. 김영사, 177.
59. Brian Tracy. (2003). Turbo Strategy. 김동수 옮김. (2005). 미래를 움직이는 경영전략. 황금부엉이, 164-166.
60. 조미옥. (2011). 훌륭한 일터 GWP. 도서출판 넥서스, 58.
61. Doug Lennick. (2010). MORAL. 정준희 옮김. (2010). 이제는 도덕이다. 북스넛, 188-189.
62. 조미옥. (2011). 훌륭한 일터 GWP. 도서출판 넥서스, 56.
63. Larry Johnson & Bob Phillips. (2003). Absolute Honesty:Building a Corporate Culture That Values Straight Talk and Rewards Integrity. 나선숙 옮김. (2005). 정직한 경영 존경받는 기업. 한스미디어, 174.
64. Mark Albion. (2006). The Social Venture Network Series: TRUE TO YOURSELF: leading a values-based business. 김민주·송희령 옮김. (2007). 미래 기업의 3C 경영. 프라임, 169.
65. 조미옥. (2011). 훌륭한 일터 GWP. 도서출판 넥서스, 59.
66. 한국경제. 2008년 10월 23일. [뜨는 조직 지는 조직 ·· (9) 신뢰의 비밀] 스타벅스가 공짜 카푸치노를 주는 까닭은?.
67. 김정한. (2004). 조직자본과 조직효과성의 관계에 관한 연구 -경기도내 기초자치단체를 중심으로-. 숭실대학교 대학원. 박사학위논문.
68. Larry Johnson & Bob Phillips. (2003). Absolute Honesty:Building a Corporate Culture That Values Straight Talk and Rewards Integrity. 나선숙 옮김. (2005). 정직한 경영 존경받는 기업. 한스미디어, 174-175.
69. 한국경제. 2008년 10월 23일 [뜨는 조직 지는 조직 ·· (9) 신뢰의 비밀] 스타벅스가 공짜 카푸치노를 주는 까닭은?.
70. 한국경제. 2008년 10월 23일 [뜨는 조직 지는 조직 ·· (9) 신뢰의 비밀] 스타벅스가 공짜 카푸치노를 주는 까닭은?.
71. Leonard L. Berry. (1999). Discovering the Soul of Service. 은종학 옮김. (2002). 초일류 서비스 기업의 조건. 김앤김북스, 140.
72. Theodore Levitt. (2003). 창의적 아이디어만으로는 충분하지 않다. Harvard Business Review on the Innovative Enterprise. 피터 드러커 외 지음. 김명철 옮김. (2009).

혁신 기업의 조건. 21세기북스, 206-207.
73. 매일경제. 2011년 3월 29일 A4면. 김선빈 삼성경제연구원 수석연구원.
74. Reinhard K. Sprenger. (2002). VERTRRAUEN FUEHRT. 배진아 옮김. (2003). 위대한 기업의 조건. 더난출판, 74.
75. Reinhard K. Sprenger. (2002). VERTRRAUEN FUEHRT. 배진아 옮김. (2003). 위대한 기업의 조건. 더난출판, 75.
76. 동아일보. 2010년 10월 9일 43면. 김용성 세계경영연구원 연구위원.
77. Reinhard K. Sprenger. (2002). VERTRRAUEN FUEHRT. 배진아 옮김. (2003). 위대한 기업의 조건. 더난출판, 62-63.
78. Stephen M. R. Covey. (2006). The Speed of Trust. 김경섭 · 정병창 옮김. (2009). 신뢰의 속도. 김영사, 392-393.
79. Stephen M. R. Covey. (2006). The Speed of Trust. 김경섭 · 정병창 옮김. (2009). 신뢰의 속도. 김영사, 389.
80. Leonard L. Berry. (1999). Discovering the Soul of Service. 은종학 옮김. (2002). 초일류 서비스 기업의 조건. 김앤김북스, 141.
81. Gary Hamael & Bill Breen. (2008). The Future of Management. 신희철 · 김종식 공역. (2008). 경영의 미래. 세종서적, 162.
82. Theodore Levitt. (2003). 창의적 아이디어만으로는 충분하지 않다. Harvard Business Review on the Innovative Enterprise. 피터 드러커 외 지음. 김명철 옮김. (2009). 혁신 기업의 조건. 21세기북스, 205.
83. Simons, R.. (1995). Control in an age of empowerment. *Harvard Business Review* (Mar.-Apr.), 80-88.
84. 중앙일보. 2009년 11월 5일 47면. 유광종논설위원.
85. Brad Blanton. (2000). Practicing Radical Honesty. 강헌구. (2005). Honesty. (주)한언, 31-32.
86. 김한훈 외. (2009). 리얼 멘토링. 에딧더월드, 104.
87. Badovick, G. J.. & Beatty, S. E.. (1987). Shared organizational values. *Journal of the Academy of Marketing Science*, Vol.1, 19-26.
88. Robert Waterman. (1987). *The Renewal Factor*. N.Y.: Bantam Books, Chap.7.
89. Tim Hoerr. (1998). Thank God It's Monday. 한정은 옮김. (2008). 비전의 기술. 큰나무, 73.
90. Stephen Murgatroyd & Colin Morgan. (1993). *Total Quality Management and the School*. Open University Press, 87.
91. 김명숙. (2000). 다시 세워야 할 교권. 김호권 외 엮음. (2000). 학교가 무너지면 미래는 없다. 교육과학사, 195-196.

92. Leonard L. Berry. (1999). Discovering the Soul of Service. 은종학 옮김. (2002). 초일류 서비스 기업의 조건. 김앤김북스, 231.

93. Stephen M. R. Covey. (2006). The Speed of Trust. 김경섭 · 정병창 옮김. (2009). 신뢰의 속도. 김영사, 178.

94. Leonard L. Berry. (1999). Discovering the Soul of Service. 은종학 옮김. (2002). 초일류 서비스 기업의 조건. 김앤김북스, 231-232.

95. 한국경제. 2008년 7월 23일. 최성호 경기대 서비스 경영대학원 교수.

96. 박희륜. (1987). 조직 환경에 관한 관리전략 모색. 청주교육대학 논문집, 제24집, 266.

97. Leonard L. Berry. (1999). Discovering the Soul of Service. 은종학 옮김. (2002). 초일류 서비스 기업의 조건. 김앤김북스, 136-137.

98. Rodd Wagner & James K. Harter. (2006). 12 THE ELEMENTS OF GREAT MANAGING. 김광수 옮김. (2007). 12 조직의 몰입을 창조하고 유지하는 위대한 경영의 요소. 해냄, 50-60.

99. 조미옥. (2011). 훌륭한 일터 GWP. 도서출판 넥서스, 80.

100. Rodd Wagner & James K. Harter. (2006). 12 THE ELEMENTS OF GREAT MANAGING. 김광수 옮김. (2007). 12 조직의 몰입을 창조하고 유지하는 위대한 경영의 요소. 해냄, 53.

101. Rodd Wagner & James K. Harter. (2006). 12 THE ELEMENTS OF GREAT MANAGING. 김광수 옮김. (2007). 12 조직의 몰입을 창조하고 유지하는 위대한 경영의 요소. 해냄, 60.

102. Peter F. Drucker. (2000). The Essential Drucker(Vols. Ⅰ-Ⅲ). 이재규 옮김. (2000). 변화 리더의 조건. 청림출판, 70-72.

103. Jagdish N. Sheth. (2007). The Self-Destructive Habits of Good Companies:...And How to Break Them. 김중식 · 전우영 옮김. (2008). 배드 해빗 성공한 기업의 7가지 자기파괴 습관. 럭스미디어, 284.

## ■ 제 3 장

1. Stephen M. R. Covey. (2006). The Speed of Trust. 김경섭 · 정병창 옮김. (2009). 신뢰의 속도. 김영사, 108-110.

2. 이숙정. (2008). 신뢰와 학교교육. 한국학술정보, 64.

3. Doug Lennick. (2010). MORAL. 정준희 옮김. (2010). 이제는 도덕이다. 북스넛, 219.

4. Doug Lennick. (2010). MORAL. 정준희 옮김. (2010). 이제는 도덕이다. 북스넛, 219.

5. Doug Lennick. (2010). MORAL. 정준희 옮김. (2010). 이제는 도덕이다. 북스넛, 222.

6. Lynn Upshaw. (2007). Truth: The New Rules for Marketing in a Skeptical World. 김부현 옮김. (2011). 정직이 전략이다. 미다스북스, 31.

7. John M. Huntsman. (2005). Winners Never Cheat. 김수영 옮김. (2006). 정직한 리더의 성공 철학. 럭스미디어, 49-50.
8. John M. Huntsman. (2005). Winners Never Cheat. 김수영 옮김. (2006). 정직한 리더의 성공 철학. 럭스미디어, 49-50.
9. Lynn Upshaw. (2007). Truth: The New Rules for Marketing in a Skeptical World. 김부현 옮김. (2011). 정직이 전략이다. 미다스북스, 39.
10. Lynn Upshaw. (2007). Truth: The New Rules for Marketing in a Skeptical World. 김부현 옮김. (2011). 정직이 전략이다. 미다스북스, 5.
11. James Montgomery Boice. (1971); John F. MacArthur. (1997). The Power of Integrity. 정길호 옮김. (2011). 순전함. 소망, 73 재인용.
12. Lynn Upshaw. (2007). Truth: The New Rules for Marketing in a Skeptical World. 김부현 옮김. (2011). 정직이 전략이다. 미다스북스, 135.
13. Lynn Upshaw. (2007). Truth: The New Rules for Marketing in a Skeptical World. 김부현 옮김. (2011). 정직이 전략이다. 미다스북스, 103.
14. Doug Lennick. (2010). MORAL. 정준희 옮김. (2010). 이제는 도덕이다. 북스넛, 223.
15. Charles Guignon. (2004). On Being Authentic. 강혜원 옮김. (2005). 진정성에 대하여. 동문선, 22.
16. Jean-Paul Sartre. (1956); Charles Guignon. (2004). On Being Authentic. 강혜원 옮김. (2005). 진정성에 대하여. 동문선, 22 재인용.
17. Charles Guignon. (2004). On Being Authentic. 강혜원 옮김. (2005). 진정성에 대하여. 동문선, 22.
18. Lynn Upshaw. (2007). Truth: The New Rules for Marketing in a Skeptical World. 김부현 옮김. (2011). 정직이 전략이다. 미다스북스, 157.
19. Lynn Upshaw. (2007). Truth: The New Rules for Marketing in a Skeptical World. 김부현 옮김. (2011). 정직이 전략이다. 미다스북스, 94.
20. Lynn Upshaw. (2007). Truth: The New Rules for Marketing in a Skeptical World. 김부현 옮김. (2011). 정직이 전략이다. 미다스북스, 34-35.
21. Leonard L. Berry. (1999). Discovering the Soul of Service. 은종학 옮김. (2002). 초일류 서비스 기업의 조건. 김앤김북스, 192.
22. Lynn Upshaw. (2007). Truth: The New Rules for Marketing in a Skeptical World. 김부현 옮김. (2011). 정직이 전략이다. 미다스북스, 136.
23. 한국경제. 2005년 12월 30일. 윤석철 한양대 석좌교수-서울대 명예교수.
24. Larry Johnson & Bob Phillips. (2003). Absolute Honesty:Building a Corporate Culture That Values Straight Talk and Rewards Integrity. 나선숙 옮김. (2005). 정직한 경영 존경받는 기업. 한스미디어, 306.

25. Leonard L. Berry. (1999). Discovering the Soul of Service. 은종학 옮김. (2002). 초일류 서비스 기업의 조건. 김앤김북스, 183.
26. Larry Johnson & Bob Phillips. (2003). Absolute Honesty:Building a Corporate Culture That Values Straight Talk and Rewards Integrity. 나선숙 옮김. (2005). 정직한 경영 존경받는 기업. 한스미디어, 306.
27. Leonard L. Berry. (1999). Discovering the Soul of Service. 은종학 옮김. (2002). 초일류 서비스 기업의 조건. 김앤김북스, 183.
28. 헤럴드경제. 2011년 11월 3일. 김대연기자.
29. Doug Lennick. (2010). MORAL. 정준희 옮김. (2010). 이제는 도덕이다. 북스넛, 115.
30. Doug Lennick. (2010). MORAL. 정준희 옮김. (2010). 이제는 도덕이다. 북스넛, 115.
31. Stephen M. R. Covey. (2006). The Speed of Trust. 김경섭 · 정병창 옮김. (2009). 신뢰의 속도. 김영사, 395-396.
32. Stephen M. R. Covey. (2006). The Speed of Trust. 김경섭 · 정병창 옮김. (2009). 신뢰의 속도. 김영사, 395-396.
33. Stephen M. R. Covey. (2006). The Speed of Trust. 김경섭 · 정병창 옮김. (2009). 신뢰의 속도. 김영사, 384-385.
34. Stephen M. R. Covey. (2006). The Speed of Trust. 김경섭 · 정병창 옮김. (2009). 신뢰의 속도. 김영사, 384.
35. 이영환 · 김홍범. (2011). 과학에서 규범으로. 율곡출판사, 17.
36. Larry Johnson & Bob Phillips. (2003). Absolute Honesty:Building a Corporate Culture That Values Straight Talk and Rewards Integrity. 나선숙 옮김. (2005). 정직한 경영 존경받는 기업. 한스미디어, 23-24.
37. Larry Johnson & Bob Phillips. (2003). Absolute Honesty:Building a Corporate Culture That Values Straight Talk and Rewards Integrity. 나선숙 옮김. (2005). 정직한 경영 존경받는 기업. 한스미디어, 28-29.
38. Larry Johnson & Bob Phillips. (2003). Absolute Honesty:Building a Corporate Culture That Values Straight Talk and Rewards Integrity. 나선숙 옮김. (2005). 정직한 경영 존경받는 기업. 한스미디어, 92-93.
39. http://www.northgrum.com; "Reporting Ethics Violations" by Donna Davis; Larry Johnson & Bob Phillips. (2003). Absolute Honesty:Building a Corporate Culture That Values Straight Talk and Rewards Integrity. 나선숙 옮김. (2005). 정직한 경영 존경받는 기업. 한스미디어, 319 재인용.
40. Mark Albion. (2006). The Social Venture Network Series: TRUE TO YOURSELF: leading a values-based business. 김민주 · 송희령 옮김. (2007). 미래 기업의 3C 경영. 프라임, 171-172.

41. Larry Johnson & Bob Phillips. (2003). Absolute Honesty:Building a Corporate Culture That Values Straight Talk and Rewards Integrity. 나선숙 옮김. (2005). 정직한 경영 존경받는 기업. 한스미디어, 25.
42. John Duglas. (2010). Seven Tips, the People trust me. 최유리 옮김. (2010). 사람들이 나를 신뢰하게 만드는 7가지 비결, 88-89.
43. Larry Johnson & Bob Phillips. (2003). Absolute Honesty:Building a Corporate Culture That Values Straight Talk and Rewards Integrity. 나선숙 옮김. (2005). 정직한 경영 존경받는 기업. 한스미디어, 84.
44. Larry Johnson & Bob Phillips. (2003). Absolute Honesty:Building a Corporate Culture That Values Straight Talk and Rewards Integrity. 나선숙 옮김. (2005). 정직한 경영 존경받는 기업. 한스미디어, 294.
45. Jim Haudan. (2008). The Art of Engagement: Bridging the Gap Between People and Possibilities. 포엠아이컨설팅 옮김. (2010). 몰입과 소통의경영. GASAN BOOKS (주)포엠아이컨설팅, 173.
46. Larry Johnson & Bob Phillips. (2003). Absolute Honesty:Building a Corporate Culture That Values Straight Talk and Rewards Integrity. 나선숙 옮김. (2005). 정직한 경영 존경받는 기업. 한스미디어, 122.
47. Larry Johnson & Bob Phillips. (2003). Absolute Honesty:Building a Corporate Culture That Values Straight Talk and Rewards Integrity. 나선숙 옮김. (2005). 정직한 경영 존경받는 기업. 한스미디어, 157.
48. Donald Mchugh. (2007). Golf and the Game of Leadership. 최종옥 역. (2005). 최고의 인생을 위한 게임. 책이 있는 마을.
49. John M. Huntsman. (2005). Winners Never Cheat. 김수영 옮김. (2006). 정직한 리더의 성공 철학. 럭스미디어, 82.
50. John M. Huntsman. (2005). Winners Never Cheat. 김수영 옮김. (2006). 정직한 리더의 성공 철학. 럭스미디어, 85.
51. John M. Huntsman. (2005). Winners Never Cheat. 김수영 옮김. (2006). 정직한 리더의 성공 철학. 럭스미디어, 85.
52. Doug Lennick. (2010). MORAL. 정준희 옮김. (2010). 이제는 도덕이다. 북스넛, 212.
53. Larry Johnson & Bob Phillips. (2003). Absolute Honesty:Building a Corporate Culture That Values Straight Talk and Rewards Integrity. 나선숙 옮김. (2005). 정직한 경영 존경받는 기업. 한스미디어, 38-39.
54. Doug Lennick. (2010). MORAL. 정준희 옮김. (2010). 이제는 도덕이다. 북스넛, 112-113.
55. John M. Huntsman. (2005). Winners Never Cheat. 김수영 옮김. (2006). 정직한 리더

의 성공 철학. 럭스미디어, 87-88.
56. John M. Huntsman. (2005). Winners Never Cheat. 김수영 옮김. (2006). 정직한 리더의 성공 철학. 럭스미디어, 116.
57. 매경이코노미. 제1577호. 2010년 10월 20일. 주인기 연세대 경영학과 교수.
58. 매경이코노미. 제1577호. 2010년 10월 20일. 주인기 연세대 경영학과 교수.
59. Leonard L. Berry. (1999). Discovering the Soul of Service. 은종학 옮김. (2002). 초일류 서비스 기업의 조건. 김앤김북스, 190.
60. 이영환 · 김홍범. (2011). 과학에서 규범으로. 율곡출판사, 22.
61. Larry Johnson & Bob Phillips. (2003). Absolute Honesty:Building a Corporate Culture That Values Straight Talk and Rewards Integrity. 나선숙 옮김. (2005). 정직한 경영 존경받는 기업. 한스미디어, 185.
62. Larry Johnson & Bob Phillips. (2003). Absolute Honesty:Building a Corporate Culture That Values Straight Talk and Rewards Integrity. 나선숙 옮김. (2005). 정직한 경영 존경받는 기업. 한스미디어, 193.
63. Ronald A. Heifetz, Larry Johnson & Bob Phillips. (2003); Larry Johnson & Bob Phillips. (2003). Absolute Honesty:Building a Corporate Culture That Values Straight Talk and Rewards Integrity. 나선숙 옮김. (2005). 정직한 경영 존경받는 기업. 한스미디어, 186 재인용.
64. David A. Garvin & Michael A. Roberto. (2001); Larry Johnson & Bob Phillips. (2003). Absolute Honesty:Building a Corporate Culture That Values Straight Talk and Rewards Integrity. 나선숙 옮김. (2005). 정직한 경영 존경받는 기업. 한스미디어, 186-187 재인용.
65. 이영환 · 김홍범. (2011). 과학에서 규범으로. 율곡출판사, 75-76.
66. 이영환 · 김홍범. (2011). 과학에서 규범으로. 율곡출판사, 76.
67. Leonard L. Berry. (1999). Discovering the Soul of Service. 은종학 옮김. (2002). 초일류 서비스 기업의 조건. 김앤김북스, 64-66.
68. Larry Johnson & Bob Phillips. (2003). Absolute Honesty:Building a Corporate Culture That Values Straight Talk and Rewards Integrity. 나선숙 옮김. (2005). 정직한 경영 존경받는 기업. 한스미디어, 299-300.
69. 매일경제. 2011년 8월 4일 A34면. 손현덕 부국장대우.
70. Leonard L. Berry. (1999). Discovering the Soul of Service. 은종학 옮김. (2002). 초일류 서비스 기업의 조건. 김앤김북스, 64-65.
71. 내일신문. 2010년 11월 7일 25면.
72. Larry Johnson & Bob Phillips. (2003). Absolute Honesty:Building a Corporate Culture That Values Straight Talk and Rewards Integrity. 나선숙 옮김. (2005).

정직한 경영 존경받는 기업. 한스미디어, 319-320 재인용.
73. Larry Johnson & Bob Phillips. (2003). Absolute Honesty:Building a Corporate Culture That Values Straight Talk and Rewards Integrity. 나선숙 옮김. (2005). 정직한 경영 존경받는 기업. 한스미디어, 320 재인용.
74. Larry Johnson & Bob Phillips. (2003). Absolute Honesty:Building a Corporate Culture That Values Straight Talk and Rewards Integrity. 나선숙 옮김. (2005). 정직한 경영 존경받는 기업. 한스미디어, 320.
75. Reinhard K. Sprenger. (2002). VERTRRAUEN FUEHRT. 배진아 옮김. (2003). 위대한 기업의 조건. 더난출판, 227.
76. J. R. P. French & B. H. Raven. (1959). "The Basis of Social Power", in Dorwin Cartwright, ed., *Studies in Social Power*. Ann Arbor: University of Michigan Press.
77. Reinhard K. Sprenger. (2002). VERTRRAUEN FUEHRT. 배진아 옮김. (2003). 위대한 기업의 조건. 더난출판, 227.
78. J. R. P. French & B. H. Raven. (1959). The Basis of Social Power in Dorwin Cartwright (ed.). *Studies in Social Power*. Ann Arbor: University of Michigan Press.
79. Yukl, G.. (2006). Leadership in Organizations(6 ed.) N.J.: Person Prentice Hall.
80. 조미옥. (2011). 훌륭한 일터 GWP. 도서출판 넥서스, 96-97.
81. Larry Johnson & Bob Phillips. (2003). Absolute Honesty:Building a Corporate Culture That Values Straight Talk and Rewards Integrity. 나선숙 옮김. (2005). 정직한 경영 존경받는 기업. 한스미디어, 212.
82. 조미옥. (2011). 훌륭한 일터 GWP. 도서출판 넥서스, 94.
83. David H. Maister, Charles H. Green and Robert M. Galford. (2000). The Trusted Advisor. 정성묵 옮김. 2009. 신뢰의 기술. 해냄, 101-106.
84. Reinhard K. Sprenger. (2002). VERTRRAUEN FUEHRT. 배진아 옮김. (2003). 위대한 기업의 조건. 더난출판, 146.
85. Alain de Botton. (2006). The Architecture of Happiness. 정영목 옮김. (2007). 행복의 건축. 이레, 192-193.
86. Larry Johnson & Bob Phillips. (2003). Absolute Honesty:Building a Corporate Culture That Values Straight Talk and Rewards Integrity. 나선숙 옮김. (2005). 정직한 경영 존경받는 기업. 한스미디어, 302.
87. 고유빈. (2009). 학교조직효과성의 영향 요인에 관한 연구. 대전대학교 대학원 박사학위논문, 49.
88. 한국경제. 2009년 1월 7일. 워싱턴 김홍렬 특파원.

89. Larry Johnson & Bob Phillips. (2003). Absolute Honesty:Building a Corporate Culture That Values Straight Talk and Rewards Integrity. 나선숙 옮김. (2005). 정직한 경영 존경받는 기업. 한스미디어, 298-299.
90. Doug Lennick. (2010). MORAL. 정준희 옮김. (2010). 이제는 도덕이다. 북스넛, 101.
91. Gary Hamael & Bill Breen. (2008). The Future of Management. 신희철·김종식 공역. (2008). 경영의 미래. 세종서적, 178.
92. Theodore Levitt. (2003). 창의적 아이디어만으로는 충분하지 않다. Harvard Business Review on the Innovative Enterprise. 피터 드러커 외 지음. (2003). 김명철 옮김. (2009). 혁신기업의 조건. 21세기북스, 205.
93. 고유빈. (2009). 학교조직효과성의 영향 요인에 관한 연구. 대전대학교 대학원 박사학위논문, 50.
94. James M. Jasper. (2006). Getting your way: Strategic dilemmas in the real world. 왕수민·전일휘 옮김. (2007). 딜레마 해부하기. 사이, 339.
95. David H. Maister, Charles H. Green and Robert M. Galford. (2000). The Trusted Advisor. 정성묵 옮김. 2009. 신뢰의 기술. 해냄, 101-106.
96. Stephen M. R. Covey. (2006). The Speed of Trust. 김경섭·정병창 옮김. (2009). 신뢰의 속도. 김영사, 121.
97. 송경근. (2002). 올바른 리더의 조건. 한언, 62.
98. Stephen M. R. Covey. (2006). The Speed of Trust. 김경섭·정병창 옮김. (2009). 신뢰의 속도. 김영사, 122.
99. Reinhard K. Sprenger. (2002). VERTRRAUEN FUEHRT. 배진아 옮김. (2003). 위대한 기업의 조건. 더난출판, 192.
100. John M. Huntsman. (2005). Winners Never Cheat. 김수영 옮김. (2006). 정직한 리더의 성공 철학. 럭스미디어, 129.
101. Brad Blanton. (2000). Practicing Radical Honesty. 강헌구. (2005). Honesty. (주)한언, 43.
102. Warren Bennis, Daniel Goleman & James O'Toole. (2008). Transparency. 배인섭 역. (2008). 투명성의 시대: 미래 기업의 절대 조건. 엘도라도, 116-117.
103. Robert J. Ringer. (2004). ACTION!. 최소영 옮김. (2005). ACTION!. 한언, 269.
104. David H. Maister, Charles H. Green and Robert M. Galford. (2000). The Trusted Advisor. 정성묵 옮김. 2009. 신뢰의 기술. 해냄, 180.
105. David H. Maister, Charles H. Green and Robert M. Galford. (2000). The Trusted Advisor. 정성묵 옮김. 2009. 신뢰의 기술. 해냄, 250.
106. David H. Maister, Charles H. Green and Robert M. Galford. (2000). The Trusted Advisor. 정성묵 옮김. 2009. 신뢰의 기술. 해냄, 180.

107. David H. Maister, Charles H. Green and Robert M. Galford. (2000). The Trusted Advisor. 정성묵 옮김. 2009. 신뢰의 기술. 해냄, 178.

## ■ 제 4 장

1. 조미옥. (2011). 훌륭한 일터 GWP. 도서출판 넥서스, 124.
2. 매일경제. 2011년 8월 4일 A35면. 윤재웅 동국대 교수.
3. 매일경제. 2011년 8월 5일 A34면. 정만원 SK그룹 부회장.
4. John Nasbitt & Patricia Aburdence. (1990). Megatrends 2000. 김홍기 역. (1998). 메가트렌드 2000 : 1990년대 대변혁 10가지!. 한국경제신문사, 302..
5. Ap Eigenhuis & Rob van Djik. (2007). High Perfprmance Business Strategy. 이준승·김정민 옮김. (2009). 인재 경영의 원칙. 청림출판, 110.
6. John C. Maxwell. (2003). Thinking for a Change. 조영희 옮김. (2003). 생각의 법칙. 청림출판, 212-213.
7. Gary Hamel & Bill Breen. (2008). The Future of Management. 신희철·김종식 공역. (2008). 경영의 미래. 세종서적, 223.
8. Ap Eigenhuis & Rob van Djik. (2007). High Perfprmance Business Strategy. 이준승·김정민 옮김. (2009). 인재 경영의 원칙. 청림출판, 109 재인용.
9. Michael Hammer. (1996). Beyond Reengineering: How the Process-centered Organization Is Changing Our Work and Our Lives. 임덕순 옮김. (1997). 프로세스 기업 혁명. 경향신문사, 131.
10. 류랑도. (2006). The Performance. 통합 성과 경영 시스템. (주)한언, 352.
11. 매일경제. 2011년 6월 15일 A34면. 신현규 기자·장나영 연구원.
12. Mark Albion. (2006). The Social Venture Network Series: TRUE TO YOURSELF: leading a values-based business. 김민주·송희령 옮김. (2007). 미래 기업의 3C 경영. 프라임, 69, 97.
13. Jagdish N. Sheth. (2007). The Self-Destructive Habits of Good Companies:...And How to Break Them. 김중식·전우영 옮김. (2008). 배드 해빗 성공한 기업의 7가지 자기파괴 습관. 럭스미디어, 159, 193.
14. Jagdish N. Sheth. (2007). The Self-Destructive Habits of Good Companies:...And How to Break Them. 김중식·전우영 옮김. (2008). 배드 해빗 성공한 기업의 7가지 자기파괴 습관. 럭스미디어, 192.
15. Michael Lynberg. (2001). Make Each Day Your Masterpiece. 유혜경 옮김. (2002). 너만의 명작을 그려라. 한언, 187-188.
16. Michael Lynberg. (2001). Make Each Day Your Masterpiece. 유혜경 옮김. (2002). 너만의 명작을 그려라. 한언, 188.

17. Charles Handy. (1991). The Age of Unreason. 강혜정 옮김. (2009). 비이성의 시대. 21세기북스, 37, 39.
18. Charles Handy. (1991). The Age of Unreason. 강혜정 옮김. (2009). 비이성의 시대. 21세기북스, 38.
19. Richard Chang. (2001). The Passion Plan at Work: Building a passion-driven organization. 이진원 옮김. (2005). 성장의 비밀 열정 경영. 위즈덤하우스, 103.
20. John C. Maxwell. (2003). Thinking for a Change. 조영희 옮김. (2003). 생각의 법칙. 청림출판, 20-27.
21. John C. Maxwell. (2003). Thinking for a Change. 조영희 옮김. (2003). 생각의 법칙. 청림출판, 26.
22. Jacques Horovitz *et al*. (2007). A DREAM WITH A DEADLINE: Turning Strategy Into Action. 김시경 옮김. (2008). 기적의 비전 워크숍. 샘앤파커스, 240.
23. 이돈희. (2000). 활력이 넘치는 교육공동체를 위하여. 김호권 외 엮음. (2000). 학교가 무너지면 미래는 없다. 교육과학사, 306.
24. 한국경제. 2010년 2월 19일. 서화동 기자.
25. Tom Peters. (2005). Tom Peters Essentials: Leadership. 정성묵 옮김. (2006). 톰 피터스 에센셜 : 리더십. (주)북이십일, 17, 19.
26. http://blog.daum.net/pollken/18343310
27. Jagdish N. Sheth. (2007). The Self-Destructive Habits of Good Companies:...And How to Break Them. 김중식 · 전우영 옮김. (2008). 배드 해빗 성공한 기업의 7가지 자기파괴 습관. 럭스미디어, 344.
28. 매일경제. 2011년 5월 21일. 조경란 소설가.
29. Tom Peters. (2005). Tom Peters Essentials: Leadership. 정성묵 옮김. (2006). 톰 피터스 에센셜 : 리더십. (주)북이십일, 61.
30. Brad Blanton. (2000). Practicing Radical Honesty. 강헌구. (2005). Honesty. (주)한언, 264.
31. Tom Peters. (2005). Tom Peters Essentials: Leadership. 정성묵 옮김. (2006). 톰 피터스 에센셜 : 리더십. (주)북이십일, 39.
32. Ivan Illich *et al*.. (1970). The Deschooling Society. 김광환 옮김. (1990). 탈학교논쟁. 한마당, 30.
33. Brad Blanton. (2000). Practicing Radical Honesty. 강헌구. (2005). Honesty. (주)한언, 37.
34. Stephen M. R. Covey. (2006). The Speed of Trust. 김경섭 · 정병창 옮김. (2009). 신뢰의 속도. 김영사, 185.
35. AT커니 · 매일경제 Creative Korea 팀. (2005). 창조 혁명 보고서. 매경출판(주), 122.

36. Brad Blanton. (2000). Practicing Radical Honesty. 강헌구. (2005). Honesty. (주)한언, 202.
37. AT커니·매일경제 Creative Korea 팀. (2005). 창조 혁명 보고서. 매경출판(주), 122.-123.
38. John Naisbitt. 2006. Mind Set!: Reset Your Thinking and See the Future. 안진환·박슬라. 2006. 마인드 세트. 비즈니스북스, 33-34.
39. Stan Davis. (2001). Lessons from the Future. 김승욱 옮김. (2002). 미래의 지배. 경영정신, 213.
40. Doug Lennick. (2010). MORAL. 정준희 옮김. (2010). 이제는 도덕이다. 북스넛, 240.
41. 조미옥. (2011). 훌륭한 일터 GWP. 도서출판 넥서스, 58.
42. Wallstreet Journal 8월 29일자 사설. 서울경제 2011년 8월 30일 A38면에서 인용.
43. 매일경제. 2011년 6월 25일 A28면. 장하준 케임브리지대 교수.
44. Doug Lennick. (2010). MORAL. 정준희 옮김. (2010). 이제는 도덕이다. 북스넛, 214.
45. Doug Lennick. (2010). MORAL. 정준희 옮김. (2010). 이제는 도덕이다. 북스넛, 127-128.
46. Doug Lennick. (2010). MORAL. 정준희 옮김. (2010). 이제는 도덕이다. 북스넛, 128.
47. Larry Johnson & Bob Phillips. (2003). Absolute Honesty:Building a Corporate Culture That Values Straight Talk and Rewards Integrity. 나선숙 옮김. (2005). 정직한 경영 존경받는 기업. 한스미디어, 75.
48. Alain de Botton. (2006). The Architecture of Happiness. 정영목 옮김. (2007). 행복의 건축. 이레, 219-220.
49. AT커니·매일경제 Creative Korea 팀. (2005). 창조 혁명 보고서. 매경출판(주), 161.
50. AT커니·매일경제 Creative Korea 팀. (2005). 창조 혁명 보고서. 매경출판(주), 161.
51. Larry Johnson & Bob Phillips. (2003). Absolute Honesty:Building a Corporate Culture That Values Straight Talk and Rewards Integrity. 나선숙 옮김. (2005). 정직한 경영 존경받는 기업. 한스미디어, 76-77.
52. Larry Johnson & Bob Phillips. (2003). Absolute Honesty:Building a Corporate Culture That Values Straight Talk and Rewards Integrity. 나선숙 옮김. (2005). 정직한 경영 존경받는 기업. 한스미디어, 78.
53. Brad Blanton. (2000). Practicing Radical Honesty. 강헌구. (2005). Honesty. (주)한언, 197.
54. Brad Blanton. (2000). Practicing Radical Honesty. 강헌구. (2005). Honesty. (주)한언, 196.
55. Eric Abrahamson. (2004). CHANGE WITHOUT PAIN: How Managers Can Overcome Initiative Overload, Organizational Chaos, and Employee Burnout.

윤영호. (2006). 고통 없는 변화. 세종서적, 246-276.
56. John Kotter. (1996); Larry Johnson & Bob Phillips. (2003). Absolute Honesty: Building a Corporate Culture That Values Straight Talk and Rewards Integrity. 나선숙 옮김. (2005). 정직한 경영 존경받는 기업. 한스미디어, 70 재인용.
57. 류랑도. (2006). The Performance 통합성과경영시스템. (주)한언, 350.
58. Kenneth W. Thomas. (2000). Intrinsic Motivation at Work. 장재윤·구자숙. (2005). 열정과 몰입의 방법. 지식공작소, 26-27.
59. Kenneth W. Thomas. (2000). Intrinsic Motivation at Work. 장재윤·구자숙. (2005). 열정과 몰입의 방법. 지식공작소, 30-31.
60. Gary Hamael & Bill Breen. (2008). The Future of Management. 신희철·김종식 공역. (2008). 경영의 미래. 세종서적, 74.
61. Leonard L. Berry. (1999). Discovering the Soul of Service. 은종학 옮김. (2002). 초일류 서비스 기업의 조건. 김앤김북스, 55.
62. Rodd Wagner & James K. Harter. (2006). 12 THE ELEMENTS OF GREAT MANAGING. 김광수 옮김. (2007). 12 조직의 몰입을 창조하고 유지하는 위대한 경영의 요소. 해냄, 86.
63. 동아일보. 2010년 12월 14일 44면. 김익성 한국능률협회컨설팅 인사조직본부장, 유덕영 기자.
64. 한겨레. 2008년 3월 3일 21면. 이형섭 기자.
65. 조미옥. (2011). 훌륭한 일터 GWP. 도서출판 넥서스, 80, 111.
66. 조미옥. (2011). 훌륭한 일터 GWP. 도서출판 넥서스, 81.
67. 조미옥. (2011). 훌륭한 일터 GWP. 도서출판 넥서스, 80,111.
68. Leonard L. Berry. (1999). Discovering the Soul of Service. 은종학 옮김. (2002). 초일류 서비스 기업의 조건. 김앤김북스, 55.
69. 한국경제신문 특별취재팀·삼성경제연구소. (2009). 창조적 전환. 삼성경제연구소, 59-61.
70. Gary Hamael & Bill Breen. (2008). The Future of Management. 신희철·김종식 공역. (2008). 경영의 미래. 세종서적, 108.
71. 동아일보. 2010년 12월 14일 44면. 유덕영 기자.
72. 조미옥. (2011). 훌륭한 일터 GWP. 도서출판 넥서스, 117.
73. 한겨레. 2008년 3월 3일 21면. 이형섭 기자.
74. Jim Haudan. (2010). The Art of Engagement: Bridging the Gap Between People and Possibilities. 포엠아이컨설팅 옮김. (2010). 몰입과 소통의 경영. 가산출판사, 38.
75. Jon R. Katzenbach. (2003). Why Pride Matters More Than Money. 김명철 옮김. (2003). 왜 자부심이 돈보다 중요한가. 매일경제신문사, 74.

76. Jon R. Katzenbach. (2003). Why Pride Matters More Than Money. 김명철 옮김. (2003). 왜 자부심이 돈보다 중요한가. 매일경제신문사, 81.
77. Jon R. Katzenbach. (2003). Why Pride Matters More Than Money. 김명철 옮김. (2003). 왜 자부심이 돈보다 중요한가. 매일경제신문사, 88-95.
78. Jim Haudan. (2010). The Art of Engagement: Bridging the Gap Between People and Possibilities. 포엠아이컨설팅 옮김. (2010). 몰입과 소통의 경영. 가산출판사, 43.
79. Mihaly Csikszentimihalyi. (2003). Good Business. 심현식 옮김. (2006). 몰입의 경영. 황금가지, 161.
80. 조미옥. (2011). 훌륭한 일터 GWP. 도서출판 넥서스, 104.
81. Jim Haudan. (2010). The Art of Engagement: Bridging the Gap Between People and Possibilities. 포엠아이컨설팅 옮김. (2010). 몰입과 소통의 경영. 가산출판사, 46.
82. 조미옥. (2011). 훌륭한 일터 GWP. 도서출판 넥서스, 104.
83. Jon R. Katzenbach. (2003). Why Pride Matters More Than Money. 김명철 옮김. (2003). 왜 자부심이 돈보다 중요한가. 매일경제신문사, 101.
84. Jim Haudan. (2010). The Art of Engagement: Bridging the Gap Between People and Possibilities. 포엠아이컨설팅 옮김. (2010). 몰입과 소통의 경영. 가산출판사, 40-41.
85. Jon R. Katzenbach. (2003). Why Pride Matters More Than Money. 김명철 옮김. (2003). 왜 자부심이 돈보다 중요한가. 매일경제신문사, 135-136.

## ■ 제 5 장

1. Stephen M. R. Covey. (2006). The Speed of Trust. 김경섭 · 정병창 옮김. (2009). 신뢰의 속도. 김영사, 393-394.
2. 이숙정. (2008). 신뢰와 학교교육. 한국학술정보, 58.
3. Jennings, E E.. (1971). Routes to the Executive Suite. N.Y.: McGraw-Hill.
4. 이영석. (2004). 회사신뢰 및 상사신뢰의 결정요인과 효과성에 관한 연구. 성균관대학교 대학원 박사학위논문.
5. Charlence Li. (2010). Open Leadership: How Social Téchnology can Transform The way You Lead. 정지훈 옮김. (2011). 오픈 리더십. 한국경제신문, 51.
6. Leonard L. Berry. (1999). Discovering the Soul of Service. 은종학 옮김. (2002). 초일류 서비스 기업의 조건. 김앤김북스, 252.
7. 조미옥. (2011). 훌륭한 일터 GWP. 도서출판 넥서스, 98.
8. Charlence Li. (2010). Open Leadership: How Social Technology can Transform The way You Lead. 정지훈 옮김. (2011). 오픈 리더십. 한국경제신문, 51.
9. Herbert A. Simon. (1945); Keith R. McFarland. (2008). The Breakthrough Company.

권양진 옮김. (2009). 브레이크스루 컴퍼니. 김영사, 281-282 재인용.

10. Stephen M. R. Covey. (2006). The Speed of Trust. 김경섭 · 정병창 옮김. (2009). 신뢰의 속도. 김영사, 157.
11. Stephen M. R. Covey. (2006). The Speed of Trust. 김경섭 · 정병창 옮김. (2009). 신뢰의 속도. 김영사, 162.
12. Larry Johnson & Bob Phillips. (2003). Absolute Honesty:Building a Corporate Culture That Values Straight Talk and Rewards Integrity. 나선숙 옮김. (2005). 정직한 경영 존경받는 기업. 한스미디어, 49.
13. Keith R. McFarland. (2008). The Breakthrough Company. 권양진 옮김. (2009). 브레이크스루 컴퍼니. 김영사, 288
14. Larry Johnson & Bob Phillips. (2003). Absolute Honesty:Building a Corporate Culture That Values Straight Talk and Rewards Integrity. 나선숙 옮김. (2005). 정직한 경영 존경받는 기업. 한스미디어, 265-266.
15. 조미옥. (2011). 훌륭한 일터 GWP. 도서출판 넥서스, 49-50.
16. Keith R. McFarland. (2008). The Breakthrough Company. 권양진 옮김. (2009). 브레이크스루 컴퍼니. 김영사, 282.
17. 매일경제. 2011년 8월 10일 A39면. 김상헌 NHN 대표이사 사장.
18. Amy Chua. (2007). Day of Empire. 이순희 옮김. (2008). 제국의 미래. 비아북, 21.
19. 한국경제. 2010년 6월 3일. 류지성 삼성경제연구소 교육혁신센터장.
20. 한국경제. 2010년 6월 3일. 류지성 삼성경제연구소 교육혁신센터장.
21. Larry Johnson & Bob Phillips. (2003). Absolute Honesty:Building a Corporate Culture That Values Straight Talk and Rewards Integrity. 나선숙 옮김. (2005). 정직한 경영 존경받는 기업. 한스미디어, 101.
22. Keith R. McFarland. (2008). The Breakthrough Company. 권양진 옮김. (2009). 브레이크스루 컴퍼니. 김영사, 248.
23. Keith R. McFarland. (2008). The Breakthrough Company. 권양진 옮김. (2009). 브레이크스루 컴퍼니. 김영사, 282.
24. Charlene Li. (2010). Open Leadership: How Social Technology can Transform The way You Lead. 정지훈 옮김. (2011). 오픈 리더십. 한국경제신문, 86.
25. 매일경제. 2010년 11월 6-7일 B1.
26. 매일경제. 2010년 11월 6-7일 B1.
27. Warren Bennis, Daniel Goleman & James O'Toole. (2008). Transparency. 배인섭 역. (2008). 투명성의 시대: 미래 기업의 절대 조건. 엘도라도, 56.
28. Keith R. McFarland. (2008). The Breakthrough Company. 권양진 옮김. (2009). 브레이크스루 컴퍼니. 김영사, 266.

29. Warren Bennis, Daniel Goleman & James O'Toole. (2008). Transparency. 배인섭 역. (2008). 투명성의 시대: 미래 기업의 절대 조건. 엘도라도, 50-57.
30. 한국경제. 2010년 6월 3일. 류지성 삼성경제연구소 교육혁신센터장.
31. Keith R. McFarland. (2008). The Breakthrough Company. 권양진 옮김. (2009). 브레이크스루 컴퍼니. 김영사, 266.
32. David Batstone. (2003). Saving the Corporate Soul & (Who Knows?) Maybe Your Own. 신철호 옮김. (2008). 영혼이 있는 기업. 거름, 98.
33. Larry Johnson & Bob Phillips. (2003). Absolute Honesty:Building a Corporate Culture That Values Straight Talk and Rewards Integrity. 나선숙 옮김. (2005). 정직한 경영 존경받는 기업. 한스미디어, 306.
34. 매일경제. 2010년 11월 6-7일 B1.
35. Mishra. (1996); 이숙정. (2008). 신뢰와 학교교육. 한국학술정보, 58 재인용.
36. Reinhard K. Sprenger. (2002). VERTRRAUEN FUEHRT. 배진아 옮김. (2003). 위대한 기업의 조건. 더난출판, 148.
37. 경향신문. 2010년 7월 20일 26면.
38. 조미옥. (2011). 훌륭한 일터 GWP. 도서출판 넥서스, 149.
39. Stan Davis. (2001). Lessons from the Future. 김승욱 옮김. (2002). 미래의 지배. 경영정신, 210.
40. Stan Davis. (2001). Lessons from the Future. 김승욱 옮김. (2002). 미래의 지배. 경영정신, 220.
41. 매일경제. 2011년 8월 10일 A39면. 김상헌 NHN 대표이사 사장.
42. Keith R. McFarland. (2008). The Breakthrough Company. 권양진 옮김. (2009). 브레이크스루 컴퍼니. 김영사, 248-249.
43. Charlence Li. (2010). Open Leadership: How Social Technology can Transform The way You Lead. 정지훈 옮김. (2011). 오픈 리더십. 한국경제신문, 51.
44. Michael Z. Hackman & Craig Johnson. (2009). Leadership: A Communication Perspective. 김영임·최재민 편역. (2010). 소통의 리더십. 에피스테메. 162.
45. 매경이코노미. 제1543호(2010년 2월 10일). 강태영 포스코경영연구소 경영경제 Fellow·경제학박사.
46. Mark Albion. (2006). The Social Venture Network Series: TRUE TO YOURSELF: leading a values-based business, 김민주·송희령 옮김. (2007). 미래 기업의 3C 경영. 프라임, 187.
47. 매일경제. 2011년 7월 6일 A37면. 최규연 조달청장.
48. 매일경제. 2010년 11월 13-14일 B1면, B4-B5면. 김인수 기자.
49. Mark Albion. (2006). The Social Venture Network Series: TRUE TO YOURSELF:

leading a values-based business, 김민주·송희령 옮김. (2007). 미래 기업의 3C 경영. 프라임, 175-176.

50. Mark Albion. (2006). The Social Venture Network Series: TRUE TO YOURSELF: leading a values-based business, 김민주·송희령 옮김. (2007). 미래 기업의 3C 경영. 프라임, 183.

51. 동아일보. 2006년 3월 14일 18면. 정미경기자.

52. 조미옥. (2011). 훌륭한 일터 GWP. 도서출판 넥서스, 177.

53. 한국경제. 2010년 6월 3일. 류지성 삼성경제연구소 교육혁신센터장.

54. 매일경제. 2011년 10월 22일 A37면. 매경춘추. 박인식 SK브로드밴드 사장.

55. 이영환·김홍범. (2011). 과학에서 규범으로. 율곡출판사, 220-221.

56. Stephen M. R. Covey. (2006). The Speed of Trust. 김경섭·정병창 옮김. (2009). 신뢰의 속도. 김영사, 123-124.

57. Warren Bennis, Daniel Goleman & James O'Toole. (2008). Transparency. 배인섭 역. (2008). 투명성의 시대: 미래 기업의 절대 조건. 엘도라도, 53.

58. Larry Johnson & Bob Phillips. (2003). Absolute Honesty:Building a Corporate Culture That Values Straight Talk and Rewards Integrity. 나선숙 옮김. (2005). 정직한 경영 존경받는 기업. 한스미디어, 144.

59. 조미옥. (2011). 훌륭한 일터 GWP. 도서출판 넥서스, 45.

60. 국민일보. 2006년 3월 23일 26면. 양병무 인간개발연구원장.

61. Larry Johnson & Bob Phillips. (2003). Absolute Honesty:Building a Corporate Culture That Values Straight Talk and Rewards Integrity. 나선숙 옮김. (2005). 정직한 경영 존경받는 기업. 한스미디어, 148.

62. John Duglas. (2010). Seven Tips, the People trust me. 최유리 옮김. (2010). 사람들이 나를 신뢰하게 만드는 7가지 비결. 함께북스, 110-111.

63. Larry Johnson & Bob Phillips. (2003). Absolute Honesty:Building a Corporate Culture That Values Straight Talk and Rewards Integrity. 나선숙 옮김. (2005). 정직한 경영 존경받는 기업. 한스미디어, 144.

64. Reinhard K. Sprenger. (2002). VERTRRAUEN FUEHRT. 배진아 옮김. (2003). 위대한 기업의 조건. 더난출판, 146.

65. Patrick M. Lencioni. (2005). Overcoming the Five Dysfunctions of a Team: A Field Guide for Leaders, Managers, and Facilitators. 이종민 옮김. (2007). 탁월한 조직이 빠지기 쉬운 5가지 함정 탈출법. 다산북스, 215.

66. Keith R. McFarland. (2008). The Breakthrough Company. 권양진 옮김. (2009). 브레이크스루 컴퍼니. 김영사, 231-232.

67. Jim Haudan. (2010). The Art of Engagement: Bridging the Gap Between People and

Possibilities. 포엠아이컨설팅 옮김. (2010). 몰입과 소통의 경영. 가산출판사, 314.
68. 조미옥. (2011). 훌륭한 일터 GWP. 도서출판 넥서스, 51.
69. Keith R. McFarland. (2008). The Breakthrough Company. 권양진 옮김. (2009). 브레이크스루 컴퍼니. 김영사, 237.
70. Carl Franklin. (2003). Why Innovation Fails. 고원용 옮김. (2008). 세상을 바꾼 혁신 vs 실패한 혁신. 시그마북스, 143-144.
71. Carl Franklin. (2003). Why Innovation Fails. 고원용 옮김. (2008). 세상을 바꾼 혁신 vs 실패한 혁신. 시그마북스, 145.
72. Larry Johnson & Bob Phillips. (2003). Absolute Honesty:Building a Corporate Culture That Values Straight Talk and Rewards Integrity. 나선숙 옮김. (2005). 정직한 경영 존경받는 기업. 한스미디어, 166.
73. Warren Bennis, Daniel Goleman & James O'Toole. (2008). Transparency. 배인섭 역. (2008). 투명성의 시대: 미래 기업의 절대 조건. 엘도라도, 55.
74. Deborah Norville. (2009). The Power of Respect. 김순미 옮김. (2010). 리스펙트. 위즈덤하우스, 221.
75. Stephen M. R. Covey. (2006). The Speed of Trust. 김경섭 · 정병창 옮김. (2009). 신뢰의 속도. 김영사, 133.
76. Jim Haudan. (2010). The Art of Engagement: Bridging the Gap Between People and Possibilities. 포엠아이컨설팅 옮김. (2010). 몰입과 소통의 경영. 가산출판사, 168.
77. Carol Hymowitz. (2006); Warren Bennis, Daniel Goleman & James O'Toole. (2008). Transparency. 배인섭 역. (2008). 투명성의 시대: 미래 기업의 절대 조건. 엘도라도, 138-139 재인용.
78. Larry Johnson & Bob Phillips. (2003). Absolute Honesty:Building a Corporate Culture That Values Straight Talk and Rewards Integrity. 나선숙 옮김. (2005). 정직한 경영 존경받는 기업. 한스미디어, 126.
79. Larry Johnson & Bob Phillips. (2003). Absolute Honesty:Building a Corporate Culture That Values Straight Talk and Rewards Integrity. 나선숙 옮김. (2005). 정직한 경영 존경받는 기업. 한스미디어, 126.
80. Jim Haudan. (2010). The Art of Engagement: Bridging the Gap Between People and Possibilities. 포엠아이컨설팅 옮김. (2010). 몰입과 소통의 경영. 가산출판사, 170.
81. Mark Albion. (2006). The Social Venture Network Series: TRUE TO YOURSELF: leading a values-based business, 김민주 · 송희령 옮김. (2007). 미래 기업의 3C

경영. 프라임, 173-175.

82. Patrick M. Lencioni. (2005). Overcoming the Five Dysfunctions of a Team: A Field Guide for Leaders, Managers, and Facilitators. 이종민 옮김. (2007). 탁월한 조직이 빠지기 쉬운 5가지 함정 탈출법. 다산북스, 59-60.
83. Larry Johnson & Bob Phillips. (2003). Absolute Honesty:Building a Corporate Culture That Values Straight Talk and Rewards Integrity. 나선숙 옮김. (2005). 정직한 경영 존경받는 기업. 한스미디어, 126.
84. Mark Albion. (2006). The Social Venture Network Series: TRUE TO YOURSELF: leading a values-based business, 김민주·송희령 옮김. (2007). 미래 기업의 3C 경영. 프라임, 190-192.
85. Keith R. McFarland. (2008). The Breakthrough Company. 권양진 옮김. (2009). 브레이크스루 컴퍼니. 김영사, 244.
86. Deborah Norville. (2009). The Power of Respect. 김순미 옮김. (2010). 리스펙트. 위즈덤하우스, 40.
87. AT커니·매일경제 Creative Korea 팀. (2005). 창조 혁명 보고서. 매경출판(주), 109.
88. 머니투데이. 2009년 7월 3일 1면. 방형국 편집위원.
89. 머니투데이. 2009년 7월 3일 1면. 방형국 편집위원.
90. AT커니·매일경제 Creative Korea 팀. (2005). 창조 혁명 보고서. 매경출판(주), 109-110.
91. 동아일보. 2006년 1월 6일 33면. 박찬희 중앙대 교수.
92. 머니투데이. 2009년 7월 3일 1면. 방형국 편집위원.
93. 한국일보. 2004년 3월 22일 27면. 이종화 고려대 경제학과 교수.
94. Larry Johnson & Bob Phillips. (2003). Absolute Honesty:Building a Corporate Culture That Values Straight Talk and Rewards Integrity. 나선숙 옮김. (2005). 정직한 경영 존경받는 기업. 한스미디어, 226.
95. Stephen Covey. (1990); Larry Johnson & Bob Phillips. (2003). Absolute Honesty:Building a Corporate Culture That Values Straight Talk and Rewards Integrity. 나선숙 옮김. (2005). 정직한 경영 존경받는 기업. 한스미디어, 227 재인용.
96. 동아일보. 2008년 6월 16일 25면. 한병선 교육평론가.
97. Alain de Botton. (2006). The Architecture of Happiness. 정영목 옮김. (2007). 행복의 건축. 이레, 181.
98. 머니투데이. 2009년 7월 3일 1면. 방형국 편집위원.
99. Frank J. Lechner & John Boli. (2005). World culture: origins and consequences. 윤재석 옮김. (2006). 문명의 혼성. 부글북스, 227.

100. Alain de Botton. (2006). The Architecture of Happiness. 정영목 옮김. (2007). 행복의 건축. 이레, 196.
101. 매일경제. 2005년 5월 12일. 정용주 대상정보기술 사장.
102. Gellner. (1983); Frank J. Lechner & John Boli. (2005). World culture: origins and consequences. 윤재석 옮김. (2006). 문명의 혼성. 부글북스, 239 재인용.
103. Alain de Botton. (2006). The Architecture of Happiness. 정영목 옮김. (2007). 행복의 건축. 이레, 196.
104. Carl Franklin. (2003). Why Innovation Fails. 고원용 옮김. (2008). 세상을 바꾼 혁신 vs 실패한 혁신. 시그마북스, 146-147.
105. Larry Johnson & Bob Phillips. (2003). Absolute Honesty:Building a Corporate Culture That Values Straight Talk and Rewards Integrity. 나선숙 옮김. (2005). 정직한 경영 존경받는 기업. 한스미디어, 222.
106. 이영환 · 김홍범. (2011). 과학에서 규범으로. 율곡출판사, 13-14.
107. Larry Johnson & Bob Phillips. (2003). Absolute Honesty:Building a Corporate Culture That Values Straight Talk and Rewards Integrity. 나선숙 옮김. (2005). 정직한 경영 존경받는 기업. 한스미디어, 224.
108. David Batstone. (2003). Saving the Corporate Soul & (Who Knows?) Maybe Your Own. 신철호 옮김. (2008). 영혼이 있는 기업. 거름, 271.
109. David Batstone. (2003). Saving the Corporate Soul & (Who Knows?) Maybe Your Own. 신철호 옮김. (2008). 영혼이 있는 기업. 거름, 272-276.
110. R. Roosevelt Thomas Jr.. (1997). 미래의 다양성과 미래의 조직. Frances Hesselbein *et al.*(eds.). (1997). The Organization oh the Future. 이재규 옮김. (2009). 피터 드러커의 기업의 미래. 한국경제신문, 485, 496.

## ■ 제 6 장

1. Adrian Wooldridge. 1994. “교육개혁의 국제비교(5)”. 교육경영, 7(5), 114-115.
2. Albert, Ashforth & Dutton. (2000); 조성은. (2008). 조직정체성의 형성과 변화 - 방송위원회와 정보통신부 비교 연구 -. 고려대학교 대학원 박사학위논문, 154.
3. 중앙일보. 2011년 8월 10일 34면. 김영환 중앙 SUNDAY국제 · 지식에디터.
4. Tim Hoerr. (1998). Thank God It's Monday. 한정은 옮김. (2008). 성공을 준비하는 비전의 기술. 큰나무, 105.
5. 김현식. (2006). 가치흐름의 혁신전략. 도서출판 물푸레, 121.
6. Peter F. Drucker. (2000). The Essential Drucker(Vols. I-III). 이재규 옮김. (2000). 변화 리더의 조건. 청림출판, 62.
7. Kenneth Blanchard & Jesse Stoner. (2003). FULL STEAM AHEAD. 조천제 옮김.

(2006). 비전으로 가슴을 뛰게 하라. 21세기북스, 68-69.

8. http://www.novartis.co.uk/about/mission.shtml; Robert S. Kaplan & David P. Norton. (2008). The Execution Premium. (주)웨슬리퀘스트 옮김. (2009). 전략실행 프리미엄. 21세기북스, 67-68 재인용.
9. 조성은. (2008). 조직정체성의 형성과 변화 - 방송위원회와 정보통신부 비교 연구 -. 고려대학교 대학원 박사학위논문, 26-27.
10. Jim Collins & Jerry I. Porras. (1997). Built to last. 워튼 포럼 옮김. (2006). 성공하는 기업들의 8가지 습관. 김영사, 114.
11. Patricia Jones & Larry Kahaner. (1995). Say It and Live It. 이진우 옮김. (2004). 세계 최고 기업들의 미션. 거름, 8.
12. 임병우. (2007). 노인종합복지관의 미션과 비전 체계 구축에 관한 연구. 사회과학연구 제18집. 성결대 출판부, 295.
13. Kenneth Blanchard & Jesse Stoner. (2003). FULL STEAM AHEAD. 조천제 옮김. (2006). 비전으로 가슴을 뛰게 하라. 21세기북스, 93.
14. Kenneth Blanchard & Jesse Stoner. (2003). FULL STEAM AHEAD. 조천제 옮김. (2006). 비전으로 가슴을 뛰게 하라. 21세기북스, 101.
15. James M. Kouzes & Barry Z. Posner. (1993). Credibility - How Leaders Gain and Lose It, Why People Demand It. SanFrancisco : Jossey-Bass Publishers, 121-122.
16. Kenneth Blanchard & Jesse Stoner. (2003). FULL STEAM AHEAD. 조천제 옮김. (2006). 비전으로 가슴을 뛰게 하라. 21세기북스, 103.
17. Kenneth Blanchard & Jesse Stoner. (2003). FULL STEAM AHEAD. 조천제 옮김. (2006). 비전으로 가슴을 뛰게 하라. 21세기북스, 103.
18. Stephen M. R. Covey. (2006). The Speed of Trust. 김경섭 · 정병창 옮김. (2009). 신뢰의 속도. 김영사, 132에서 재인용.
19. 김한훈 외. (2009). 리얼멘토링. 에딧더월드, 104.
20. James M. Kouzes & Barry Z. Posner. (1993). *Credibility - How Leaders Gain and Lose It, Why People Demand It*. SanFrancisco : Jossey-Bass Publishers, 122.
21. Jim Collins & Jerry I. Porras. (1997). Built to last. 워튼 포럼 옮김. (2006). 성공하는 기업들의 8가지 습관. 김영사, 20.
22. Keith R. McFarland. (2008). The Breakthrough Company. 권양진 옮김. (2009). 브레이크스루 컴퍼니. 김영사, 139.
23. 이재규. (2009). 피터 드러커의 인간관 지식근로자. 한국경제신문 한경BP, 73.
24. James M. Kouzes & Barry Z. Posner. (1993). Credibility - How Leaders Gain and Lose It, Why People Demand It. SanFrancisco : Jossey-Bass Publishers,

121-122.

25. Kenneth Blanchard & Jesse Stoner. (2003). FULL STEAM AHEAD. 조천제 옮김. (2006). 비전으로 가슴을 뛰게 하라. 21세기북스, 103.

26. Leonard L. Berry. (1999). Discovering the Soul of Service. 은종학 옮김. (2002). 초일류 서비스 기업의 조건. 김앤김북스, 55.

27. Chatman, J. A.. (1989). Improving Interactional Organizational Research: A Model of Person-organization fit. *Academy of Management Review*, 14, 333-349.

28. Chatman, J. A.. (1989). Improving Interactional Organizational Research: A Model of Person-organization fit. *Academy of Management Review*, 14, 333-349.

29. Chatman, J. A.. (1989). Improving Interactional Organizational Research: A Model of Person-organization fit. *Academy of Management Review*, 14, 333-349.

30. Kenneth Blanchard & Jesse Stoner. (2003). FULL STEAM AHEAD. 조천제 옮김. (2006). 비전으로 가슴을 뛰게 하라. 21세기북스, 103.

31. Mark Albion. (2006). The Social Venture Network Series: TRUE TO YOURSELF: leading a values-based business, 김민주·송희령 옮김. (2007). 미래 기업의 3C 경영. 프라임, 71.

32. 김한훈 외. (2009). 리얼멘토링. 에딧더월드, 104.

33. Mark Albion. (2006). The Social Venture Network Series: TRUE TO YOURSELF: leading a values-based business, 김민주·송희령 옮김. (2007). 미래 기업의 3C 경영. 프라임, 71.

34. Mark Albion. (2006). The Social Venture Network Series: TRUE TO YOURSELF: leading a values-based business, 김민주·송희령 옮김. (2007). 미래 기업의 3C 경영. 프라임, 75.

35. Laurie Beth Jones. (1996). The Path. 송경근 옮김. (2007). 기적의 사명선언문. 한언, 105-106.

36. Laurie Beth Jones. (1996). The Path. 송경근 옮김. (2007). 기적의 사명선언문. 한언, 52.

37. Jim Collins & Jerry I. Porras. (1998). Harvard Business Review on Change. 현대경제연구원 옮김. (2009). 변화관리. 21세기북스, 43.

38. John M. Huntsman. (2005). Winners Never Cheat. 김수영 옮김. (2006). 정직한 리더의 성공 철학. 럭스미디어, 120.

39. 매일경제. 2010년 3월 25일 A38면. 고승연기자.

40. Laurie Beth Jones. (1996). The Path. 송경근 옮김. (2007). 기적의 사명선언문. 한언, 109.

41. Laurie Beth Jones. (1996). The Path. 송경근 옮김. (2007). 기적의 사명선언문. 한언,

73.
42. Laurie Beth Jones. (1996). The Path. 송경근 옮김. (2007). 기적의 사명선언문. 한언, 79.
43. Linda K. Stroh. (2007). Trust Rules: How to Tell the Good Guys from the Bad Guys in Work and Life. 박선영. (2009). 신뢰의 법칙. 비즈니스맵, 218.
44. 매일경제. 2011년 7월 27일 A37면. 매경춘추. 김소연 시인.
45. 이영환 · 김홍범. (2011). 과학에서 규범으로. 율곡출판사, 200.
46. 이영환 · 김홍범. (2011). 과학에서 규범으로. 율곡출판사, 200.
47. Leonard L. Berry. (1999). Discovering the Soul of Service. 은종학 옮김. (2002). 초일류 서비스 기업의 조건. 김앤김북스, 290-291.
48. Jim Haudan. (2010). The Art of Engagement: Bridging the Gap Between People and Possibilities. 포엠아이컨설팅 옮김. (2010). 몰입과 소통의 경영. 가산출판사, 300-301.
49. Michael Lynberg. (2001). Make Each Day Your Masterpiece. 유혜경 옮김. (2002). 너만의 명작을 그려라. 한언, 56.
50. John Duglas. (2010). Seven Tips, the People trust me. 최유리 옮김. (2010). 사람들이 나를 신뢰하게 만드는 7가지 비결. 함께북스, 102-103.10-111.
51. John Duglas. (2010). Seven Tips, the People trust me. 최유리 옮김. (2010). 사람들이 나를 신뢰하게 만드는 7가지 비결. 함께북스, 152-157.
52. Marc Gobe. (2002). Citizen Brand. 윤경구 · 선일권 · 김상률 옮김. (2006). 공익적 브랜딩. 김앤김북스, 238-241.
53. Leonard L. Berry. (1999). Discovering the Soul of Service. 은종학 옮김. (2002). 초일류 서비스 기업의 조건. 김앤김북스, 285.
54. Stephen M. R. Covey. (2006). The Speed of Trust. 김경섭 · 정병창 옮김. (2009). 신뢰의 속도. 김영사, 160.
55. Stephen M. R. Covey. (2006). The Speed of Trust. 김경섭 · 정병창 옮김. (2009). 신뢰의 속도. 김영사, 27.
56. 한국경제. 2010년 9월 8일.
57. Marc Gobe. (2002). Citizen Brand. 윤경구 · 선일권 · 김상률 옮김. (2006). 공익적 브랜딩. 김앤김북스, 348.
58. 한국경제. 2010년 7월 22일 [BIZ Trend] 경영노트.
59. Charlotte Beers. (1998); Leonard L. Berry. (1999). Discovering the Soul of Service. 은종학 옮김. (2002). 초일류 서비스 기업의 조건. 김앤김북스, 300 재인용.
60. Leonard L. Berry. (1999). Discovering the Soul of Service. 은종학 옮김. (2002). 초일류 서비스 기업의 조건. 김앤김북스, 299.

61. 한국경제. 2010년 7월 22일 [BIZ Trend] 경영노트.
62. Leonard L. Berry. (1999). Discovering the Soul of Service. 은종학 옮김. (2002). 초일류 서비스 기업의 조건. 김앤김북스, 300.
63. MK 뉴스. 2010년 3월 25일. 고승연 기자.
64. 한국경제. 2010년 7월 22일 [BIZ Trend] 경영노트.
65. Marc Gobe. (2002). Citizen Brand. 윤경구·선일권·김상률 옮김. (2006). 공익적 브랜딩. 김앤김북스, 362.
66. Henry David Thoreau. (1854). Walden: or Life in the Woods. 박현석 옮김. (2011). 월든. 은행나무, 51-52.
67. Patrick M. Lencioni. (2000). Obsessions of an Extraordinary Executive: The Four Disciplines at the Heart of Making Any Organization World Class. Jossey-Bass Inc.. 송경모 옮김. (2000). 탁월한 조직을 만드는 4가지 원칙. 위즈덤하우스, 229-230.
68. Leonard L. Berry. (1999). Discovering the Soul of Service. 은종학 옮김. (2002). 초일류 서비스 기업의 조건. 김앤김북스, 303-306.
69. Leonard L. Berry. (1999). Discovering the Soul of Service. 은종학 옮김. (2002). 초일류 서비스 기업의 조건. 김앤김북스, 303-306.
70. Amartya Sen. (2006). Identity and Violence. 이상환·김지현 옮김. (2010). 정체성과 폭력. 바이북스, 31-33.
71. Amartya Sen. (2006). Identity and Violence. 이상환·김지현 옮김. (2010). 정체성과 폭력. 바이북스, 31-33.
72. Amartya Sen. (2006). Identity and Violence. 이상환·김지현 옮김. (2010). 정체성과 폭력. 바이북스, 53.
73. B. E. Ashforth & F. Mael. (1996); 조성은. (2008). 조직정체성의 형성과 변화 - 방송위원회와 정보통신부 비교 연구 -. 고려대학교 대학원 박사학위논문, 36 재인용.
74. Amartya Sen. (2006). Identity and Violence. 이상환·김지현 옮김. (2010). 정체성과 폭력. 바이북스, 77.
75. Frank J. Lechner & John Boli. (2005). World culture: origins and consequences. 윤재석 옮김. (2006). 문명의 혼성. 부글북스, 232에서 로버트슨식 분석과 하네르츠식 분석의 결론을 차용함.
76. Amartya Sen. (2006). Identity and Violence. 이상환·김지현 옮김. (2010). 정체성과 폭력. 바이북스, 53.
77. 조성은. (2008). 조직정체성의 형성과 변화 - 방송위원회와 정보통신부 비교 연구 -. 고려대학교 대학원 박사학위논문, 39.
78. 전정화. (2010). 국가이미지와 문화적 동질감이 제품이미지에 미치는 영향: 한국제품에

대한 중국대학생들의 태도를 중심으로. 한양대학교 대학원 박사학위논문.
79. Zald & Wallace. (1998); 조성은. (2008). 조직정체성의 형성과 변화 - 방송위원회와 정보통신부 비교 연구 -. 고려대학교 대학원 박사학위논문, 44 재인용.
80. Biggart. (1977); 조성은. (2008). 조직정체성의 형성과 변화 - 방송위원회와 정보통신부 비교 연구 -. 고려대학교 대학원 박사학위논문, 45 재인용.
81. 조성은. (2008). 조직정체성의 형성과 변화 - 방송위원회와 정보통신부 비교 연구 -. 고려대학교 대학원 박사학위논문, 40.
82. 정수복. (2009). 파리를 생각한다. 문학과 지성사, 191.
83. Alain de Botton. (2006). The Architecture of Happiness. 정영목 옮김. (2007). 행복의 건축. 이레, 254-255.
84. Alain de Botton. (2006). The Architecture of Happiness. 정영목 옮김. (2007). 행복의 건축. 이레, 252.
85. 정수복. (2009). 파리를 생각한다. 문학과 지성사, 203.
86. Alain de Botton. (2006). The Architecture of Happiness. 정영목 옮김. (2007). 행복의 건축. 이레, 252.
87. Brad Blanton. (2000). Practicing Radical Honesty. 강헌구. (2005). Honesty. (주)한언, 38.
88. Brad Blanton. (2000). Practicing Radical Honesty. 강헌구. (2005). Honesty. (주)한언, 44.

## ■ 제 7 장

1. Gary Hamael & Bill Breen. (2008). The Future of Management. 신희철·김종식 공역. (2008). 경영의 미래. 세종서적, 91.
2. Shumaker, S. A. & Brownell, A.. (1984). Toward A Theory of Social Support: Closing Conceptual Gaps. *Journal of Social Issues*, 40(4), 11-36.
3. 김건아·윤혜정·이중정. (2010). 온라인교육 서비스의 재구매 의도에 영향을 미치는 요인 분석: 사회자본과 서비스품질을 중심으로. Journal of Information Technology Applications & Management, 17(2), 161.
4. Kenneth Blanchard & Jesse Stoner. (2003). FULL STEAM AHEAD. 조천제 옮김. (2006). 비전으로 가슴을 뛰게 하라. 21세기북스, 141.
5. Eisenberger, R., Huntington, R., Hutchison, S., & Sown, D. (1986). Perceived Organizational Support. *Journal of Applied Psychology*, 71(3), 500-507.
6. David H. Maister, Charles H. Green and Robert M. Galford. (2000). The Trusted Advisor. 정성묵 옮김. 2009. 신뢰의 기술. 해냄, 254.
7. Lynn Upshaw. (2007). Truth: The New Rules for Marketing in a Skeptical World.

김부현 옮김. (2011). 정직이 전략이다. 미다스북스, 63-66.
8. Deborah Norville. (2009). The Power of Respect. 김순미 옮김. (2010). 리스펙트. 위즈덤하우스, 47-48.
9. Leonard L. Berry. (1999). Discovering the Soul of Service. 은종학 옮김. (2002). 초일류 서비스 기업의 조건. 김앤김북스, 63.
10. 조미옥. (2011). 훌륭한 일터 GWP. 도서출판 넥서스, 75.
11. Jim Haudan. (2010). The Art of Engagement: Bridging the Gap Between People and Possibilities. 포엠아이컨설팅 옮김. (2010). 몰입과 소통의 경영. 가산출판사, 43-44.
12. Jim Haudan. (2010). The Art of Engagement: Bridging the Gap Between People and Possibilities. 포엠아이컨설팅 옮김. (2010). 몰입과 소통의 경영. 가산출판사, 46.
13. Jim Haudan. (2010). The Art of Engagement: Bridging the Gap Between People and Possibilities. 포엠아이컨설팅 옮김. (2010). 몰입과 소통의 경영. 가산출판사, 46.
14. Rodd Wagner & James K. Harter. (2006). 12 THE ELEMENTS OF GREAT MANAGING. 김광수 옮김. (2007). 12 조직의 몰입을 창조하고 유지하는 위대한 경영의 요소. 해냄, 184-185.
15. Rodd Wagner & James K. Harter. (2006). 12 THE ELEMENTS OF GREAT MANAGING. 김광수 옮김. (2007). 12 조직의 몰입을 창조하고 유지하는 위대한 경영의 요소. 해냄, 184-185.
16. Rodd Wagner & James K. Harter. (2006). 12 THE ELEMENTS OF GREAT MANAGING. 김광수 옮김. (2007). 12 조직의 몰입을 창조하고 유지하는 위대한 경영의 요소. 해냄, 184-185.
17. Jim Haudan. (2010). The Art of Engagement: Bridging the Gap Between People and Possibilities. 포엠아이컨설팅 옮김. (2010). 몰입과 소통의 경영. 가산출판사, 42.
18. Jim Haudan. (2010). The Art of Engagement: Bridging the Gap Between People and Possibilities. 포엠아이컨설팅 옮김. (2010). 몰입과 소통의 경영. 가산출판사, 42.
19. Larry Johnson & Bob Phillips. (2003). Absolute Honesty:Building a Corporate Culture That Values Straight Talk and Rewards Integrity. 나선숙 옮김. (2005). 정직한 경영 존경받는 기업. 한스미디어, 196.
20. 조미옥. (2011). 훌륭한 일터 GWP. 도서출판 넥서스, 76.
21. Deborah Norville. (2009). The Power of Respect. 김순미 옮김. (2010). 리스펙트. 위즈덤하우스, 248.
22. Ferdinand F. Fournies. (2007). Why employees don't what they're supposed to do and what to do about it. 홍의숙·김희선 옮김. (2009). 잘되는 회사의 16가지 비밀. 랜덤하우스.

23. Ap Eigenhuis & Rob van Djik. (2007). High Perfprmance Business Strategy. 이준승·김정민 옮김. (2009). 인재 경영의 원칙. 청림출판, 88.
24. 조미옥. (2011). 훌륭한 일터 GWP. 도서출판 넥서스, 79.
25. Ferdinand F. Fournies. (2007). Why employees don't what they're supposed to do and what to do about it. 홍의숙·김희선 옮김. (2009). 잘되는 회사의 16가지 비밀. 랜덤하우스.
26. 조미옥. (2011). 훌륭한 일터 GWP. 도서출판 넥서스, 104.
27. 조미옥. (2011). 훌륭한 일터 GWP. 도서출판 넥서스, 79.
28. Gary Hamael & Bill Breen. (2008). The Future of Management. 신희철·김종식 공역. (2008). 경영의 미래. 세종서적, 111-112.
29. Patrick M. Lencioni. (2000). Obsessions of an Extraordinary Executive: The Four Disciplines at the Heart of Making Any Organization World Class. Jossey-Bass Inc.. 송경모 옮김. (2000). 탁월한 조직을 만드는 4가지 원칙. 위즈덤하우스, 254.
30. Stephen M. R. Covey. (2006). The Speed of Trust. 김경섭·정병창 옮김. (2009). 신뢰의 속도. 김영사, 147.
31. Stephen M. R. Covey. (2006). The Speed of Trust. 김경섭·정병창 옮김. (2009). 신뢰의 속도. 김영사, 151-152.
32. 고범서. (1993). 가치관연구. 도서출판 나남, 377.
33. 고범서. (1993). 가치관연구. 도서출판 나남, 376-377.
34. 고범서. (1993). 가치관연구. 도서출판 나남, 377.
35. 이문선·강영순. (2000). 변혁적 리더십과 조직시민 행동 간의 자긍심 및 조직몰입의 매개효과. 인사관리연구, 24(1), 36.
36. Mark Albion. (2006). The Social Venture Network Series: TRUE TO YOURSELF: leading a values-based business, 김민주·송희령 옮김. (2007). 미래 기업의 3C 경영. 프라임, 194-195.
37. Mark Albion. (2006). The Social Venture Network Series: TRUE TO YOURSELF: leading a values-based business, 김민주·송희령 옮김. (2007). 미래 기업의 3C 경영. 프라임, 168-169.
38. Rodd Wagner & James K. Harter. (2006). 12 THE ELEMENTS OF GREAT MANAGING. 김광수 옮김. (2007). 12 조직의 몰입을 창조하고 유지하는 위대한 경영의 요소. 해냄, 155-156에서 보스턴 대학 캐시 크램 교수의 연구 내용을 인용함.
39. Deborah Norville. (2009). The Power of Respect. 김순미 옮김. (2010). 리스펙트. 위즈덤하우스, 117-118.
40. Leonard L. Berry. (1999). Discovering the Soul of Service. 은종학 옮김. (2002). 초

일류 서비스 기업의 조건. 김앤김북스, 63.
41. Deborah Norville. (2009). The Power of Respect. 김순미 옮김. (2010). 리스펙트. 위즈덤하우스, 139-141.
42. 이숙정. (2008). 신뢰와 학교교육. 한국학술정보, 64.
43. John Duglas. (2010). Seven Tips, the People trust me. 최유리 옮김. (2010). 사람들이 나를 신뢰하게 만드는 7가지 비결. 함께북스, 35.
44. 조미옥. (2011). 훌륭한 일터 GWP. 도서출판 넥서스, 70.
45. Mark Albion. (2006). The Social Venture Network Series: TRUE TO YOURSELF: leading a values-based business, 김민주·송희령 옮김. (2007). 미래 기업의 3C 경영. 프라임, 76.
46. Mark Albion. (2006). The Social Venture Network Series: TRUE TO YOURSELF: leading a values-based business, 김민주·송희령 옮김. (2007). 미래 기업의 3C 경영. 프라임, 71.
47. 조미옥. (2011). 훌륭한 일터 GWP. 도서출판 넥서스, 114
48. Mark Albion. (2006). The Social Venture Network Series: TRUE TO YOURSELF: leading a values-based business, 김민주·송희령 옮김. (2007). 미래 기업의 3C 경영. 프라임, 76-77.
49. 머니투데이. 2009년 8월 1일. 양광모 휴먼네트워크연구소(HNI) 소장.
50. 박종철. (2008). 호텔기업의 인적자원관리가 신뢰 및 조직성과에 미치는 영향. 배재대학교 대학원 박사학위논문, 39-40.
51. 박종철. (2008). 호텔기업의 인적자원관리가 신뢰 및 조직성과에 미치는 영향. 배재대학교 대학원 박사학위논문, 39-40.
52. Mark Buchanan. (2007). The Social Atom. 김희봉 옮김. (2010). 사회적 원자. 사이언스북스, 174.
53. John M. Huntsman. (2005). Winners Never Cheat. 김수영 옮김. (2006). 정직한 리더의 성공 철학. 럭스미디어, 111.
54. Mark Albion. (2006). The Social Venture Network Series: TRUE TO YOURSELF: leading a values-based business, 김민주·송희령 옮김. (2007). 미래 기업의 3C 경영. 프라임, 237-238 재인용.
55. 박종철. (2008). 호텔기업의 인적자원관리가 신뢰 및 조직성과에 미치는 영향. 배재대학교 대학원 박사학위논문, 39-40.
56. 장승권·최종인·홍길표. (2004). 디지털권력-디지털기술, 조직 그리고 권력. 삼성경제연구소, 68.
57. 유영만. (2006). 지식생태학. 삼성경제연구소. SERI 연구에세이.
58. Frank Lekanne Deprez & Rene Tissen. (2002). ZERO SPACE. 성상현·이경아 옮김.

(2005). 경영혁명 제로 스페이스. 푸른솔, 177.

59. R. E. Slavin. (1995). "Research on cooperative learning and achievement: What we know, What we need to Know". *Contemporary Educational Psychology*, 21(1), 43-69.
60. 이동원 외. (2009). 제3의 자본. 삼성경제연구소, 159-160.
61. Warren Bennis, Daniel Goleman & James O'Toole. (2008). Transparency. 배인섭 역. (2008). 투명성의 시대: 미래 기업의 절대 조건. 엘도라도, 55.
62. 조미옥. (2011). 훌륭한 일터 GWP. 도서출판 넥서스, 139-140.
63. 동아일보. 2009년 8월 22일 42면. 김용성 휴잇어소시엇츠 상무.
64. 한국경제신문사·삼성경제연구소 공동기획팀. (2008). 창조적 전환. 삼성경제연구소, 25.
65. 문화일보. 2010년 7월 30일 27면. 신세미기자.
66. 이정선. (2002). 학교와 지역사회간 관계 정립의 방향. 새교육, 2002년 7월호, 74.
67. Payne. (1997); 이정선. (2002). 학교와 지역사회간 관계 정립의 방향. 새교육, 2002년 7월호, 80-81 재인용.
68. Lynn Upshaw. (2007). Truth: The New Rules for Marketing in a Skeptical World. 김부현 옮김. (2011). 정직이 전략이다. 미다스북스, 46.
69. Brad Blanton. (2000). Practicing Radical Honesty. 강헌구. (2005). Honesty. (주)한언, 247.
70. Mark Albion. (2006). The Social Venture Network Series: TRUE TO YOURSELF: leading a values-based business, 김민주·송희령 옮김. (2007). 미래 기업의 3C 경영. 프라임, 257-259.
71. Leonard L. Berry. (1999). Discovering the Soul of Service. 은종학 옮김. (2002). 초일류 서비스 기업의 조건. 김앤김북스, 284.
72. Mark Albion. (2006). The Social Venture Network Series: TRUE TO YOURSELF: leading a values-based business, 김민주·송희령 옮김. (2007). 미래 기업의 3C 경영. 프라임, 249.
73. Alfie Kohn. (1992). No Contest: the case against competition. 이영노 옮김. (2009). 경쟁에 반대한다. 산눈출판사.
74. 조옥래·이도화·김정만·김미숙. (2007). 「신뢰와 경쟁이 조직구성원의 지식제공행위에 미치는 영향」. 인사관리연구. 31(4), 88.
75. Reinhard K. Sprenger. (2002). VERTRRAUEN FUEHRT. 배진아 옮김. (2003). 위대한 기업의 조건. 더난출판, 231.
76. 조미옥. (2011). 훌륭한 일터 GWP. 도서출판 넥서스, 116.
77. 국민일보. 2006년 1월 25일 22면. 김훈 뉴패러다임센터 소장.

78. 조옥래 · 이도화 · 김정만 · 김미숙. (2007). 「신뢰와 경쟁이 조직구성원의 지식제공행위에 미치는 영향」. 인사관리연구. 31(4), 90.
79. Reinhard K. Sprenger. (2002). VERTRRAUEN FUEHRT. 배진아 옮김. (2003). 위대한 기업의 조건. 더난출판, 231.
80. Reinhard K. Sprenger. (2002). VERTRRAUEN FUEHRT. 배진아 옮김. (2003). 위대한 기업의 조건. 더난출판, 237.
81. Peter F. Drucker. (2000). The Essential Drucker Vols. Ⅰ-Ⅲ. 이재규 역. (2001). 프로페셔널의 조건. 청림출판, 137.
82. Reinhard K. Sprenger. (2002). VERTRRAUEN FUEHRT. 배진아 옮김. (2003). 위대한 기업의 조건. 더난출판, 234.
83. 내일신문. 2009년 10월 30일 19면. 박상주 칼럼니스트.
84. 이영환 · 김홍범. (2011). 과학에서 규범으로. 율곡출판사, 108-109 재인용.
85. 이영환 · 김홍범. (2011). 과학에서 규범으로. 율곡출판사, 109.
86. David H. Maister, Charles H. Green and Robert M. Galford. (2000). The Trusted Advisor. 정성묵 옮김. 2009. 신뢰의 기술. 해냄, 47.
87. Keith Sawyer. (2007). Group Genius. 이호준 옮김. (2008). 그룹 지니어스. 북섬, 99.
88. Doug Lennick. (2010). MORAL. 정준희 옮김. (2010). 이제는 도덕이다. 북스넛, 190.
89. Mark Gottfredson & Steve Schaubert. (2008). The Breakthrough Imperative. 유종연 옮김. (2009). 성과혁명. 청림출판, 358-360.
90. Mark Gottfredson & Steve Schaubert. (2008). The Breakthrough Imperative. 유종연 옮김. (2009). 성과혁명. 청림출판, 359-360.
91. Doug Lennick. (2010). MORAL. 정준희 옮김. (2010). 이제는 도덕이다. 북스넛, 150.
92. Doug Lennick. (2010). MORAL. 정준희 옮김. (2010). 이제는 도덕이다. 북스넛, 151.
93. Doug Lennick. (2010). MORAL. 정준희 옮김. (2010). 이제는 도덕이다. 북스넛, 190.
94. 세계일보. 2011년 12월 29일 20면. 정해광(아프리카미술관 관장), 박재현(경남과학기술대학 교수·시인).
95. 세계일보. 2011년 12월 29일 20면. 정해광(아프리카미술관 관장), 박재현(경남과학기술대학 교수·시인).
96. Stephen M. R. Covey. (2006). The Speed of Trust. 김경섭 · 정병창 옮김. (2009). 신뢰의 속도. 김영사, 124.
97. Deborah Norville. (2009). The Power of Respect. 김순미 옮김. (2010). 리스펙트. 위즈덤하우스, 43.
98. Stephen M. R. Covey. (2006). The Speed of Trust. 김경섭 · 정병창 옮김. (2009). 신뢰의 속도. 김영사, 123-124.
99. Stephen M. R. Covey. (2006). The Speed of Trust. 김경섭 · 정병창 옮김. (2009). 신

뢰의 속도. 김영사, 119-120에서 기업윤리 트레이너인 크리스 바워Chris Bauer의 말을 참고로 함.

100. Jim Haudan. (2010). The Art of Engagement: Bridging the Gap Between People and Possibilities. 포엠아이컨설팅 옮김. (2010). 몰입과 소통의 경영. 가산출판사, 39-40.

101. Patrick M. Lencioni. (2002). The Five Dysfunctions of a Team. 서진영 옮김. (2007). 팀이 빠지기 쉬운 5가지 함정. 위즈덤하우스, 98.

102. Mark Buchanan. (2007). The Social Atom. 김희봉 옮김. (2010). 사회적 원자. 사이언스북스, 172.

103. Patrick M. Lencioni. (2002). The Five Dysfunctions of a Team. 서진영 옮김. (2007). 팀이 빠지기 쉬운 5가지 함정. 위즈덤하우스, 106.

104. 서울신문. 2012년 3월 27일 30면. 양덕순 제주대 행정학과 교수.

105. Jim Haudan. (2010). The Art of Engagement: Bridging the Gap Between People and Possibilities. 포엠아이컨설팅 옮김. (2010). 몰입과 소통의 경영. 가산출판사, 38.

106. Patrick M. Lencioni. (2002). The Five Dysfunctions of a Team. 서진영 옮김. (2007). 팀이 빠지기 쉬운 5가지 함정. 위즈덤하우스, 317-318.

107. 인성진. (2010). 지방정부조직 내 상사·동료신뢰와 조직신뢰의 관계: 부서응집력의 매개효과. 단국대학교 대학원 박사학위논문, 3.

108. Marc Gunther. (2004). 현혜진·최태경 옮김. (2005). 위대한 기업을 넘어 영적 기업으로. 한언, 95에서 12년 동안 UPS에서 근무했던 제리 와셀의 말을 인용함.

# 찾아보기

## ▌저자소개▌

**한 홍 진** **학교 혁신 전문가**

성균관대에서 공부한 뒤 삼성전관에서 근무했다. 서울대에서 교육학 석사학위와 박사학위를 받았다. 서울대, 아주대, 한국외대 교육대학원에서 시간강사를 했다. 일본 나고야대(名古屋大學)에서 외국인 연구원과 미국 조지아대(UGA)에서 비지팅 스칼러를 역임했다. 현재 안산디자인문화고교에 재직중이며, 한국직업교육전문가 포럼(KVEEF) 공동대표, 한국상업교육학회 상임이사 등으로 활동하고 있다.

저서로 『산업교육실습의 이해와 실제』(2003, 교육과학사, 공저), 『미래학교의 5가지 기반』(2009, 두남, 2010년 대한민국학술원 우수학술도서 선정), 『학교의 미래를 바꾸는 비전혁명』(2010, 두남, 2011년 문화체육관광부 우수학술도서 선정), 『예비교사를 위한 교육실습 가이드』(2012, 교육과학사, 공저)가 있다. 논문으로는 「기업교육 훈련성과의 영향변인에 관한 연구」, 「상업계 고등학교 학교 효과성 측정 도구 개발」, 「실업계 고등학교 조직 효과성과 관련 변인의 인과적 모형」, 「무역학 교육 서비스 품질 측정 도구 개발」, 「특성화고 교사의 조직몰입과 관련 변인 간의 인과적 모형」외 다수가 있다.(e-mail : creamjob@hanmail.net).



**신뢰받는 학교의 7가지 미덕**

초 판 1쇄 인쇄 —— 2012년 7월 1일
초 판 1쇄 발행 —— 2012년 7월 4일
지은이 —— 한 홍 진
펴낸이 —— 전 두 표
펴낸곳 —— 도서출판 **두남**
서울시 강동구 성내로6길 34-16 두남빌딩
신 고 : 제25100-1988-9호
TEL : 02) 478-2065, 2066, 2067, 2311
FAX : 02) 478-2068
E-mail : dunam1@unitel.co.kr
http://www.dunam.co.kr

**정가 18,000원**

ISBN 978-89-6414-343-8 03370